高中英语
翻译测试与教学

李继龙 /著

Wuhan University Press
武汉大学出版社

图书在版编目(CIP) 数据

高中英语翻译测试与教学／李继龙著. —武汉:武汉大学出版社,2022.1
ISBN 978-7-307-22614-2

Ⅰ. 高… Ⅱ. 李… Ⅲ. 英语课-翻译-教学研究-高中 Ⅳ. G633.412

中国版本图书馆CIP数据核字(2021)第200438号

责任编辑:黄朝昉　　责任校对:牟　丹　　装帧设计:刘亚非

出版发行:**武汉大学出版社**　(430072　武昌　珞珈山)
(电子邮箱:cbs22@whu. edu. cn　网址:wdp.com.cn)
印刷:廊坊市海涛印刷有限公司
开本:710×1000　1/16　　印张:17　　字数:295千字
版次:2022年1月第1版　　2022年1月第1次印刷
ISBN 978-7-307-22614-2　　定价:58.00元

前　言

《国家中长期教育改革和发展规划纲要(2010—2020年)》对高考改革进行了方向性的规定:探索部分科目实行社会化考试和多次考试。中共中央(2013)将“探索有的科目一年多次考试的办法、探索实行社会化考试”的设想具体化,明确到外语科目。国务院(2014)在探索“外语科目实行社会化一年多考”改革方面进一步明确“外语不再在统一高考时举行,由学生自主选择考试时间和次数,增加学生的选择权,并使外语考试、成绩表达和使用更加趋于科学、合理”,初步确立了英语学科社会化考试的方向,其主要目的是减轻学生的学业负担,带动英语学科回归实用性本质,这成了英语高考改革又一新的着力点。

2014年9月19日,经上海市政府、浙江省政府批准,《上海市深化高等学校考试招生综合改革实施方案》《浙江省深化高校考试招生制度综合改革试点方案》同时向社会公布,将上海市和浙江省两个地区的2014级秋季高一入学学生作为首批改革试点对象(苏娜、魏晓宇, 2018)。作为新一轮高考改革的试点省市之一, 2017年起上海高考外语科目实行一年两考,考试时间分别为1月和6月,考生在高考报名时,可选择参加1次或2次外语考试,选择较高一次成绩计入高考总分。选择参加春季高考的考生,其外语考试成绩同时作为当年统一高考外语科目的一次考试成绩。全国普通高等学校统一招生考试(上海英语卷)也相应调整了考查的能力目标及试卷结构,将听说测试纳入了高考总分,并增加了概要写作。

上海市考试院对此政策的解读是,“英语不该是简单的应试工具,而应是一种语言交流、文化交流的工具,是学生思维发展和文学素养培养的载体”。宏观层面上是希望促进高中英语教学的培养目标更合理化;微观层面上是要对高中英语教学和评价提出新的标准,如加强对学生听说方面基础能力和综合表达能力的考查等。

在高中英语教学中,尤其是高中英语翻译教学中,诸多问题与现象值得我们思考。对于高中生,其汉语思维模式对汉译英的影响很大,导致译文出现大量的中式英语等问题。例如,在单词层面,汉语是没有词形的变化的,这导致学生在英语翻译和表达时总是会忽视词形的变化,对英语的中文释义,也总是误认为它们的意思是一一对应的;在句子层面,中文注重意群,这导致学生忽略英语句子的连接手段;在段落层面,中文的螺旋式思维模式导致学生的翻译成果或者作文中主题断裂现象较多。

对于高中老师,在翻译教学中最常用的方法就是公式化,即总结和归纳中英两种语言中相对应的个别语言现象,然后概括出一些固定的套路,以固定的类似公式的方法来指导学生的翻译活动。尽管这在应对高考上有其积极的一面,但这些零星经验的总结实质是在中英两种语言之间寻求某种稳固的对应关系,如词汇意义上、语法成分之间、句法结构层面的对应。然而,这种公式化的高中翻译教学不算真正的翻译教学,反而有可能桎梏学生的思维,束缚他们的手脚,使学生在面对翻译活动时不能从实际出发灵活主动地传递信息,而是去搜索自己背过的类似语句来应对。

鉴于此,在高中阶段开展翻译教学势在必行,对于高中翻译教学的研究,更是刻不容缓。

目 录

第1章 ╱ 测试与教育

1.1 测试与教育体制

当社会出现了强制性的社会分工，特别是脑体分工，必须从人群中选拔出管理人员或其他主要从事脑力劳动的人员的时候，经过长期实践，人类发明了考试(杨学为, 1999)。中国是考试制度的发源地，不仅是一个考试古国，而且是一个考试大国(刘海峰, 2010)。考试在中国教育体制中扮演着重要角色，几乎每一名考生从求学以来都要经受各种考试(Qi, 2004b)。

我国关于考试的记载，始于尧选择舜为自己的接班人。部落酋长推荐舜，舜是否胜任这个职务呢？尧说："吾其试哉。"那时的"试"并非现在的书面考试，而是在实践中观察、试用。汉代第一次用考试来选拔国家最高官员。这些考试根据功绩和教育程度来确定公务员的职位，几百年来促进了人口的向上流动。此外，这些考试被大多数历史学家视为第一次基于成绩的标准化考试。在实行科举考试之前，中国封建社会的人才选拔主要是通过推荐、考察的方式进行的，由于权力掌握在地方巨头的手中，推荐、考察又没有量化的标准和有效的监督机制，最终导致用人腐败。隋文帝杨坚统一全国后，急需大批人才，但当时豪门世族遭到严重打击，中小地主阶级迫切要求参与政权，科举考试便应运而生了。科举考试与以前推荐、察举相比有两个显著的区别：一是普通人不需要别人推荐，可以自由参加考试；二是取士以考试成绩为主。这种办法在一定程度上限制了录用中的腐败。到了清朝，特别是晚清时期，科举制成为历史前进的障碍，主要是因为考试内容陈腐和形式僵化，而不是考试制度本身。

16世纪，中国科举考试传到欧洲，英国首先建立了文官考试制度。孙中山先生说："考试制度在英国实行最早，美国实行考试不过是二三十年，现在各国的考试制度，差不多都是学英国的。追根溯源，英国的考试制度，原来还是从我们中国学过去的。”（黄彦，2006）这种用考试来选拔人才的传统在中国现行的教育制度中仍然很明显。学生最早在入学时就开始参加考试，以便在4岁时进入幼儿园。在小学教育（1~6年级）、中学教育（初中7~9年级、高中10~12年级）和大学教育（4年制本科）期间，学生要参加学校、市、省和国家各级的很多次考试。目前，考试在我国仍受到广泛的社会认可，是选拔人才的主要方式。现代高等教育招生考试从直观的角度来看，是一种普通高校选拔新生的手段，其社会性却远远超出了教育的范畴，是国家对结束基础教育阶段的青年进行大规模的社会分流工作。高等学校招生全国统一考试（以下简称高考）成为我国最权威的知识型人才队伍的“选拔赛”。

教育体制是指教育机构与教育规范的结合体或统一体（孙绵涛，2004）。教育体制是支撑教育发展的组织结构、运转机制和基本制度体系的总称。一般认为，教育体制改革主要包括办学体制、投入体制、管理体制及其相关制度的改革（范文曜、王烽，2008）。在教育体制的两个构成要素中，孙绵涛（2004）认为，教育机构是教育体制的载体，教育规范是教育体制的核心，没有教育机构，教育体制就失去了赖以存在的组织基础；没有教育规范，教育机构也就无法建立，即使建立了也难以正常运行。

从教育体制层面看，我国现行的教育体制包括学前教育、小学教育、中学教育和高等教育，小学至初中属于义务教育阶段，之后有的学生到中等职业学校读书，有的学生进入社会，有的学生进入高中，高中3年后参加高中毕业考试即高考。

随着新中国的诞生，中国的教育体制也走上了新的发展道路。自新中国成立以来，中国的教育体制经历了艰难的发展历程，大致划分为五个时期（佘宇、单大圣，2018）：

第一个时期，在新中国成立之初的制度变迁期。新中国成立后，在旧制度改革的同时提出了建设所要求的新制度，其中最具历史意义的是1952年建立的国家考试制度，它标志着新中国高等学校招生制度改革的开始，同时，建立统一的考试制度，为培养各领域急需的高层次人才和促进国家的教育事业、提高人们的文化水平发挥了重要作用，做出了积极的贡献。

第二个时期，“大跃进”后的教育整顿时期以及冰冻期。当时全国掀起了大办高等学校的热潮，使整个教育工作面临严重的困难。与此同时，高考制度也受到了极大影响，1958年，一些高校采取单独招生或联合招生的方式取代统一高考，并加强对报考学生的政治审查，这些做法造成了新生质量的严重下降。中央采取一系列措施进行调整并制定和试行了《高教六十条》、《中教五十条》和《小教四十条》三个条例，对提高我国的教育教学质量、促进我国教育事业的健康发展具有十分重要的意义。然而，受政治等多种因素的影响，1966年7月发出了《关于改革高等学校招生工作的通知》，决定取消高考考试制度，代之以推荐入学的方式，推荐对象以工农兵为主，采取自愿报名、基层推荐、领导批准、学校审批的“十六字方针”（杨学为，2001），我国的教育事业尤其是高等教育事业进入长达十年的冰冻期。

第三个时期，教育的历史转折时期。“文革”十年，我国的经济、教育、社会发展等方面跌入低谷，远远落后于世界其他国家。粉碎“四人帮”后，教育被放到进行“四化”建设基础的战略地位，中止十年的高考重新恢复，使教育走上正常健康的发展道路，教育界的面貌焕然一新。1977年高考制度的恢复与重建，拉开了新时期我国高等教育改革的序幕，也成为新中国高等教育史乃至整个中国教育史上具有里程碑意义的一次破冰之举。

第四个时期，教育发展的蓬勃期。新世纪之交，党中央、国务院召开了一系列教育工作会议，制定相关政策，深化教育改革，全面推进素质教育，落实教育优先发展战略。在这个时期，我国的教育事业取得了巨大成就。与此同时，自1999年起高考改革试验进入频密期（刘海峰，2007），1984年开始特殊专业（艺术类等）招生实行统考+单考；1985年开始高考标准化改革；1994—1997年招生并轨和学生缴费上学，1999年开始网上录取，高校扩招，探索“3+X”科目改革，英语加试听力；2001年取消考生年龄和婚姻限制；2003年高考时间由每年的7月提前到6月。

第五个时期，教育改革和发展的攻坚期。自改革开放以来，我国教育事业虽然取得了举世公认的伟大成就，但始终没有解决外延发展与内涵发展的矛盾，满足人民群众的升学需求与促进人的全面发展的矛盾，提高全体国民受教育水平与培养拔尖创新人才的矛盾（张志勇，2014）。面对复杂的社会矛盾以及多样的利益诉求、繁重的体制改革局面，中国共产党十八届三中全会通过的《中共中央关于全面深化改革若干重大问题的决定》（以下简称《决定》）明确提出“深化教育领域综合改革”，试图破解教育战线长期面临的矛盾。《决定》涉及教育改革诸多方面，最引人注目的是“探索全国统考减少科目、不分文理科、外语等科目社会化考试一年多考”。2013年12月初步公布“考试招生改革总体方案”，在探索“外语科目实行社会化一年多考”改革方面进一步明确：“外语不再在统一高考时举行，由学生自主选择考试时间和次数，增加学生的选择权，并使外语考试、成绩表达和使用更加趋于科学、合理。”高考制度先以外语为试点科目步入新的历史时期。

教育体制改革是教育发展的永恒话题,这是由现代教育体制和教育理念之间不可调和的内在矛盾所决定的。教育的本质是解放心灵,唤醒人的意识,追求人与社会的和谐发展,现代教育却用制度化和条条框框来规范和约束教育过程,这种规范和约束在本质上是约束个体自由发展的,因此,现代教育体制与教育的基本理念之间存在着尖锐的矛盾。教育改革就是这些矛盾达到一定的程度之后必然出现的结果(邹为诚, 2017)。

通过对教育体制发展的回顾,我们发现,几乎每个时期教育体制改革都把高考作为其改革的重要一环,通过高考制度可以折射出我国的教育体制演进历程。高考制度在我国教育中扮演重要角色,从某种程度上说,它甚至是我国教育体制的晴雨表。

1.2 外语测试

我国的外语测试起步要晚得多。1862年,第一所官办外国语学校京师同文馆成立,英国传教士J.C.Burdon是第一位英语教师。当时学校只教五门外语:英语、法语、俄语、德语和日语。1901年,京师同文馆与京师大学堂合并,1912年更名为北京大学。早期的外语学校通常规模较小,旨在为我国政府培养外交官和翻译。后来,更多的外语学校成立,外语学校的外语教学和评估,标志着外语测试在我国的开始。

经济改革和对外开放,使我国在过去几十年里发生了迅速而剧烈的变化。在同一时期,中国的外语教育也有了很大的发展。外语教育尤其是英语教育,对我国各级教育的学习者来说越来越重要。从20世纪90年代中期开始,小学3年级开始教授英语。英语是与数学、语文并列的三大核心学科之一,是初中、高中阶段的必修课。英语也是中国高校所有专业的必修课。非英语专业学生必须修读至少两年的大学英语课程。要想在中国大学获得学士学位,学生通常需要通过大学英语测试——英语水平测试。英语是所有想攻读研究生学位的学生的必考科目。所有寻求在政府、教育、科研、医疗、金融、商业和其他政府支持机构晋升的人都要接受英语技能测试。因此,可以毫不夸张地说,中国是世界上英语学习人口最多的国家。事实上,对于许多中国人来说,在各种英语考试中取得成功是人生成功的关键,对于许多希望在英语国家接受本科和研究生教育（包括移民）的中国人来说也是如此。

目前在中国，国内设计的主要英语测试包括大学英语等级考试（CET）、高考英语测试（NMET）、英语专业等级测试（TEM）、研究生入学考试（GSEEE）、公共英语考试系统（PETS）、剑桥商务英语证书（BEC）和WSK——一种选拔海外学习和培训专业人士的考试。

大学英语等级考试（CET）是由全国大学英语四、六级考试委员会代表教育部高等教育司在全国范围内实施的一项大型标准化考试。它旨在根据《大学英语教学大纲》来衡量大学/本科学生的英语水平。大学英语四级、六级考试于1987年开始实施，每年在1月和6月实施两次。CET-4和CET-6是标准相关的常模参照测验（Jin，2005；杨和伟，2001）。从这个意义上说，考试标准是以教育部高等教育司制定的《全国大学英语教学大纲》为依据，指导大学英语教学的。大学英语四级考试成绩报告传达了两条信息。第一，它表明考生是否符合《大学英语教学大纲》的要求。第二，它表明了一个候选人在常模群体中的百分位位置，常模群体由来自中国六所顶尖大学的10 000多名大学生组成。自1987年开始实行以来，大学英语四级考试每年吸引越来越多的考生。2005年，中国有958万多名学生参加了考试（Jin，2005）。大学英语四级考试具有较高的信度和效度（Jin，2005；Yang和Weir，2001），在原始分数的管理和解释方面有一套标准化的程序（Yang和Jin，2000）。在大多数高校，大学英语四级证书是学生获得学位的要求之一。对于那些想在就业市场上获得更好机会的大学毕业生来说，CET证书也是一个很好的能力证明。学生在CET考试中的表现也会影响到对教师的评价、晋升，甚至评优。在学校层面，考试的通过率通常被视为衡量一所大学质量的标准之一。

对于我国高校英语专业学生来说，英语专业等级测试（TEM）是一项重要的考试。TEM考试是由国家高等教育外语教学咨询委员会管理的英语专业学生的语言成绩评估。考试的目的是促进英语专业学生的英语学习。TEM是一种标准参考测试。学生的表现是根据教学大纲规定的标准来评估的（邹为诚，2003）。考试分为两个等级：第二学年末的TEM-4和第四学年末的TEM-8。

研究生入学英语考试（GSEEE）是中国所有大学每年一次的国家级研究生入学考试。GSEEE是由国家教育考试局管理的权威测试。

除了这些机构设置的考试外，中国还有一些公共英语考试。公共英语考试系统

(PETS)可能是其中规模最大的。它是1999年由中国国家教育考试局(NEEA)在剑桥大学地方考试联合会(UCLES)的协助下开发的。该考试为非学历考试,对所有英语学习者开放,不受年龄、专业或学术背景的限制。它的目标是在全国范围内促进英语学习。它提供从1级到5级的不同能力水平的英语阅读、写作、听力和口语交际能力的评估和认证。

另一个公共测试是剑桥商务英语证书(BEC),BEC是NEEA和UCLES之间的另一个合作项目,旨在测试商务环境中的英语语言能力。该考试于1993年引入中国,分为三个等级:BEC初级、BEC中级和BEC高级。希望获得与商务相关的英语语言资格的学员可参加该考试。BEC证书在中国得到了外国公司和企业的广泛认可。

此外,政府每年还为专业人员提供资金,供他们在中国境外学习或接受培训。除了专业资格外,这些专业人士(非外语专业)都是根据语言能力测试挑选出来的。WSK提供五种语言的交际能力测试:英语、法语、德语、日语和俄语。与学业考试相比,非学历英语考试较少受到语言教育者和研究者的关注。

1.3 英语高考

高考涉及千家万户,事关人民群众切身利益和教育公平公正的问题,高考在我国教育体制中有举足轻重的地位。刘海峰(2010)认为,高考作为中学与大学之间联系的桥梁,一头连着教育,一头连着社会,牵涉千家万户的切身利益,高考实际上关系到每个人选择职业和未来生活的方式。刘海峰(2010)进一步指出,"许多西方国家的大学招生考试只是一种测量手段,只是引起小范围的关注,只是少数人关心的话题。然而,受传统和现实的制约,中国人却将高考变成了文化,变成了产业,变成了盛大的仪式,变成了一种各方面关注的社会活动,变成了一种惯例式的全民动员。它不仅是一种考试,也不仅仅是教育,在一定意义上说,还是一种文化、一种经济,有时甚至还会成为一种政治。"

关于高考的争议不断。有人认为,高考作为我国教育教学和人才选拔的重要途径,促进了我国基础教育的发展,保障了教育公平,对重建教育秩序起到了重要作用。也有人认为,高考只注重分数,教育脱离实际,片面追求升学率,导致教师"为教而教”。在我国，高考除了肩负为普通高校选拔优秀人才的重要责任外，还起到对教学的反拨作用。为了更好地发挥这两大职能，有关部门对高考进行了一系列改革，如调整高考时间、改革科目、实行省市自主命题、自主招生等，然而这些改革似乎都没有跳出“一考定终身”“唯分取人”的窠臼。刘海峰、蔡培瑜（2013）认为，高考改革是中国教育中一个带有全局性的关键问题，是深化教育改革、全面推进素质教育的关键节点，改革敏感而复杂，涉及面广，是事关民生的重大议题。2014年8月18日，中央全面深化改革领导小组第四次会议召开，会议审议了《关于深化考试招生制度改革的实施意见》。主要突破两个“自主权”问题，一是赋予高中学生课程选择权和考试自主权，二是赋予高校招生考试和招生录取自主权。一旦突破了这两点，学生全面而有个性的发展权和高等学校的自主办学权就有了制度上的保障。

高考试题由最初全国统一命题到后来实行各省市自主命题。高考考试科目在不同时期有所不同，如1981年开始实行的文科考6门、理科考7门的“六七模式”，从1994年开始的会考基础上的高考“3+2”科目改革以及1999年推行“3+X”科目等，目前还在探索新的方式。关于高考的性质，2015年新课程标准考试大纲有明确说明：“普通高等学校招生全国统一考试是合格的高中毕业生和具有同等学力的考生参加的选拔性考试。高等学校根据考生成绩，按已确定的招生计划，德、智、体、美、劳全面衡量，择优录取。因此，高考应具有较高的信度、效度，适当的难度和必要的区分度。”

外语在高考中的历史发展和地位经历了不同时期的转变，外语是高考中的学科之一，长期以来一直与语文、数学一起列为所有考生的必考科目，受到考生的普遍重视。目前外语学科为学生提供英语、日语、俄语、德语、法语、西班牙语六种语言，但每年英语考生的选择量占考生总数的99%以上，可见英语在高考中占有非常重要的地位。在历次高考改革中，如1985年首次推行的标准化考试，2013年出台的一系列英语高考改革方案，到近期讨论热烈的高考社会化推行，都是以外语学科（主要是英语）为试点科目（刘庆思，2017）。

1977年，教育部宣布恢复高考，但仅要求报考外语专业的考生参加外语考试，当年的试题由各省、自治区、直辖市命制。从1978年起，全国开始统一命题，所有考生都可以参加外语考试，但成绩不计入总分，仅作为录取参考，没有学过外语的可以免试；而报考外语院校或专业的，外语笔试成绩计入总分，口试也必须参加。1979年，教育部在相关文件（国务院批转《教育部关于1979年高等学校招生工作会议的报告》)中指出,为了提高大学生的外语水平,同时推动中小学的外语教学,将逐步把外语科成绩计入高考总分。但考虑到当时的实际情况,仅将报考重点院校考生的外语成绩按10%计入高考总分,报考一般院校的,仍只作为参考分处理。1980年,教育部根据外语教学的需要,考虑到当时中学开设外语的实际情况,决定将外语考试成绩按30%计入高考总分,但专科学校仍仅将其作为参考分使用,同时明确指出,将逐年提高外语学科计分比例。1981年,教育部规定,本科院校应该将外语考试成绩按50%计入高考总分,专科学校是否计入总分由省、市、自治区决定。1982年,教育部按照《国务院批转教育部关于一九八〇年全国高等学校招生工作会议的通知》(国务院国发〔1980〕98号文件)的精神,将报考本科院校考生的外语成绩按70%计入高考总分,同时指出,从1983年起,将按100%计入总分;报考专科学校考生的外语成绩是否计入总分,仍由省、市、自治区确定。为了回避多次统分、分类录取可能带来的各种矛盾,几乎所有省份都将报考专科学校考生的外语成绩计入了高考总分(刘庆思, 2008)。

吴根洲、郑灵臆(2012)将外语科目在高考中的地位划分为"文革"前高考外语科目地位变革的"有心无力"期、"文革"后高考外语科目地位变革的"有心有力"期、三大统考科目形成后高考外语科目地位变革的"稳定微调"期以及新课程改革阶段高考外语科目地位变革的"多元动荡"期四个时期。

刘毳(2014)则把外语科目根据其在高考的地位划分为三个阶段:外语必考科目名不副实阶段(1949—1965年),外语科目地位直线上升阶段(1978—1990年)和高考外语地位稳固、权重在各省略有差异阶段(1990年至今)。刘庆思(2008)根据高考英语学科的考查内容和试卷结构的不同调整结果,将高考英语学科的发展分为八个时期。综合了他们的划分标准,本文将其划分为五个时期进行回顾,以便较全面地了解英语高考在我国的发展情况以及历史地位的演变过程。

第一个时期:外语在高考中名不副实时期(1952—1965年)。从1952年高考制度创立到"文革"前夕,外语科目成为高考统考科目,但在高考中的地位并不稳定,间断性地以统考科目身份出现。而且即使作为统考科目,也由于当时外语基础教育薄弱、一些政策的导向,制定了很多可以免考外语的条件,使得外语在高考中时断时续,徒具形式。如1953年,工农速成中学、中等专业学校毕业生及产业工人、革命干部、小学教师除志愿报考外语系科者外,免考外国语(陆震, 2003)。1954年,工农速成中学、中等专业学校毕业生及机关、企业、学校、团体等的工作人员经批准升学及部队中准予转业的人员可免试外语，而不论是否报考外语系科（刘毳，2014）。1955年，鉴于当时中学外国语教学进度不齐，还有的学生没有学过外国语，学生进入高校后一律须从头学起，在理工、农医、文史三类考试科目中未见外语（杨学为，2003）。直到1958年，外语重新成为高考必考科目，外语仍分为俄语和英语两种，考生根据所学，任选一种，没有学过外国语的考生仍然可以免试（杨学为，2003）。因此，从高考制度创立到“文革”之前，外语在高考科目体系中的地位一直不高，相当部分考生可以免考，使得外语在统考科目中的地位名不副实。

第二个时期：外语科目在高考中地位崛起时期（1978—20世纪90年代中期）。“文革”结束后，1977年恢复高考，由于时间仓促，外语没有纳入当年高考科目，只有报考外语专业的学生须加试外语。1978年外语虽成为统考科目，但外语成绩不计入总分，仅作为录取参考，没有学过外语的考生仍可以免考；但是，报考外语学院或外语专业的考生，不仅外语笔试成绩必须计入高考总分，还需要进行口试（陆震，2003）。经过两年过渡，外语在高考科目中的地位确立，权重逐渐提高。1979年报考重点院校的考生，外语成绩开始以10%计入高考总分，并明确指出往后逐年提高计分比例。1980年报考本科院校的考生，外语成绩以30%计入高考总分，1981报考本科院校考生的外语成绩按50%计入总分，1982年报考本科院校考生的外语成绩按70%计入总分，从1983年起，报考本科院校考生的外语成绩按100% 计入高考总分（刘海峰，2013）。这个时期，英语科目以考查语言知识为主，运用能力考查较少。直到1985年广东省进行高考标准化改革试验，才拉开了考试现代化的序幕。所谓“标准化”是指考试的各个环节，包括试卷设计、命题、考务实施和分数处理，均按照统一的标准和规范进行操作，这无疑将提高考试的科学性和公平性，促进考试的现代化。高考外语科目提供了英、日、俄、德、法、西六个语种供考生选择，但选择英语的考生每年均超过考生总数的99%（刘庆思，2008）。

第三个时期：高考外语科目地位的稳固微调期（1990—2006年）。1990年公布的高考科目设置里，实行了四组四科模式，语、数、外为统考科目。再加上“上海方案”和“三南方案”试验的基础，教育部于1994年选择了会考基础上的高考“3 + 2”科目设置模式，语文、数学、外语三门科目开始作为统考科目（刘毳，2014）。此后，语、数、外成为高考统考科目的格局在1994年推广的“3+2”模式中得以确立。1999年广东省率先实行“3+X”模式，后来许多省份陆续变革，从2000年起，全国各省份都实行了“3+X”模式，最终形成了“3+文科综合/理科综合”、“3+文科综合+1”和“3+文理综合”三种主要模式。1999年高考开始推行“3+X”科目改革之后，语文、数学、英语三门主科各占150分，英语的分值与语文、数学同等，高于其他科目，中国的高考进入有史以来最重视英语的时期(刘毳, 2014)。

1952年全国统一高考制度建立以后，外语考试实行全国统一命题考试。1958年，曾试行分省命题，但仅实施了一年，又回到了全国统一命题的方式。1977年恢复高考，因为非常匆忙，所以实行分省单独命题，到1978年又实行全国统一命题。1985年，上海首先开始高考改革试点，外语考试开始单独命题。2002年北京也开始实行自主命题。2004年，11个省市分省命题。刘海峰、谷振宇(2012)认为，分省命题有利于减少因地域差异带来的考试偏向，有利于新课程标准的实施，有利于地方政府对基础教育的统筹管理，有利于各省之间相互学习、相互促进、共同提高命题质量和水平，还有利于扩大各省市教育考试院的功能，增加省级考试机构的专业性，促进地方考试机构研究考试科学。

第四个时期：新课程高考外语科目地位的改革期(2007—2012年)。2004年，广东、山东、海南和宁夏4个省区率先开始了高中阶段的新课程改革，3年后这批实施新课程改革的实验区开始实施新课程改革后的高考。随后，其他省市陆续推出新课程改革后的高考方案，一些地方在英语考试方面进行了更为大胆的尝试，使外语科目所占比重有所差异，有些地区的听力实施一年多考或取消。如浙江省在英语科目中试行听力一年多考，英语总分为150分，30分的英语听力考试在每年3月和9月举行，由学生自主决定参加考试的时间和次数(限定在两次以内)，从中选择较高一次考试成绩计入高考总分。此外，江苏、天津、重庆等省市也采用英语高考听力考试与笔试分开的改革形式。山东省明确提出，外语考试科目中的听力考试不纳入夏季高考统一考试内容，考生外语听力成绩取高中学业水平考试外语科目听力成绩中最好的一次记入考生档案。一些省市甚至将听力成绩不计入总分或直接取消听力考试，如四川、陕西等。有些地区则降低英语考试分值。江苏省此前有过类似的举动，语文和数学分别从150分增至160分，两门考试的附加分也分别从30分增加到了40分，外语科目则从150分降至120分。这样的分数调整，提升了语文和数学在高中学习的地位，降低了对英语的要求。

第五个时期：英语高考考试社会化探索时期(2013年起至今)。2013年3月1

日，教育部发布了《教育部关于2013年深化教育领域综合改革的意见》，文件中明确提出将研究英语高考科目实施一年多考的办法。此文件一经发布，便在全国掀起了高考改革的热潮，考试改革从英语破冰，各省市陆续出台英语高考改革方案，如2013年10月21日北京市公布未来3年高考改革框架方案，高考中英语分值从150分降到100分，并逐步向一年两次社会化考试过渡。江苏实行英语一年两考，不再计入总分，而是以等级形式计入高考成绩，高校在录取时将对英语等级提出要求。山东取消听力考试等。关于探索有的科目一年多考，实行社会化考试的设想早在2010年7月颁布的《国家中长期教育改革和发展规划纲要（2010—2020年）》中已经提及，只是《决定》把规划纲要中的"有的科目"明确为外语一门科目。把外语作为探索社会化考试的试点科目是由外语科目本身的性质和特点决定的，因为外语考试成绩稳定性比较强，外语考试标准化程度高，测量结果比较可靠，外语社会化考试在国际上有比较成熟的经验，技术上也比较可行，且有一些成熟的外语考试如托福考试和雅思考试等可以借鉴，以外语科目采用社会化考试容易达成共识（刘海峰，2014）。将外语作为试点科目实施社会化考试将成为中国教育发展中最具历史意义的一项变革。

1.4 上海市英语高考

教育部对高考实行"国家统考，分省（市）命题"的举措后，上海（1985年）、北京（2002年）、天津和重庆（2004年）先后开始实施自主命题。自主命题是在教育部统一的新课程标准和考试大纲指导下，根据各省市的教育水平和实际情况，确定高考形式和内容。因此，不同地区的英语高考既有统一的地方，也有自己的特色。

上海市中小学基础英语教育经历了两次大的改革，第一期课程改革开始于1988年，提出了"能力和知识并重"的教育理念；第二期课程改革是在1997年，教育部颁布新《普通高中英语课程标准》实验版的推进下进行的。随着基础英语教育的改革，上海英语高考测试的模式也不断发生变化，语言运用类试题成为测试的重点，明显加强了对学生语言运用及交际能力的考查。随着经济文化发展，英语高考上海卷进行了一系列改革与变化。徐欣幸（2005）指出，英语高考（上海卷）自1985年经教育部授权，开始自行组织命题。受当时结构主义语言学理论的影响，1985年的英语高考试卷设计了大量考查语言知识辨析和记忆类题目，主要考查语音、语法、语义、句子结构，题型有单词辨音和拼写、词义配对、词类转换、动词填空、语法选择、改错、综合填空、阅读理解，满分100分，如表1-1所示。参加1985年高考上海卷命题工作的教师都来自教学第一线，长期在上海各中学和大学任教。他们不仅具有丰富的教学经验，而且熟悉上海地区中学的实际教学情况。根据上海市高等学校招生委员会所制定的命题原则和要求，他们把出题的范围严格控制在国家教委颁发的教学大纲范围之内。他们在命题的过程中不仅反复讨论和相互审核所出的每一道试题，而且还在时间很紧迫的情况下组织有关人员进行预测，试图确保试卷中的每一道试题的实用性，保证考核的每一个语法要点和单词都不超出教学大纲的基本要求，力求使高考试卷和教学大纲的要求相一致。

表1-1　1985年全国高考上海卷英语科试卷结构

题型	题量	分值
I. 单词辨音和拼写	20	10
II. 词义配对	20	10
III. 词类转换	10	10
IV. 动词填空	10	10
V. 语法选择	20	20
VI. 改错	10	10
VII. 综合填空	15	15
VIII. 阅读理解	15	15
总计	120	100

20世纪90年代初，上海已开始第一期课程改革。与以前的教学大纲相比，一期课改的课程标准突出了外语的工具性，教学目标由听、说、读、写等语言技能和语音、词汇、语法等语言知识要素组成，并提出了对语言运用能力的培养。当时，心理语言学和社会语言学的有关理论在外语测试领域占据主导地位。中学英语教学界普遍认为，语言不但是一个可以分解的体系，更是一个动态的和具有创造性的功能体系。正确地使用语言不但意味着句子符合语法规则，而且还必须与不同的语境相结合。因此，孤立地测试语言点的试题不能达到理想的测试效度。高考英语上海卷也

据此相应地将考试目标修改为:英语科高考旨在测试考生的英语知识、运用英语的综合能力及交际能力。

与1985年试卷相比,1996年试卷取消了词义配对、词类转换和动词填空等单纯考查语言知识的题型,而在语法和词汇选择题中增加了对语言功能的测试。情景对话和写作等综合题型出现在高考卷中。第六大题有并列的两组限选题(I组和U组),考生任选一组。如两组都做,只记录I组得分。这些题型加强了试卷对语言表达能力的测试,以提醒中学英语教师在教学中重视培养学生的语言运用能力,如表1-2所示。

表1-2 1996年全国高考上海卷英语科试卷结构

<table>
<tr><th colspan="2">题型</th><th>题量</th><th>分值</th></tr>
<tr><td colspan="2">I. 单词辨音</td><td>10</td><td>10</td></tr>
<tr><td colspan="2">II. 词汇和语法知识单项选择</td><td>20</td><td>20</td></tr>
<tr><td colspan="2">III. 综合填空</td><td>25</td><td>25</td></tr>
<tr><td colspan="2">IV. 单句理解</td><td>10</td><td>20</td></tr>
<tr><td colspan="2">V. 语篇理解</td><td>20</td><td>40</td></tr>
<tr><td rowspan="2">VI.</td><td>I组 单句画线部分改错</td><td>10</td><td rowspan="2">10</td></tr>
<tr><td>U组 情景对话</td><td>5</td></tr>
<tr><td colspan="2">VII. 写作</td><td>1</td><td>25</td></tr>
<tr><td colspan="2">总计</td><td>101</td><td>150</td></tr>
</table>

1998年的英语试题侧重于语言综合能力的运用。在客观题部分新增了功能性语言,强调了语言的应用和交际,紧扣新教材。语篇阅读与综合填空涉及面广,侧重检查学生对语篇的整体理解。语法部分主要检查学生的基础知识,覆盖面比较广。考生要仔细阅读句子、正确理解,才能答对。词汇部分主要检查考生对近义词的辨析能力。语言功能部分是当年英语试卷中一个新的题型,紧扣新教材中的功能语言,强调语言的交际性。语言功能要用在恰当的语境中方能表达意思,语言也要规范、地道,这就需要学生养成英语思维的习惯。综合运用部分,即综合填空要求考生先通读一遍短文,弄懂短文大意后方能着手解题。综合运用是两篇文章,以完形填空的形式出现,第一篇10题,第二篇15题,每题1分,共25分。语篇理解部分比较

强调语段与整体理解，有一定的难度。这一部分由四篇文章组成，20道题目，每题2分，共40分。第一次出现翻译题，翻译5个句子，总体上并不难。这些句子主要检查考生对一些常用词、词组的用法是否掌握，检查学生对一些常用词或短语在具体语境中的运用，共15分。英语写作改变了以往过多过长的中文提示，有利于学生的发挥，有利于检查学生运用语言的综合能力，如表1-3所示。

表1-3　1998年全国高考上海卷英语科试卷结构

卷号	大题结构		测试题型	题量	分值	时间
第I卷	语法	单句	单项选择	25	25	120分钟
	词汇	单句	单项选择	10	10	
	语言功能	单句	单项选择	10	10	
	综合运用	仔细阅读	完形填空	25	25	
	语篇理解	仔细阅读	阅读理解	20	40	
第II卷	翻译	单句表达	中译英	5	15	
	写作		指导性写作	1	25	
合计				96	150	120分钟

相比1998年试卷，1999年英语高考上海卷减去了5个语法单句，语法分数从25分降到20分。翻译单句表达增加1句，翻译的分数从15分增加到20分。试卷其他结构保持不变，如表1-4所示。

表1-4　1999年全国高考上海卷英语科试卷结构

卷号	大题结构		测试题型	题量	分值	时间
第I卷	语法	单句	单项选择	20	20	120分钟
	词汇	单句	单项选择	10	10	
	语言功能	单句	单项选择	10	10	
	综合运用	仔细阅读	完形填空	25	25	
	语篇理解	仔细阅读	阅读理解	20	40	
第II卷	翻译	单句表达	中译英	6	20	
	写作		指导性写作	1	25	
合计				92	150	120分钟

进入21世纪，上海市第二期课改的启动使外语教育有了新的目标。中学英语教学界明确，语言学习的主要目的是培养学生的语言运用能力和综合人文素养。而且，交际语言测试理念也受到了越来越多的关注。交际语言测试理论强调语境和任务的真实性、交际双方语言的互相影响和作用以及语言使用的效果。高考英语上海卷的考试目标又进一步调整为：测试考生的英语基础知识和语言运用能力，其中侧重对语言运用能力的考核。

2000年，高考英语上海卷进行了很大的调整，增加了听力这一大项，包括短对话与长对话，短对话10题，每题1分；长对话和独白10题，每题2分，共30分；删去语言功能这一大项；语法部分增加4题，每题1分；词汇部分增加6题，每题1分；其他部分与1999年试卷结构保持一致，总分从150分增加到180分，如表1-5所示。

表1-5　2000年全国高考上海卷英语科试卷结构

卷号	大题结构		测试题型	题量	分值		时间
第I卷	听力	短对话	单项选择	10	10	30	30分钟
		长对话、独白	单项选择	10	20		
	语法	单句	单项选择	24	24	24	120分钟
	词汇	单句	单项选择	16	16	16	
	综合运用	仔细阅读	完形填空	25	25	25	
	语篇理解	仔细阅读	阅读理解	20	40	40	
第II卷	翻译	单句表达	中译英	6	20	20	120分钟
	写作		指导性写作	1	25	25	
合计				112	180	180	150分钟

从2001年、2002两年高考英语上海卷结构中可以看出，听力被正式列入测试项目；考查听、读、写等语言技能运用的题型占全卷的80%。其中，听力短对话10个，每题1分；听力长对话共10题，每题2分。听力部分全部采用单项选择题的形式，分值占总分的20%。语法继续以单句、单项选择题的形式出现，题量减为20，每题1分。词汇也继续以单句、单项选择题的形式出现，题量减为10，每题1分。完形填空还是两篇文章，但每篇只有10个题目，每题1分。阅读理解还是4篇文章，题量减为15，每题2分。翻译减为5个句子，共15分。指导性写作一篇保持不

变，25分。这样，试卷结构开始趋于稳定，总分保持在150分，时间为两个小时，如表1-6所示。

表1-6　2001—2002年全国高考上海卷英语科试卷结构

<table>
<tr><th>卷号</th><th colspan="2">大题结构</th><th>测试题型</th><th>题量</th><th colspan="2">分值</th><th>时间</th></tr>
<tr><td rowspan="6">第I卷</td><td rowspan="2">听力</td><td>短对话</td><td>单项选择</td><td>10</td><td>10</td><td rowspan="2">30</td><td rowspan="2">30分钟</td></tr>
<tr><td>长对话</td><td>单项选择</td><td>10</td><td>20</td></tr>
<tr><td>语法</td><td>单句</td><td>单项选择</td><td>20</td><td>20</td><td>20</td><td rowspan="6">90分钟</td></tr>
<tr><td>词汇</td><td>单句</td><td>单项选择</td><td>10</td><td>10</td><td>10</td></tr>
<tr><td>综合运用</td><td>仔细阅读</td><td>完形填空</td><td>20</td><td>20</td><td>20</td></tr>
<tr><td>语篇理解</td><td>仔细阅读</td><td>阅读理解</td><td>15</td><td>30</td><td>30</td></tr>
<tr><td rowspan="2">第II卷</td><td>翻译</td><td>单句表达</td><td>中译英</td><td>5</td><td>15</td><td>15</td></tr>
<tr><td colspan="2">写作</td><td>指导性写作</td><td>1</td><td>25</td><td>25</td></tr>
<tr><td>合计</td><td colspan="3"></td><td>91</td><td>150</td><td>150</td><td>120分钟</td></tr>
</table>

至此，遵循现代语言测试的新理念，配合课程改革的需要，试卷测试的重点逐步由语言知识转变为语言运用能力，基本完成考试目标所要求的由知识立意向能力立意的过渡。

2003年高考上海英语听力理解改变了以往全部用单项选择题为答题形式的模式，听力第17~24题设计为听力填空题，其中第17题至第20题每空填一个单词，第21~24题每空填不超过3个单词，听力填空题每题1分。长对话以填空听写的形式出现，要求考生在听懂对话内容的基础上，填写试题中所缺的词，完成某项任务或回答某些问题。考生在填空时，看到的是具有使用性的表格或问答，其中一些与理解内容有关的词或词组被有意删除了，考生只有听懂对话才能正确填写出空白处的内容。这种题型不仅能较好地达到测试目标，体现语言测试的真实性和实用性原则，而且对学校的听力教学也会起到积极的导向作用。2004年试卷结构保持不变，如表1-7所示。

表1-7 2003—2004年全国高考上海卷英语科试卷结构

卷号	大题结构		测试题型	题量	分值		时间
第I卷	听力	短对话	单项选择	10	10	30	20分钟
		长对话	单项选择	6	12		
		短文或长对话	填空	8	8		
	语法	单句	单项选择	20	20	20	100分钟
	词汇	单句	单项选择	10	10	10	
	综合运用	仔细阅读	完形填空	20	20	20	
	语篇理解	仔细阅读	阅读理解	15	30	30	
第II卷	翻译	单句表达	中译英	5	15	15	
	写作		指导性写作	1	25	25	
合计				95	150	150	120分钟

2005年高考上海英语试题与前两年比较,语法题和词汇题由原来的两大题30小题合并成一大题20小题,分值由原来的30分减到20分,分值分配为语法题15分、词汇题5分。题量和内容都有了较大幅度的删减。阅读理解由原来的4篇15题共30分增加为5篇20题共35分。所增加的第5篇阅读材料在测试形式和要求上也有改动,旨在考查考生对短文段落中心思想的概括。中译英由原先的5题15分增加到6题20分,其中1~4题每题3分,5~6题每题4分,测试要求包括词法、句法和日常中文中的成语翻译。部分句子适当延长了题干,增加了翻译的难度。在听力、完形填空和作文三大部分未做调整或改动。总的来说,2005年高考题型的调整特点为淡化语法,强化阅读,重视翻译,其目的在于进一步测试考生在理解和掌握基础知识的前提下实际运用语言的能力,加大了能力考查的考分比例;连同3月进行的英语口试在内,全面考查了中学生听、说、读、写、译的五种能力水平,这是与上海市二期课改英语课程标准的改革精神完全一致的。2006年、2007年试卷结构保持稳定,如表1-8所示。

表1-8　2005—2007年全国高考上海卷英语科试卷结构

<table>
<tr><th>卷号</th><th colspan="2">大题结构</th><th>测试题型</th><th>题量</th><th colspan="2">分值</th><th>时间</th></tr>
<tr><td rowspan="7">第I卷</td><td rowspan="3">听力</td><td>短对话</td><td>单项选择</td><td>10</td><td>10</td><td rowspan="3">30</td><td rowspan="3">20分钟</td></tr>
<tr><td>长对话</td><td>单项选择</td><td>6</td><td>12</td></tr>
<tr><td>短文或长对话</td><td>填空</td><td>8</td><td>8</td></tr>
<tr><td>语法和词汇</td><td>单句</td><td>单项选择</td><td>20</td><td>20</td><td>20</td><td rowspan="6">100分钟</td></tr>
<tr><td>综合运用</td><td>仔细阅读</td><td>完形填空</td><td>20</td><td>20</td><td>20</td></tr>
<tr><td rowspan="2">语篇理解</td><td>仔细阅读</td><td>阅读理解</td><td>15</td><td>30</td><td rowspan="2">35</td></tr>
<tr><td>快速阅读</td><td>配对</td><td>5</td><td>5</td></tr>
<tr><td rowspan="2">第II卷</td><td>翻译</td><td>单句表达</td><td>中译英</td><td>6</td><td>20</td><td>20</td></tr>
<tr><td colspan="2">写作</td><td>指导性写作</td><td>1</td><td>25</td><td>25</td></tr>
<tr><td>合计</td><td colspan="3"></td><td>91</td><td>150</td><td>150</td><td>120分钟</td></tr>
</table>

2008年，试卷结构出现新的变化，词汇项目以语篇的形式进行测试，一篇文章，9个空格，从所给的10个单词中选出合适的词语填空，每题1分。语法测试还是以单句的形式出现，数量从20个降为16个，每题1分。完形填空从两篇文章20题变为一篇文章15题，分值也从20分降为15分。2009年延续2008年的试卷结构，如表1-9所示。

表1-9　2008—2009年全国高考上海卷英语科试卷结构

<table>
<tr><th>卷号</th><th colspan="2">大题结构</th><th>测试题型</th><th>题量</th><th colspan="2">分值</th><th>时间</th></tr>
<tr><td rowspan="3">第I卷</td><td rowspan="3">听力</td><td>短对话</td><td>单项选择</td><td>10</td><td>10</td><td rowspan="3">30</td><td rowspan="3">20分钟</td></tr>
<tr><td>长对话</td><td>单项选择</td><td>6</td><td>12</td></tr>
<tr><td>短文或长对话</td><td>填空</td><td>8</td><td>8</td></tr>
<tr><td rowspan="5">第I卷</td><td rowspan="2">语法和词汇</td><td>单句</td><td>单项选择</td><td>16</td><td>16</td><td rowspan="2">25</td><td rowspan="7">100分钟</td></tr>
<tr><td>语篇</td><td>10选9</td><td>9</td><td>9</td></tr>
<tr><td rowspan="3">阅读理解</td><td rowspan="2">仔细阅读</td><td>完形填空</td><td>15</td><td>15</td><td rowspan="3">50</td></tr>
<tr><td>阅读理解</td><td>15</td><td>30</td></tr>
<tr><td>快速阅读</td><td>配对</td><td>5</td><td>5</td></tr>
<tr><td rowspan="2">第II卷</td><td>翻译</td><td>单句表达</td><td>中译英</td><td>6</td><td>20</td><td>20</td></tr>
<tr><td colspan="2">写作</td><td>指导性写作</td><td>1</td><td>25</td><td>25</td></tr>
<tr><td>合计</td><td colspan="3"></td><td>91</td><td>150</td><td>150</td><td>120分钟</td></tr>
</table>

2010—2014年，上海市英语科高考采用笔试和口试两种方式，其中口试只要求报考英语专业和其他相关专业的考生参加，并提前单独进行。笔试试卷增加了简答题；把阅读理解第四篇调整为阅读后回答4个问题，每题2分；翻译题减少1题，分值保持20分没变，如表1-10所示。

表1-10　2010—2014年全国高考上海卷英语科试卷结构

<table>
<tr><th>卷号</th><th colspan="2">大题结构</th><th>测试题型</th><th>题量</th><th colspan="2">分值</th><th>时间</th></tr>
<tr><td rowspan="10">第I卷</td><td rowspan="3">听力</td><td>短对话</td><td>单项选择</td><td>10</td><td>10</td><td rowspan="3">30</td><td rowspan="3">20分钟</td></tr>
<tr><td>长对话</td><td>单项选择</td><td>6</td><td>12</td></tr>
<tr><td>短文或长对话</td><td>填空</td><td>8</td><td>8</td></tr>
<tr><td rowspan="2">语法和词汇</td><td>单句</td><td>单项选择</td><td>16</td><td>16</td><td rowspan="2">25</td><td rowspan="9">100分钟</td></tr>
<tr><td>语篇</td><td>10选9</td><td>9</td><td>9</td></tr>
<tr><td rowspan="4">阅读理解</td><td rowspan="3">仔细阅读</td><td>完形填空</td><td>15</td><td>15</td><td rowspan="4">50</td></tr>
<tr><td>阅读理解</td><td>11</td><td>22</td></tr>
<tr><td>简答题</td><td>4</td><td>8</td></tr>
<tr><td>快速阅读</td><td>配对</td><td>5</td><td>5</td></tr>
<tr><td rowspan="2">第II卷</td><td>翻译</td><td>单句表达</td><td>中译英</td><td>5</td><td>20</td><td>20</td></tr>
<tr><td colspan="2">写作</td><td>指导性写作</td><td>1</td><td>25</td><td>25</td></tr>
<tr><td>合计</td><td colspan="3"></td><td>90</td><td>150</td><td>150</td><td>120分钟</td></tr>
</table>

2015—2016年，全国高考上海卷英语科试卷语法部分也调整为填空，2篇文章、每篇文章8个空格，让考生填写所给的动词或形容词的适当形式，或者在空格处填上情态动词、介词、冠词、连词等。取消了快速阅读题。这样的题型突出体现了对考生运用能力的考核。这可以对中学英语教学起到积极的反拨作用。如表1-1所示。

表1-11　2015—2016年全国高考上海卷英语科试卷结构

<table>
<tr><th>卷号</th><th colspan="2">大题结构</th><th>测试题型</th><th>题量</th><th colspan="2">分值</th><th>时间</th></tr>
<tr><td rowspan="3">第I卷</td><td rowspan="3">听力理解</td><td>短对话</td><td>单项选择</td><td>10</td><td>10</td><td rowspan="3">30</td><td rowspan="3">20分钟</td></tr>
<tr><td>长对话</td><td>单项选择</td><td>6</td><td>12</td></tr>
<tr><td>短文或长对话</td><td>填空</td><td>8</td><td>8</td></tr>
</table>

续表

<table>
<tr><td rowspan="5">第I卷</td><td rowspan="2">语法和词汇</td><td>语篇</td><td>填空</td><td>16</td><td>16</td><td rowspan="2">26</td><td rowspan="7">100分钟</td></tr>
<tr><td>语篇</td><td>11选10</td><td>10</td><td>10</td></tr>
<tr><td rowspan="3">阅读理解</td><td rowspan="3">仔细阅读</td><td>完形填空</td><td>15</td><td>15</td><td rowspan="3">47</td></tr>
<tr><td>阅读理解</td><td>12</td><td>24</td></tr>
<tr><td>简答题</td><td>4</td><td>8</td></tr>
<tr><td rowspan="2">第II卷</td><td>翻译</td><td>单句表达</td><td>中译英</td><td>5</td><td>22</td><td>22</td></tr>
<tr><td colspan="2">写作</td><td>指导性写作</td><td>1</td><td>25</td><td>25</td></tr>
<tr><td>合计</td><td colspan="3"></td><td>87</td><td>150</td><td>150</td><td>120分钟</td></tr>
</table>

上海新英语高考内容包括“一年两考”，增加听说测试和概要写作以及建设外语标准化考试题库和标准化考场。

1.“一年两考”

一年两考，即在一年之内实施两次外语高考，一次安排在1月，一次安排在6月，考生可选择参加两次考试，取其中较高一次成绩计入高考总分，或者也可以选择只参加其中一次考试，但要注意两次考试选择的语种必须一致。本研究中的“一年两考”制指上海英语高考改革（其他语种不做讨论），两次考试时间是高三上学期的1月、高三下学期的6月，且仅限高三学生参加，高一、高二学生不能参加。上海高三学生第一次英语考试如果考出满意成绩，不继续参加第二次英语高考，可选择第二学期不学习英语课程，直到大学期间再继续学习英语课程。从调研的情况来看，外语“一年两考”对学生保持良好心态、减轻压力、避免由于特殊原因不能参加考试而造成终身遗憾的情况，起到了不可替代的作用，有将近90%的被调查对象对“一年两考”持赞成态度（袁振国，2018）。

2.听说测试

听说测试部分采用人机对话形式，试卷满分为10分，考试时间为20分钟（上海市教育考试院，2020）。

3.概要写作

从2017年起，上海英语高考试卷的题型增加了概要写作（summary writing）。概要写作分值为10分，考查考生阅读和写作的综合能力。概要写作所给定的篇幅为200~250字，内容丰富多样，包含故事、时政、科普等，体裁以记叙文、说明文为主，要

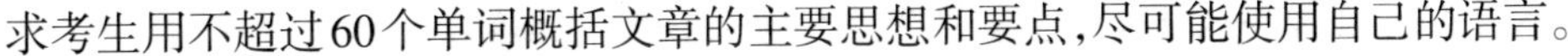
求考生用不超过60个单词概括文章的主要思想和要点，尽可能使用自己的语言。

4.建设外语标准化考试题库

从2017年1月起，高考英语试卷来自题库，试卷真题不再向教师和学生及社会公布。

2017年，笔试考试时间和卷面分值不变，依然是2个小时、总分150分。最后折算成140分，和听说成绩相加组成高考英语总分。听说测试卷面分为20分，最后按等第制折算成10分。新增的听说测试和笔试同步，也是一年考两次。在计算高考总分时，笔试和听说成绩相对应（第一次听说成绩只能和第一次笔试成绩折算相加，不可交叉匹配）。此次新增的听说测试，完全由人工智能机器阅卷，利用最新的语音识别技术和智能评分引擎，对考生的听说能力进行综合评测。人机对话的形式，对考生来说非常陌生，由于考试应答时间很短，基本不容许出错。如表1-12和表1-13所示。

表1-12　2017—2021年全国高考上海卷英语科试卷结构（笔试部分）

<table>
<tr><th colspan="2">大题结构</th><th>测试题型</th><th colspan="2">题量</th><th colspan="2">分值</th><th>时间</th></tr>
<tr><td rowspan="2">听</td><td>短对话</td><td>单项选择</td><td>10</td><td rowspan="2">20</td><td>10</td><td rowspan="2">20</td><td rowspan="2">15分钟</td></tr>
<tr><td>短文或长对话</td><td>单项选择</td><td>10</td><td>10</td></tr>
<tr><td rowspan="2">语言知识</td><td>语法</td><td>短文填空</td><td>10</td><td rowspan="2">20</td><td>10</td><td rowspan="2">20</td><td rowspan="5">105分钟</td></tr>
<tr><td>词汇</td><td>选词填空</td><td>10</td><td>10</td></tr>
<tr><td rowspan="3">读</td><td>完形填空</td><td>单项选择</td><td colspan="2">15</td><td>15</td><td rowspan="3">45</td></tr>
<tr><td rowspan="2">语篇阅读</td><td>单项选择</td><td colspan="2">11</td><td>22</td></tr>
<tr><td>选句填空</td><td colspan="2">4</td><td>8</td></tr>
<tr><td colspan="2">读写综合</td><td>概要写作</td><td colspan="2">1</td><td colspan="2">10</td><td rowspan="3">105分钟</td></tr>
<tr><td>翻译</td><td>单句表达</td><td>中译英</td><td colspan="2">4</td><td colspan="2">15</td></tr>
<tr><td>写作</td><td>篇章表达</td><td>指导性写作</td><td colspan="2">1</td><td colspan="2">25</td></tr>
<tr><td colspan="3">总计</td><td colspan="2">76</td><td colspan="2">135</td><td>120分钟</td></tr>
</table>

表1.13　2017—2021年全国高考上海卷英语科试卷结构(听说测试)

大题结构		题量	分值	时间
说	朗读句子	2	1	20分钟
	朗读短文	1	1	
	情景提问	2	2	
	看图说话	1	1.5	
听说	快速应答	4	2	
	听短文回答问题	2	2.5	
总计		12	10	20分钟

综观近年的上海高考题,其题型、考核方式和考核内容都有一定的变化,但是考试的目标不变,依然是测试学生的英语语言基础知识和语言运用能力。从题型、分值的变化中可以看出,高考英语试题中对学生语言运用能力考核的比重逐年增加。从高考试题的内容变化看,越来越注重在真实的语言交际环境中来考核语法规则,单靠语法规则和词汇知识将不能正确答题。学生只有在正确了解语境、理解句子意义的前提下,才能正确答题。高考命题遵循课程标准,但又不拘泥于课程标准。试题的考核中词汇量不断增大,生词量也有适当的增加。对学生的语言运用能力的要求越来越高,特别是在阅读方面,逐渐增加了语言难度和逻辑结构,如行文方面增加跳跃程度,增加隐性信息,减少过渡用语等。无论是语言知识考核还是语言能力考核,都选用了原版语言材料,知识涉及面广,内容贴近生活,富有时代气息。试题不仅仅考核英语知识与语言运用能力,还处处渗透着对观察能力、分析能力、判断能力、综合能力、想象能力的考核。

第2章／英语测试与教学

考试是教育评估的一种手段，从课堂测验到大规模标准化考试，世界各国都把考试看作学业评价、水平诊断以及人才选拔的重要手段(Brown and Abeywickrama, 2013)。最早关于语言测试的内容记载于《圣经·士师记》。测试和评价是成功教学的基础，对于外语教师来说，测试评价并不陌生。任何一名外语教师在日常教学中都一直与测试打交道，不断在教学中进行教学评估，使自己的教学更加有效，更好地促进学生发展(程晓、王宏芳, 2008)。

2.1 语言测试的概念

对多数人来讲，提到"评价"和"评估"，就会想到考试，认为评价、评估、测试、考试是可以互换的术语，但事实并非如此。"assessment"虽通常译作测试，但它包含"评价"之意，有别于"testing"。在教育领域，评价的含义更广、综合性更强，强调主观估计与客观测验相统一。评价是指对个体的特质水平进行价值判断的过程，而测试是评价的一种手段。科学地讲，测试是衡量一个人能力、知识水平或在某领域的表现的测振工具(measurement)和方法(method)。它是根据一定的程序和规则，对考生的行为进行量化和解释的过程(L. F. Bachman, 1999)。测试测量的是考生的行为表现(perfomance)，而结果反映的是考生的能力(competence)(Brown and Abeywickrama, 2013)。一旦选择测试作为评价手段，我们就应该明确测试的目的，并据此选择恰当的形式。Spolsky (1999)指出，语言测试的发展经历了三个阶段：前科学阶段(prescientific period)、心理测量与结构主义阶段(psychometric-structuralist period)、心理语言学与社会语言学阶段(psycho-sociolinguistic period)。第一阶段的试题以开放式的面试和写作为主要题型，体现了大学考试的特点；第二阶段则以大规模标准化的考试为主要特点，客观题成为主要题型；第三阶段的试题则增加了测试语言交际能力的内容，反映了语言观从结构主义到心理、社会语言观的转变（Hungerland, 2004）。

按语言测试的目的，可以将测试分成学业成绩测试（achievement test）、诊断测试（diagnostic test）、水平测试（proficiency test）等。教师在日常教学中接触最多的是前两种类型的测试。学业成绩测试的命题依据为教学大纲，用于检验一定时期教师的教学效果和学生的学习成果，例如每学期的期中考试、期末考试。此外，初中阶段会考、高中阶段会考、英语专业四级、八级考试等均属于该类测试。诊断测试主要用于发现学生在学习过程中存在的问题与薄弱环节，命题依据为阶段性的教学重点和难点，例如，单元测验、词汇小测验、知识点小测验等，既可以检验前阶段的学习效果，更重要的是帮助教师确定下阶段的教学计划。水平测试不依据任何语言教程、大纲或教材，用于测试不同学习经历、不同背景考生的语言水平。一般意义上的水平测试既不与考生过去的语言学习经历相关，也不与未来的工作、学习任务挂钩，仅用于衡量考生的语言水平，例如，剑桥大学英语考试系列中的第一证书考试（First Certificate in English, FCE）、我国的全国英语等级考试（Public English Test System, PETS）。还有一类水平测试主要用于筛选的目的，命题依据是对考生未来工作学习任务中的语言能力的需求分析，例如，高考、TOEFL等（Alderson、Clapham and Wall, 2000；武尊民, 2002）。

按测试基于的语言学理论，可以将测试分为分立式测试、综合性测试和交际型测试。分立式测试基于结构主义语言学、行为主义心理学和心理测量学理论，认为语言可以分为听、说、读、写等不同技能，以及语音、词汇、语法等不同知识成分，每个知识点分开测试，每题只考一个知识点。综合性测试基于语言能力是一个不可分割的整体这一观点，认为必须在语境中综合测试语言能力，代表题型为完形填空和听写。交际型测试与综合性测试有一定的相似之处，综合考查语言的知识和技能，但是交际型测试更强调考查在真实环境中使用语言完成真实任务的能力，测试的设计基于对考生在日常生活中的语言需求。虽然这三种类型测试对应于语言观发展的不同时期，但是它们并没有相互取代，而是同时并存于各种语言测试中，发挥着不同的作用（Heaton, 2000）。

按评分方法，可以将测试分为客观性测试与主观性测试。客观性测试指试题答案唯一，评分过程中不需要阅卷人进行主观判断的测试，例如单项选择题、判断题、配伍题以及答案唯一的填空题等；主观性测试指评分过程中需要阅卷人进行主观判断的测试，例如写作题、翻译题、口头表达题等（武尊民，2002）。

测试分类还有其他的方法，例如按考试分数的解释方式可以分为常模参照测试和标准参照测试，按测试结果所能反映的能力可以分为直接测试和间接测试等（程晓、王宏芳，2008）。

纵观历史，随着外语教学理论的发展，语言测试经历了几个不同的发展阶段。20世纪40—50年代，受行为主义和对比分析法的影响，语言测试偏重对语音、语法、词汇等语言形式的考查。20世纪70—80年代，应用语言学界对语言的本质和教学理论有了新的认识，交际理论受到重视，在测试界也相应出现了交际语言测试，测试的真实性和有效性成为学界关心的热点问题。

20世纪中期，语言教学和测试深受行为主义心理学和结构主义语言学的影响，产生了心理测量学—结构主义语言测试。它注重对词汇、语法以及双语翻译等语言形式的考查，而忽视真实语境中的语言运用。

同时，语言测试出现了分离式测试法。其主要特点是：语言可分解为语音、形态、词素、句法以及语篇等各种成分和听、说、读、写等语言技能，强调分别测试不同的语言成分和语言技能，常用的题型是单项选择题。由于分离式测试脱离语境，缺乏真实性，其缺陷日益显现。

与此相反，综合测试法（the integrative approach）侧重测试考生综合运用语言的能力，主张将语音、词汇、语法以及语篇等语言成分和听、说、读、写等技能综合起来，从整体上对学生的语言能力进行测试，它考虑到了语境的重要性。作为综合测试法的支持者，Oller更是将其与分离式测试对立起来。他提出"一元能力假设"（UCH），认为语言能力不是分离的，语言知识中的语音、语法、词汇等项目和听、说、读、写等方面的技能不能逐个地测试，而是在一定语境中综合地得以运用（Oller，1979）。综合性测试的形式主要有完形填空、写作、听写、口试等。

近几十年，语言教学方法逐步向交际式语言教学转变。交际法理论的核心是关于交际能力（Communicative Competence）的概念。这一概念由 Hymes 在1972年首先提出，经Canale、Swain（1980）加以补充，后由 L. F. Bachman（1999）作了进一步完善，从而得以丰富和发展。交际语言测试最大的特点是测试内容的真实性（authenticity)，它重在测试考生在真实语言环境中完成真实语言任务的能力。L. F. Bachman (1999)认为，语言能力由语言组织能力和语言使用能力组成。L. Bachman和Palmer (1996)强调策略能力在语言交际中的重要性。在语言测试的设计过程中，需要考虑Bachman语言能力模型中的各个要素，尤其是语用和策略能力，应注重对真实测试任务的考查。

随着交际教学法的流行，以学生为中心(student-centered)的教学范式备受推崇，语言测试也由注重语言形式转向重视技能，再转向重视语言能力的实际运用，这种测试被称为行为测试(Performance-Based Assessment)。它不同于传统的以单项选择题为主的客观语言测试，而是根据学生在现实任务(如口试、写作、开放式问答题、综合技能表现、小组表现以及其他互动任务等)中的具体表现，来直接测定被试者的语言行为表现和完成任务的能力。这种测试耗时费力，但它是基于真实任务的语言测试，内容效度较高，而传统的纸笔测验则无法检测这样的交际能力。

受多元智力理论和建构主义学习理论的影响，传统的标准化测试饱受非议。测试专家和教师开始反思其弊病，倡导用非传统的、真实的行为测试取代标准化测试，以适应新的教学需要。同时，语言测试界也出现了一些新的研究视角:多元智力理论、非传统测试和计算机化语言测试。传统智力理论认为，智力是以语言能力和数理逻辑能力为核心的。传统的标准智商(Intelligence Quotient，IQ)测验脱离现实情境，其结果只能反映出学生在某次测验上的一次表现，无法对学生的多元智力给出完整描述。有鉴于此，Gardner (1983, 1999)将传统的智力观拓展为八个方面，奠定了多元智力的理论基础，分别是:逻辑—数学、语言、空间、音乐、身体—运动、自然认知、人际和自我认知。此外，Sternberg (1988, 1997)还将创造性思维与操纵策略看作智力的一部分，Goleman (1995)更是强调情感在认知加工中的重要性，提出情商(Emotional quotient，EQ)的概念。不过，要将它们作为独立的智力提出来，还缺少足够的证据。目前，多元智力理论已经被用在教育、语言教学以及语言测试领域。交际性语言课堂日益重视学生学习能力的多样性，强调测试学生的人际沟通、全语言技能、创造性思维、学习过程以及意义协商的多维能力。

近年来，传统测试的统治地位受到了猛烈的冲击，诸多冠以“行为测试”(Performance Assessment)或者“另类评价”(Alternative Asssessment)之名的新型非传统评价方式得到广泛应用。Brown和Abeywickrama (2013)指出，二者实则很难划清界限，很多评估形式介于两者之间,或二者兼而有之,不能认为传统的测试就一无是处。

随着计算机技术的发展,计算机被广泛运用于第二语言的教学与测试。基于计算机的语料库在语言测试中的应用备受关注,人们逐步将语料库用于语言测试的开发、选材、命题、评分等各个阶段。同时,计算机适应性测试(Computer-Adaptive Test, CAT)也得到迅速发展和应用,成为语言测试界的研究热点之一。Brown 和 Abeywickrama (2013)认为,CAT 突破了传统纸笔测试的局限,具有许多优点:①能用于各种课堂测试;②可根据应试者的能力,自我调适测试项目的难度;③可用于高风险标准化考试;④提高了测试的个性化程度;⑤可同时在不同场所用于大规模标准化考试,评分快捷;⑥可用于开发自动作文评阅系统和语音辨识测试。

尽管计算机化语言测试有上述诸多优点,但它也存在许多局限性,具体表现在:①由于监管缺失,试题的保密性不高;②试题质量缺乏可靠性;③缺乏实用性或可行性;④缺乏真人之间的交互性;⑤测试任务缺乏真实性。(Alderson and Hamp-Lyons, 2016)

Brown 和 Abeywickrama (2013)认为:①定期评价,包括正式和非正式评价,能衡量学生的进步程度,增强学生学习的动机;②合理的评价有助于强化和储存重要信息;③评价能够发现学生的强项和不足;④评价可以定期检测教学内容;⑤教师应鼓励学生参与自我评价,增强其学习的自主性;⑥评价能激发学习者为自己设定目标;⑦评价有助于评估教学效果。

2.2 语言测试的原则

评价一项测试,需要综合考查其可行性(practicality)、信度(reliability)、效度(validity)、真实性(authenticity)和反拨效应(washback)。这些原则归纳起来体现了测试的有用性。

语言测试的可行性主要是指,从物力或财力、时间、人力资源、评分、施考以及成绩报告等环节上,测试能否实施,是否可行。可行性主要体现在以下方面:测试开发和维护成本保持在预算范围之内;考生可在规定时间范围内完成测试任务;施考指南清楚、明晰;人力资源得到合理利用;施考所需的资源配置比较科学;试题设计和评分所需的时间和物资分配均衡(Brown and Abeywickrama, 2013)。

测试的信度,实际上是指测试结果的一致性和稳定性。一项信度可靠的测试应具备如下原则:受试者在不同场合测试结果应前后一致;评分指南应清楚仔细;评分标准统一;评分者使用评分标准时应保持稳定和一致;测试题目和任务清晰明了。这种一致性和稳定性可能是关于受试者的,关于评分者的,也可能是关于施考或测试本身的,或者是关于以上几种因素的不同组合(Brown and Abeywickrama, 2013)。

真实性是语言测试的又一重要原则。这一原则对于开发、评价某项考试是极为有用的。什么是语言测试的真实性,测试界对此看法不一,难以界定,因为人们的判断往往是主观的。Bachman 和 Palmer (1996)认为,语言测试的真实性指目标语言使用任务特征与测试任务特征的一致性。一致性越高,测试的真实性就越强。实际上,完全的真实性是无法达到的,测试材料只能尽可能反映真实。语言测试的真实性主要体现在以下方面:试题由自然语言构成、有语境提示、包含意义相关且有趣的话题、提供真实情景的任务。

语言测试涉及多个学科和相关领域,要设计有效的测试远不止应遵循这五条原则。在评价一项考试时,应考虑以下8个问题,分别是:①测试程序是否可行(practical);②测试本身是否可信(reliable);③评分者信度是否有保证;④测试是否具有较高的内容效度;⑤测试的影响(impact)是否预先告知考生;⑥测试程序是否公平;⑦测试任务是否真实(authentic);⑧测试对学习者有无良好的反拨作用(beneficial)(Brown and Abeywickrama, 2013)。

2.2.1 测试的效度

效度是评价测试质量的一个重要指标。效度,顾名思义,就是一次测试的有效程度,或者说,测试是否考了它所要考的。效度表明一种相关性,即测试结果与测试目标的关联程度。效度的基本特征包括:测试应该测量它所要测量的内容,不测量不相关的变量;依赖经验证据进行效度验证;提供反映考生能力的有用信息;以理论依据为支撑(Brown and Abeywickrama, 2013)。实际上,效度是一个复杂的概念,反应效度或应答效度(Response Validity)也影响考试效果,它反映了考生答题时的策略和风格,即是否按试题设计的要求去应答。

考试效度问题引起了汉语测试研究者的广泛关注。关于在我国广泛使用的一种考试形式——选择题的有效性,人们讨论了很多。考虑到我国每年有数以百万计的考生,许多语言测试采用了大量的选择题,以节省时间和人力,否则将涉及工作量巨大的试卷评分过程。Sun(2000)进行了一项针对特定目的的语言水平测试的测试项目评估研究。每个测试项目从项目难度、通过率和辨别力三个方面进行考察。研究结果被用来验证一个项目,并确定每个项目的干扰因素是否过度分散注意力,或者考生是否具备所需的语言知识。这项研究对测试建构者作为改进项目的基础,以及教师在教学中可能忽视的语言知识方面都有启示。Wang(1996)对单项选择题和真假题进行了比较研究,以评估后者作为测试形式的有效性。一项包含60道选择题的测试和一项包含60道真假题的测试被分为三组,每组约30名学生,代表不同的语言水平。结果表明,真假测试的效度是单项选择题的1.18倍,语言水平不影响完成测试所需的时间。然而,真假测验的信度和辨别指数均低于单项选择测验。研究者得出结论,真假测试格式可以用于课堂评估,但不能用于大规模的标准化测试。我国教师和学生普遍认为,学生不需要仔细阅读甚至理解文章就能通过考试,单项选择阅读理解测试也不能准确反映学生的实际阅读理解能力。基于这一假设,Cheng和Gao(2002)探讨了中国大学生在回答单项选择阅读理解测试时对阅读段落的依赖程度。该研究考察了参加大学英语标准化阅读理解测试的大学生在两种不同测试条件下的阅读测试成绩。该研究以大学英语四级考试试卷为样本。在第一种测试条件下,比较了一组被允许在正常阅读理解测试情境下进行测试的学生和另一组被允许只阅读一次课文,然后不回头做选择题的学生的测试成绩。第二种测试条件下比较了两组学生在有无通过情境下的测试成绩。研究结果表明:第一,与正常的阅读理解测试情境相比,学生不被允许在问题和段落之间来回时表现更好;第二,文章理解与阅读理解测试成绩相关(学生需要阅读文章才能正确回答大多数问题)。然而,在第二种情况下,即使没有相关的段落,学生仍然获得高于偶然水平的分数(有四个选择的MC项目分别为39.91%和28.89%),一些测试项目的平均难度分别为0.94和0.88。这表明猜测在这项研究的参与者中很普遍。Zhou(2004)对非英语专业大学英语六级(CET-6)和英语专业大学英语四级(TEM-4)两项全国性考试在考生、考试成绩和考试内容方面进行了对比研究。结果显示,两者的相关系数为0.712($p<0.01$)。这两类考生非常相似,唯一明显的区别是他们接受英语教学的时间。研究人员得出结论,这两种测试都可以用来衡量语言水平。本研究对中国两次

大型英语测试的有效性提出了质疑。

2.2.2 测试的反拨效应

反拨效应(washback/backwash),也叫反拨作用或后效作用,指语言测试对教师和学生以及教学与学习产生的影响(Hughes, 1988),或者指考试影响教师和学生做仅仅因为考试才会去做的事(Alderson and Wall, 1993),也可以指语言测试的引入或使用所带来的,影响语言教师和学习者采取促进或者抑制语言学习的行为的程度(Messick, 1996),或者指使用语言考试去影响和推动学校环境下的外语学习(Elana Shohamy, 1997),也被认为是一项考试对教学实践的影响,如教学、材料、学习、考试策略等(Kunnan, 2004)。

反拨效应是语言测试的一种后果效度(consequential validity),有学者也将其称为超考试效度(beyond-the-test validity)。考试对教学有着无可否认的反拨效应,可以是正面的,也可以是负面的。如果考试给教学带来一种良好的导向作用,这就达到超过考试本身更重要的目的。测试的正面反拨效应体现在:①对教学有积极影响;②对学习有正面导向作用;③利于学生备考;④促进学生的语言发展;⑤属于形成性评价而非终结性评价;⑥为学生的最佳表现创造条件(Brown and Abeywickrama, 2013)。

Vernon (1956)及Wiseman (1961)提出,测试扭曲了教学,使教师们在备考课上只注重学生应试技巧而非语言技能的讲解。20世纪80年代,反拨效应被教育界作为一种现象受到重视并开始研究,如(Hughes, 1988)等。Messick(1989)认为,反拨效应是测试效度不可分割的一部分。Alderson和Wall(1993)发表了“Does washback exist?”一文,分析当时反拨效应研究的现状,即对反拨效应谈论多、调查少、假设多、证据少,并呼吁开展实证研究加以验证,该文被视为反拨效应研究的里程碑。此后,反拨效应得到持续关注,研究成果陆续出现。

反拨效应实证研究表明,反拨效应在强度(intensity)、方向(direction)、意图(intentionality)、长度(length)和特定性(speciality)等诸多方面都可能因人、因时以及因地而异(Watanabe, 2004a;亓鲁霞, 2012)。

反拨效应的强度指考试所带来的反拨效应在教学的某一领域或某些领域的强弱(Cheng, 1997;2005)。反拨效应的强弱差异可以表现在不同的考试、参与者及其行为过程以及不同的时间段上。在 Elana Shohamy、Donitsa-Schmidt 和 Ferman (1996)的研究中,阿拉伯语考试所产生的反拨效应较弱,而英语口试的反拨效应则较强;另外,这两种考试的反拨效应也随着时间的变化而变化,其中阿拉伯语考试的反拨效应变弱,而英语口试则变强。关于参与者,反拨效应的强度差异既可能发生在群体内部,也可能发生在群体之间,如教师、学生和官员之间。Watanabe(1996)、Burrows(2004)发现,考试对有的教师产生了反拨效应,而对有的教师则未产生反拨效应;Ferman(2004)发现,教学督导和学生都认为英语口语考试对学生的阅读产生了很强的反拨效应,教师们却持相反的看法。关于反拨效应强度在参与者行为过程中呈现的差异,考试对教学内容的影响往往强于对教学方法的影响(Cheng, 2005; Wall, 2005; Wall and Alderson, 1993;辜向东, 2007)。

反拨效应的方向体现在一项考试可能对教学的某些方面带来积极的反拨效应,同时给其他方面带来消极的反拨效应(Andrews、Fullilove and Wong, 2002; J. Fan and Yu, 2009; Ferman, 2004; Tsagari, 2009; Watanabe, 2004)。可能一项考试的积极反拨效应大于消极反拨效应(辜向东, 2007;徐倩, 2014),也可能一项考试的消极反拨效应大于积极反拨效应(亓鲁霞, 2007)。对反拨效应方向的判断属于价值判断,因而具有不同立场、利益、兴趣及价值观念的人往往会对同一现象得出不同的结论。研究发现,教师与考试官员或教学督导对于同一考试表现出相反的态度(Ferman, 2004; Elana Shohamy et al., 1996)。

反拨效应的意图(intentionality)是指反拨效应是在预期之内的,还是预期之外。这里预期的主体主要指考试设计人员以及教育行政人员,在他们的眼里,预期反拨效应一般是积极的(邹申、董曼霞, 2014)。而预期之外的反拨效应既可能为积极的,也可能为消极的。考试设计者或决策层的预期并不一定能够实现(Cheng, 2005;亓鲁霞, 2004)。

反拨效应在时间上还可分为短期的和长期的,即反拨效应的长度(length)(Watanabe, 2004a)。一般来说,工具性的反拨效应(Instrumental Washback)通常被决策者用作达到快速革新目的的工具;与此相对应的是理念性的反拨效应(Conceptual Washback),这种反拨效应才是真正有意义的,因为随之而来的往往是有关教学特点、方法等的探讨(E. Shohamy, 1993)。一些研究则发现了短期的反拨效应(Watanabe, 1992)和工具性的反拨效应(E. Shohamy, 1993)。也有一些研究发现,作为课程改革的一个过程，反拨效应的运作是缓慢的，研究者应在考试引进或改革实施足够长的一段时间之后研究其预期反拨效应(Cheng, 1998a;亓鲁霞, 2004)。

反拨效应运作的缓慢性不仅给反拨效应研究在时间上造成困难，也给人们在对其的辨认上造成了困难，因为长期的反拨效应可能已完全融入日常教学，导致研究者、教师和学生等参与人员很难将其归为考试影响，反而理所当然地认为这是正常的教学现象。Prodromou(1995)把这种深深扎根于正常教学中且不容易被人发现的反拨效应称作隐性反拨效应(covert Washback)，与之对应的则是显性反拨效应(overt Washback)。

Watanabe (2004)认为，反拨效应具有特定性(specificity)，特定反拨效应(Specific Washback)指考试的某一方面或某一具体的考试题型带来的影响，普遍反拨效应(General Washback)指任何考试都可能产生的影响。然而，鲜有实证研究关注反拨效应的这一属性。

反拨效应的复杂性不仅源于这种现象自身的多重属性，同时也源于参与其实现过程的因素的复杂性，因为除了与考试有关的因素会影响教学外，个人因素和环境因素(包括来自学校、教育系统以及社会等环境的因素)也会介入其中，从而给反拨效应带来更多的不确定性。

考试内容对教和学的影响在诸多反拨效应实证研究中均得到证实。考试的形式通常也会给教学带来影响，这主要体现在针对具体考试题型的应试技巧训练上。考试的内容和形式极可能对教学产生影响，如果考试的目标和内容与教学一致，则很可能带来积极的反拨效应。考试风险不仅可能影响反拨效应的方向，也极可能影响反拨效应的强度。太难和太简单的考试都不会带来强烈的反拨效应，因为过高的标准会让教师和学生失去努力的动力，而过低的标准则根本不能调动起他们的积极性。

由于个体因素的参与，这些考试因素的影响常常会因人而异。在课堂教学方面，教师个人的教学观念、对待考试的态度、教育背景、知识结构、固有的教学风格、性格特点等因素都可能促进或者抵消考试对课堂教学的影响。在学生学习方面，学生自身的语言能力、学习动机或兴趣、对待学习和考试的态度、性格特征甚至性别等因素都可能介入考试对学习的影响过程。

除了个体因素对教学的影响，来自学校、教育系统以及社会环境的因素也可能参与其中并影响教学行为。

在学校环境方面,学校的课程设置以及规定的课程目标会直接影响课堂教学。学校对考试结果的使用方式也极有可能会影响教学。由于学校教学处在更大的教育及社会系统中,因此会受到来自更大的环境因素的影响。在社会层面,除商业备考资料对教学产生的影响之外,社会的经济、政治和文化等因素都可能介入考试对教学的影响。

根据高一虹、李莉春和吕王君(1999)有关研究方法的分类标准,研究分为实证研究和非实证研究两大类。实证研究指以系统采集的材料为基础的研究,包括定量研究、定性研究以及定量与定性相结合的研究;非实证研究指不以系统采集的材料为基础的研究,包括个人感想、操作描述及理论反思等。根据对实证和非实证研究的描述和界定,研究者分析近30年来国内外反拨效应研究现状,希望为本研究带来一些启示。

在教育领域,考试与教和学之间的关系密切早已成为共识,然而在应用语言学领域,考试影响教和学这一基于实证证据的主张直到20世纪90年代初才引起研究者的注意,由此开展了一系列相关研究(Alderson and Hamp-Lyons, 1996; Alderson and Wall, 1993; Andrews, 2003; Bailey, 1996; Cheng, 2005; Cheng et al., 2004; Elder and Wigglesworth, 1996; Green, 2007a, 2007b; Hawkey, 2006; Qi, 2005, 2007; C.-M. Shih, 2006, 2007, 2010; Wall, 1999, 2000, 2005; Watanabe, 1996, 2004a, 2004b; Xie, 2010; Xie and Andrews, 2013; Zhan and Andrews, 2014)。对实证研究的分析包括研究涉及的考试类型、研究对象、研究方式、研究内容、数据收集方法、数据分析方法六个方面。

近30年来有关语言测试的反拨效应实证研究在世界范围内得到了较快速的发展,这些研究大多关注大规模高风险语言测试,大体可分为两类。

第一类为全国或地区性的校园会考或入学考试,如斯里兰卡的O-Level英语考试(Wall, 2005; Wall and Alderson, 1993),以色列的阿拉伯语考试、英语口语考试和第一语言阅读理解考试(E. Shohamy, 1993; Elana Shohamy et al., 1996),澳大利亚的移民英语口语及写作证书考试(Burrows, 2004),日本的大学入学考试(Watanabe, 1992, 1996, 2004b),中国香港的英语教育证书考试(Cheng, 1997, 1998a, 1999, 2005)和英语运用口语考试(Andrews et al., 2002)、中国内地的高考英语考试

(Xiaoju Li, 1990; Qi, 2004b, 2007; 董连忠, 2014; 董曼霞, 2016; 亓鲁霞, 2004)等。会考一般为学业考试,但结果有时也被用作更高教育项目的入学条件,因此也算入学考试。入学考试往往因其选拔功能给考生及其他考试相关人员带来极高的风险。

第二类为全球化或地区性的水平考试,如托福(Alderson and Hamp-Lyons, 1996)、雅思(Hawkey, 2006; Hayes and Read, 2004)、剑桥主体英语等级考试(Tsagari, 2009)、中国大陆的中级口译资格证书考试(J. Fan and Yu, 2009)以及中国台湾的通用英语水平考试(C.-M. Shih, 2007, 2009, 2010)等。这类考试一般与学校的教学活动没有直接联系或完全没有联系,因而不受限于任何教学大纲。我国内地的大学英语四、六级考试和英语专业四、八级考试具有水平等级考试的特征,同时又因其与教学大纲的紧密联系而具有学业考试的特征。

国内反拨效应实证研究主要针对国内大规模英语考试,如大学英语四、六级考试(Xie and Andrews, 2013;辜向东, 2007;唐雄英, 2005),英语专业四、八级考试(徐倩, 2014),高考英语考试(Xiaoju Li, 1990; Qi, 2004b, 2007; 董连忠, 2014; 董曼霞, 2016;亓鲁霞, 2004)。

国内对英语高考考试的反拨效应研究始于20世纪90年代。有的研究者从总体探究英语高考测试对教学的反拨效应(Xiaoju Li, 1990;陈艳君、蔡金亭、胡利平, 2018;董连忠, 2014;董曼霞, 2016, 2018a, 2018b;亓鲁霞, 2004, 2007: Zhang, 2013; Liu, 2016; Zhang, 2018),有的研究英语高考试卷的反拨效应(张丽, 2018),还有的探讨英语高考试卷某种题型的反拨效应,如听力测试(陈文存、侯博, 2011)、听说测试(Zhang, 2019)、写作测试(朱婷婷, 2018)、阅读测试(郝民, 2012; Li, 2017)、语法选择题(Lu, 2009)。

Xiaoju Li (1990)对229名教师和地方教学督导实施大规模问卷调查,以此了解英语高考考试对学生的影响,调查结果表明,学生英语学习的动机被激发,课后学习的方式也发生了变化。然而,要了解学生对考试的认识需要对学生进行调查,那种通过对老师的调查来推断学生对考试的态度得到的数据不够准确。

亓鲁霞 (2004, 2007)通过问卷调查、访谈和观察,以考试设计者、教研员、高中教师和高中生为研究对象,研究命题人期望的反拨效应影响在高中英语课堂上是否真正实现。调查结果显示,高考的预期反拨作用有限,高考和中学英语教学均需进一步改革。然而,学生在问卷中回答的情况在他们的学习中能否真正实现,还需进一步证实。

董连忠 (2014)通过访谈、课堂观察和问卷调查,研究了北京市英语高考测试对高中英语教与学的反拨效应,研究结果表明,英语高考测试改革改变了传统测试重知识、轻技能的现象,但由于语言知识考查部分主要为客观选择题,对教学的反拨作用较差;高一、高二正常英语教学中绝大多数教师能使用目的语授课,增加学生的语言输入,高三备考复习课堂教学语言以汉语为主,应试教学现象严重。但是,该研究结果很难说全部是北京市英语高考改革产生的结果,而且英语高考测试在多大程度上改变了传统的教学方式,也需要更多的观察样本佐证。

董曼霞 (2016, 2018b)通过量化和质化相结合的混合研究方法,探讨英语高考对高中学生英语学习产生的影响以及如何影响高中学生英语学习。结果表明,英语高考对高中学生英语学习动机、学习过程、学习结果均产生了反拨效应,其影响涵盖整个高中阶段,影响范围涉及课堂、课后,影响强度随着年级的增加、高考的临近明显增强,影响的性质既有正面的,也有负面的。研究证实了英语高考对学生英语学习的反拨效应影响主要通过学生对英语高考的认识起调节作用。但是该研究在学习结果方面的发现仅依靠学生问卷调查和老师访谈获得,容易受主观感觉的影响,缺乏更为客观的判断依据。

陈艳君 (2018)研究了浙江省高考外语“一年两考”改革新模式及“一年两考”改革对高中阶段的教与学产生的反拨效应。研究发现,“一年两考”使教师与学生更加注重写作技能的训练与提高,能降低学生的考试焦虑感,基本上可实现政策初衷。然而,教师对两考的时间设置有明显的不适应感与抱怨情绪,高考口语测评的缺失也在一定程度上对教学产生消极影响。此项研究仅采用问卷调查和访谈的方法收集数据,学生问卷的回答是不是学生的真实想法需要进一步证实。

反拨效应实证研究涉及对象以学生为主,其次是教师,研究涉及外语专家、考试命题人和学科负责人的比重较小。从研究涉及群体看,有的研究涉及一个群体(如教师或学生),有的研究涉及多个群体(如教师、学生、外语专家和学科负责人等)。

国内反拨效应研究涉及单一群体的较多,如教师或学生。涉及两个群体的有“教师+学生”和“外语专家+学科负责人”两种类型,但以“教师+学生”类型为主。研究涉及三个及以上群体的很少。

根据反拨效应实证研究涉及的时间范围，反拨效应研究可分为共时研究和历时研究。共时研究是指在某个时间点对研究对象实施一次或多次研究，以了解事物现象的研究方式，其数据特征基本是静态的、固定的；而历时研究通常在某一段时间内对研究对象实施反复多次、持续的研究，以探究事物特征的变化规律，其数据特征基本是动态的、变化的。

数据显示，大多数国内反拨效应研究是基于某一时间节点的共时研究，而历时研究较少，仅占29.6%。历时研究中对相同样本进行试验研究较多，对不同样本进行历时对比的较少。

通过对文献的回顾和总结，考试对教师和教学的影响涉及以下方面：普遍认为考试对教学内容有影响（Alderson and Hamp-Lyons，1996；Alderson and Wall，1993；Cheng，1997，1998a，1999；Cheng et al.，2004；Ferman，2004；Hayes and Read，2004；Lam，1993，1994；Xiaoju Li，1990；Qi，2004b，2005；E. Shohamy，1993；Elana Shohamy et al.，1996；Wall and Alderson，1993；Watanabe，2004b）。就考试对教学方法的影响而言，一些研究表明考试改变了教师的教学方法（Alderson and Hamp-Lyons，1996；Ferman，2004），而另外一些研究表明考试对教学方法没有影响或者影响有限（Alderson and Wall，1993；Cheng，1998a，2005；Qi，2004a，2005）。此外，还有研究认为所测语言的地位和风险程度（Ferman，2004；Elana Shohamy，1996）、教师对有效教学和备考的认识（Alderson and Hamp-Lyons，1996；Wall and Alderson，1993；Watanabe，1996）、对教师的培训（E. Shohamy，1993；Wall and Alderson，1993；Watanabe，1996）、学校管理（Wall and Alderson，1993）、教学经历（Watanabe，1996）、考试与当前教学做法背离的程度（Alderson and Hamp-Lyons，1996）、被测的语言技能（Elana Shohamy，1996）等因素都会影响考试对教学的反拨效应。少数研究结果还表明，考试对教师的反拨效应因人而异（Burrows，2004；Watanabe，1996）。

对学生学习的反拨效应实证研究比较欠缺，早期关于学生和学习的反拨效应研究主要是为了提供证据补充，或者为对教师和教学反拨效应研究提供三角验证（Cheng，2005；Ferman，2004；Xiaoju Li，1990；Qi，2004b；Elana Shohamy et al.，1996），直接针对学生和学习开展的反拨效应研究较少。近年来，有关学生和学习的反拨效应逐渐受到关注，研究者大多从学生的认识和态度、学习过程和学习结果的角度研究考试的反拨效应。

在对学生和学习的研究中,一些学者研究了考试对学生认识和态度的反拨效应(Cheng,1998a,1998b,2005;Fan、Ji and Song,2014;Ferman,2004;Xiaoju Li,1990;Lumley and Stoneman,2000;Qi,2004a,2004b;E. Shohamy,1993;辜向东,2007;徐倩,2014)。比较有代表性的研究有如下几个。

Shohamy (1993)通过课堂观察、文件、问卷调查和访谈研究阿拉伯语作为第二语言的考试(ASL)和英语口语考试(EFL)对学生的反拨效应。调查结果表明,两种考试使一些学生的学习动机增强,但也使一些学生感到了焦虑。3年后,Elana Shohamy (1996)再次使用问卷和访谈分别研究了9名教师、62名学生和2名教学督导对阿拉伯语考试和教学的看法,以及16名教师、50名学生、4名教学督导对英语口语考试以及老师教学方面的看法,其目的是看这两种考试的影响是否仍然持续。调查表明,学生对这两种考试持不同态度,大多数学生认为ASL考试对他们并不重要和必要,对考试科目的课堂活动、考试准备影响不大;然而,多数学生认为英语口语考试重要,对考试科目的教学活动、考试材料及时间投入产生很大影响。

Lumley和Stoneman (2000)通过小组访谈和问卷调查教师与学生对我国香港高等教育阶段的高风险英语考试——研究生语言能力考试(GSLPA)备考材料——"学习包"(Learning Package)的看法。他们对教师进行访谈并对学生进行调查,然后对参加问卷调查的学生进行了小组访谈。被访谈的老师支持"学习包"并认为"学习包"里面包括了一些有价值的与教学相关的活动,也可能成为"教学包"。而学生对此的反应更加多样,他们所有人都很关心"学习包"形式,认为"学习包"对备考有影响,但影响程度因个人水平不同而不同,对"学习包"里提出的学习策略以及一些提高英语能力的建议反应比较冷淡。

Cheng (1998a,1998b)通过分别对60所中学的234名教师、35所中学的1 287名学生进行访谈、问卷调查和课堂观察,研究学生在我国香港教育证书考试(HKCEE)背景下对课堂内外教学活动的态度以及考试对他们学习过程和学习结果产生影响的认识。两次问卷调查结果对比显示,学生们对考试的态度没有变,尽管考试对教师课堂教学方法影响有限,但对教学材料的反拨效应快捷有效,教学活动类型发生了改变,改为直接针对新的HKCEE。从学生角度看,考试对课堂活动产生了反拨效应影响。

徐倩 (2014)通过问卷对250所英语专业八级考试(TEM-8)参考院校的6 863名

考生进行调查，以探索现行TEM-8对英语专业本科学生的影响。调查结果显示，考生对TEM-8评价较高，认为TEM-8能够反映其英语水平；TEM-8对考生的英语学习有一定反拨作用，且部分考生认为这种反拨作用正面大于负面；TEM-8的备考现象在考生中较为普遍，但并未影响到考生的正常学习；TEM-8对考生的学习有一定促进作用，但对英语学习效果的影响有限，不是影响学习效果的主要因素，通过TEM-8也不是考生英语学习的主要目标。

Fan(2014)通过对复旦大学335名学生的问卷调查和半结构式访谈，研究复旦大学英语考试对学生英语学习的认识和态度的影响。调查结果表明，尽管学生认为考试给他们英语学习带来了动力和压力，但是该考试对学生学习活动产生的反拨效应影响有限；随着学生英语水平的增加，学生对考试的认识更加积极，而且性别和英语能力在考试反拨效应过程中也扮演着重要角色。

考试对学生学习认识和态度的反拨效应证实了反拨效应的复杂性。Zhan(2009)认为，这种复杂性体现在以下方面：考试对学生的学习认识和态度不会产生反拨效应影响；考试对学生的认识和态度产生正面或负面影响；考试对学生的认识既会产生正面影响也会产生负面影响；考试对一些学生的认识和态度产生影响，而对另外一些学生的认识和态度不产生影响；学生受考试影响的认识和态度不同于教师的认识和态度。

考试不只影响学生的认识和态度，还会影响他们的学习过程。一些学者研究了考试对学习过程的反拨效应（Fan and Yu, 2009; Gosa, 2004; Shih, 2006, 2007, 2009, 2010; Stoneman, 2006; Watanabe, 1992; Zhan and Andrews, 2014; 辜向东、肖巍, 2013; 辜向东、张正川、刘晓华, 2014; 唐雄英, 2005; 詹颖, 2013）。代表性的研究具体如下。

Watanabe (1992)通过问卷的方式调查了一组大学入学考试被录取的学生和一组推荐免试入学的学生，研究日本大学入学考试对日本EFL学习者学习策略的反拨效应影响。问卷实施两次，一是在大学入学考试实施两个月后，二是在大学新生入学后第一周。调查结果发现，参加过入学考试的学生比推荐免试入学的学生使用了更多的学习策略，也就是说，考试对学生学习策略的使用带来了有益的影响；然而该考试却不能有助于考生使用社会情感策略。Watanabe(1992)承认，由于变量和参与者类型有限，缺乏历时研究，研究方法单一等局限性，研究的结论应谨慎对待。

Gosa (2004)采用日志的方法研究罗马尼亚毕业考试英语考试对中学生课堂和课后学习的影响,结果发现:学生期望教师在课堂上的教学针对考试进行,实际情况并非如此,因此学生在课外加强对考试任务的训练,考试对学生学习的影响更多在课外;学生对任务类型和语言技能的选择在很大程度上受考试的影响,不同的学生经历考试反拨效应的方式也不相同。尽管研究结果与先前的反拨效应研究结论基本一致,但是Gosa的研究仅采用日志的方法,不能对数据分析过程中出现的问题进行进一步探究。

Shih (2006, 2007, 2009, 2010)采用访谈、观察、分析研究等方法,研究两所学校的学生、英语教师、系主任、学生家属对我国台湾地区通用英语水平考试(GEPT)对学校政策制定、教和学的影响的看法。他选取了两所制定不同毕业政策的科技大学英语专业学生作为研究对象,大学A在毕业政策中没有规定GEPT,大学B毕业时对学生GEPT成绩有具体要求。研究结果发现:尽管大学A的学生似乎比大学B对GEPT的备考活动少,但GEPT对两所学校英语学习产生的反拨效应有限,学生都没有对考试进行长期系统的准备。他还发现,GEPT对学生学什么以及怎样学有影响,学生对听、读的准备比对说、写要多。然而Shih 的研究方法以及研究具体信息交代不清,如研究时间是在GEPT实施之前什么时间等,这些不足在一定程度上影响了研究的信服力。

唐雄英 (2005)通过问卷和访谈调查了508名大二学生和511名大三学生对大学英语四级考试的态度,以及四级考试对其英语学习的内容、方法、速度、顺序、广度及深度方面的影响。研究结果显示,当考试被当作主要教学评价手段时,学习者表现出对考试权威性的认同;考试影响了学习者学习的态度、内容、方式、速度和顺序,以及学习的广度和深度等,但这些影响在学习者因素上表现出了一定的差异。事实上,任何评价手段一经使用,都会产生后效作用,其作用的机理需在具体的教学与评价情境中才能确定。

Fan and Yu (2009)采用了问卷调查和半结构性访谈研究中级口译资格证书考试(第二部分)对大学生英语学习的反拨效应。结果表明,考试对学生的英语学习产生了正面和负面的反拨效应。正面的反拨效应表现为激发了学生英语学习的动机和热情、拓展了学习内容和方法(进行了更多的口语训练和口译实践)以及对考试设计科学性的正面认识和通过备考促进其语言能力,尤其是翻译、口语和听力的提升。负面的反拨效应表现为学习范围变窄和学习内容的应试性(如注重模拟练习)和学习策略方面(如死记硬背、应试做法)从而导致考试焦虑。

辜向东、肖巍(2013)通过三次问卷调查了710名学生,了解CET对我国非英语专业大学生考试策略使用的反拨效应,并探讨考生考试策略的使用特征、CET考试对策略使用的反拨效应强度和方向。研究结果表明,学生在考试时更关注应试技巧和考试管理技巧而非语言学习和使用本身;CET对考试策略使用产生的反拨效应强度一般,对认知策略使用有中等程度的促进作用,对考试管理策略和应试技巧有微弱的促进作用;CET对考试策略使用的反拨效应趋于正面。

辜向东等(2014)通过学生学习日志并辅之以访谈的方法收集数据,对某大学备考CET-4的一年级一个自然班、备考CET-6的二年级一个自然班和已通过CET-6的二年级一个自然班共110人,就课外英语学习的活动类型、投入时间及学习目的三个方面进行了对比分析,以探究2005年改革后的CET对学生课外英语学习过程是否产生以及产生了什么样的反拨效应。研究表明,CET改革在一定程度上对学生课外英语学习过程产生了积极但短暂的反拨效应;考试的分值分配、题型设计和技能提高的难度是影响学生课外学习的主要因素;另外,学生的英语水平、考试经历、对考试重要性的认识以及考试难度、课程设置、教材、师资水平等也是引起反拨效应差异的因素。

Zhan and Andrews (2014)、詹颖(2013)通过学习日志和访谈的方法对一所大学的3名学生的课外英语学习进行为期1年的跟踪,旨在探索现行大学英语四级考试对非英语专业大学一年级学生课外英语学习过程的影响。通过对106篇学生日记和30次访谈数据的分析发现,在大学英语四级考试的影响下,考试对学生英语课外学习的内容产生了影响,对学习方法没有影响,反拨效应的类型与学生塑造的"可能的自我"有关。

一些学者研究了考试对学习结果的反拨效应(Andrews et al., 2002;Ferman, 2004;Green, 2007b;Read and Hayes, 2003;Elana Shohamy, 1996;董曼霞, 2016)。

Hughes (1988)通过问卷调查和考试结果分析的方法研究大学入学英语能力考试对学习结果的影响。该项考试设计的目的是检测那些要进入大学学习的学生的英语能力水平,要求学生必须通过考试才能进入大学学习。研究表明,新英语能力考试引入后学生的英语水平提高了。Hughes认为,这一结果是由于考试的正面反拨效应所致。然而，Hughes关于学生英语能力增加的结论是尝试性的，因为他所提出的方法不能直接得到这一结果，例如，Hughes在她的研究中没有显示任何证据说明，学生为考而学可使更多学生通过这项考试（Zhan, 2009）。

Elana Shohamy等（1996）对1993年在以色列的研究进行了重访。他们使用教师访谈、学生问卷以及文件分析的方法了解修订后的阿拉伯语考试（ASL）和英语（EFL）口语考试是否促进了学生的学习。研究发现，修订后的ASL对测试学科的课堂活动、备考以及应试学科的地位没有显著影响，但修订后的EFL考试对教学活动、时间分配和教学材料的编制产生显著影响。研究还发现，由于语言地位等因素的影响，考试的反拨效应随着时间的变化而变化。

Andrews等（2002）调查了我国香港地区运用英语口语考试（UE）对学生英语能力的影响。为防止考生针对考试形式进行大量训练影响研究结果，他们设计了一个中立性考试，该考试与课程相应的目标以及口语考试大纲一致，考试形式上也与UE一致。参加此项研究的有1993—1995的三批共93名中学生，1993年批的学生是最后一批不参加UE口语考试的，1994年批的学生是考试实施一年后参加UE口语考试的，1995年批的学生是考试实施第二年后参加考试的。通过比较三批不同学生的考试结果，以及对他们口语考试内容的语言与结构特征的分析发现，UE的引入对学生口语表现有一些影响，但影响推迟了，影响在考试实施第二年比第一年明显。此外，研究还表明，UE对学生口语表现的影响因学生不同而不同。

Read and Hayes（2003）对两种雅思课程进行了比较。课程A是为期1个月的IELTS备考课程，主要向学生提供考试信息、考试策略建议和各种考试训练。课程B是为期8个月的雅思课，课程注重语言知识和技能的开放式话题组成并附带一些考试任务。研究者通过访谈、课堂观察、问卷调查、前测和后测数据发现，雅思考试对两组学生的英语学习都有影响，都能促进雅思考试分数的提高，但由于两组学生学习时间长短差异较大，而且学习目的不同，提高的分数不同，影响特征也不同。然而，我们很难区分学生分数的增加是听力能力提高所致，还是由考试方法促成，换句话说，没有对学生所学知识技能的详细分析，很难仅通过考试分数就说明考试带来了正面的反拨效应，促进了技能的提高。

Ferman（2004）通过结构性问卷、开放式访谈和文件分析的方法，对4名教学督导、18名教师和120名来自三所不同中学6个班的12年级学生进行研究，探讨土耳其大学入学口语考试对学生学习的反拨效应。研究结果表明,英语教学督导、教师和学生认为口语考试影响了学生对学习重心、学习策略、学习结果和考试焦虑的认识,其影响在不同水平学生间有差异,但对其掌握的程度三者意见不一。教学督导认为口语考试产生了很强的反拨效应影响;教师认为并不是考试所有的部分都会对口语能力的提高产生期望的影响;而80%的学生认为考试对他们英语的提升有促进作用,但不同水平的学生提高的程度不一样。

Green (2007b)对15所机构的教师、课程主任以及476名学生进行问卷调查、课堂观察、访谈、测试,了解雅思学术写作考试的反拨效应。结果发现,雅思备考课程的学习者与学业准备课程学习者在雅思写作考试分数上没有显著差异。也就是说,雅思写作考试备考课程并没有比非备考课程使学生获得更好的分数。

2.3 基于标准的测试

标准化测试对测试目标或能力表现水平有明确的规定,并将标准应用于课程设计、教学实践、年度计划和学业评估之中。在基于标准的评价中,标准(standards)的含义既非标准参照测验中的"criteria",也非直接作为评价结果基准的"benchmark",而是国家对中小学生接受一定阶段的学校教育后,应该知道什么(what students should know)和能够做什么(be able to do)所做出的统一规定和表述,反映了国家对教师业绩和学生学习成就的期望。鉴于此,我国通常称为课程标准,主要包括内容标准和表现标准。前者划定了学习的范围,回答学生应"学习什么"的问题;后者则规定学生在学完这些内容后应达到的水平,回答学生"能做什么"的问题。同时,标准也是教材编写、教学、评估和考试命题的依据。

如今,许多国家已实施基于标准的教育(standards-based education),并制定出相应的学习标准(standards for learning)。欧洲国家为了尝试不同语言之间的学分认证,共同制定了《欧洲语言教学共同参考框架》(Common European Framework of Reference, CEFR)。同时,欧洲语言测试协会也制定了相应的测试与评估标准。标准运动对美国的教育公平性同样影响巨大。为了能给来自不同语言和文化背景的二语(ESL) 或英语学习者(ELL)提供学习和能力发展机会,TESOL(Teaching English to

Speakers of other Languages)组织制定了ESL教育标准(Short, 2000)。有关ESL的三个教育目标中,每个目标分别有三个内容标准。这三个目标是:①能在社交环境中用英语进行交流;②能用英语完成所有的学习内容目标;③能恰当地进行社会和文化交流。2001年,美国联邦政府开始实施《不让一个孩子掉队》(No Child Left Behind, NCLB)的教育法案,旨在缩小所有学生之间学习成绩的差距,促进人人享受优质教育。

如何评价英语学习者的语言能力已经成为一个国际性课题,也是各国教育改革的重要部分,各国都在根据国情制定本国的英语语言能力评价标准。但对大多数学校、地区和国家来说,这仍是一个巨大的挑战。基于标准的教育改革,其工作重心是开发全国性的标准。只有制定标准的程序合理,才能保证结果科学、有效、可信。这就需要课程专家、测试专家、教师和研究人员共同合作完成。

在制定和开发评价标准的基础上,教育工作者需要设计与此标准相匹配的评价工具。基于标准的评价需要标准本身的进一步完善。基于标准进行评价有多种途径和方式,而课程标准、教学与评价之间的一致性(alignment)是基于标准的评价中很重要的方面,也是确保评价能真正反映课程标准和教学过程的关键环节,需要对此进行深入研究。

在制定学习标准的同时,也有必要对教学标准(standards for teaching)进行相应的规定。教师专业标准已成为TESOL组织关注的焦点。Kuhlman (2001)认为,教师标准在语言专业技能发展、语言文化交流以及教学规划与监管等方面发挥着重要的作用。不过,如何评估教师是否达到相应的标准,是一个复杂的问题。TESOL教师标准委员会提倡用行为测试来测试教师的语言专业知识、语言文化交流水平等。基于标准的教学和评估虽面临许多挑战,但其社会影响不可忽视,尤其是在学生评价方面。

基于标准的评价有许多明显的优点,标准的实施固然能促进和完善教育体制,但也会产生许多意想不到的负面后果。首先,缺乏针对基于标准的评价的问责机制;其次,基于标准的教育往往与标准化测试(如SAT、GRE、TOEFL等高风险标准化测试)关联密切,其后果效度或反拨作用值得我们思考。

标准化考试在广泛应用的同时,其公平性受到社会各界的广泛关注。从标准化测试的开发到测试结果的使用,这一过程会涉及许多测试偏差(test bias)。多项研究表明,测试偏差主要是由语言背景、文化、年龄、国籍、种族、宗教、性别以及学习风格等因素造成的。理论上讲,公平的测试应该是无偏差的,但这只是理想化的情况。测试专家同时指出,如果测试过于公平,难免会影响到测试的可行性和效度,所有这些因素必须小心权衡。标准化考试的另一个后果是考试驱动的学习与教学。当学生知道一考定终身时,他们不太可能采取积极的学习态度,于是其内在学习动机变成了一种外在(功利性)的学习动机,学生就会被动地为考试而学,教师为考试而教。这种应试教育模式限制了学生能力的充分发挥,对外不能满足公众和社会问责(accountability)的要求,对内则无法满足促进学生学习改进(improving learning)的要求(Brown and Abeywickrama, 2013)。

大规模标准化测试对个人、教育教学和社会具有巨大的影响。语言测试的伦理问题不仅关涉文化、社会、政治、教育及意识形态等多个领域,也涉及与测试有关的人员,如测试工作者、政策制定者、测试研究者、教师、学生、家长以及用人单位等。现今,人们越来越关注高风险考试的社会政治功能,测试的使用面越广,社会权重越大,维护测试的社会公平性就显得更加重要。

2.4 标准化测试

标准化测试对我国英语学习者来说并不陌生。通俗地讲,标准化测试就是统一规定测试标准和内容、统一组织命题、统一安排考试、统一阅卷评分的考试形式。许多标准化测试,尤其是大规模考试,其目的是检测考生对教学要求或能力要求的掌握程度,依据考生的成绩对其进行排名、分班和编组,常采用的题型是单项选择题。谈到标准化测试的特点,Brown and Abeywickrama (2013)认为:①它是基于标准的测试;②它是教学与测试实证研究的成果;③标准化测试具有系统的评分和实施步骤;④它是一种常模参照性测试。

标准化考试通常使用现成的试题,便于大规模考试,所得分数可采用流水线评阅和成绩报告系统,而且测试一般经过先前效度验证。虽有上述这些优点,但标准化测试固有的弊端也不可避免,如标准化考试往往被滥用,标准化测试存在潜在的偏见和不公平性,部分间接性测试难以检测考生的真实水平。

标准化测试考查的是考生的语言水平或语言能力。因此,界定语言能力的测试目标是非常有必要的。TOEFL考试提供的有关能力测试目标的可操作性定义,并不是语言水平全面的定义。Swain (1990)提出了水平测试的多维目标,涉及语法规范、语篇衔接与连贯以及社会语用知识,主要通过口试、单项选择题以及短文写作等形式进行测试。此外美国外语教学学会(American Council on the Teaching of Foreign Languages,ACTFL)以语言水平为基础,制定了《ACTFL水平指南》,提供了听、说、读、写等技能的等级评分量表,将水平分为优秀(superior)、高级(advanced)、中级(intermediate)、初级(novice) 四个等级。Brown and Abeywickrama (2013)指出,这种分类的缺点在于过分强调考生的弱项,而忽视了交际语言能力的动态性特征。

2.4.1　听力测试

听力与阅读能力的一大不同之处在于语言输入的模式不同,听力的输入为口语形式的素材,而阅读能力的输入形式为书面的文字输入。因此,听力不同于阅读能力的一个方面为听力包含了对发音、重音、语气、语调、连读、节奏等语音特征的识别与理解。同时,听力理解对大脑的短时工作记忆要求较高,这是听力不同于阅读能力的另一个方面。

听力测试的题型可以采用阅读能力测试的所有题型。此外,我们还有一种间接测试听力理解的方式——听写。听写又可分为标准听写(standard dictation)——逐字逐句将听到的内容记下来;局部听写(partia/spot dictation)——只需将空格中的信息补全;听写作文(dictation-composition)——将听到的内容用自己的语言表达出来。听写是综合性测试的一种题型,因此很难确切地描述在一次听写任务中到底测试了哪些技能。

通常有三种不同的测试方法:分离式测试法、综合测试法和交际能力测试法。分离式测试法以语言可分能力假设为理论依据,认为语言是由不同层次的语言成分(如语音、词汇、语法等)和技能(如听、说、读、写、译等)构成。常见的分离式听力测试题型有语音分辨(phonemicdiscrimination)、同义确认(paraphrase recognition)以及反应评估(response recognition)等。最早采用分离式测试法命题的是托福测试。然而,分离式听力测试受到不少语言学家的质疑,于是出现了综合测试法。这一方法立足于测试听者使用语言时的动态的综合知识,而非静态的孤立的语言知识。听、说、读、写四项能力通常被分开教学与测评，而语言学习者在实际使用外语进行交际时，大多需要同时使用至少两种技能，如日常对话时听和说是不分的。

Brown and Abeywickrama（2013）指出，我们评价的是学习者的语言能力，而我们观察的是其语言运用的过程，包括听、说、读、写等技能。教师应该采用三角测量法（triangulation，又称多元结合法），考虑至少两种表现行为以作出客观、准确的评判。听是说的前提，先有听而后有说。在语言习得过程中，领会技能总是先于表达技能。人们日常交际活动中，大部分时间用在听说方面，而用在读写方面的时间则相对较少。听的类型有很多，包括精听、掠听、跳听和泛听，听者需要综合运用这几种技能。听力理解能力通常被认为是衡量一个人外语水平的重要指标，涉及一系列微观技能和宏观技能的综合应用。要对其进行准确测试，首先要对听力能力构念进行描述（task-based listening construct description）。

2.4.2 口语测试

Bygate（1987，引自 Weir，1993）将口语能力分为三个方面：常规技能（routine skills）、即席发挥能力（improvisation skills）、微语言技能（micro-linguistic elements）。常规技能又可分为信息交换常规（包括叙事、描述、比较、讲故事、演讲等），以及交际常规（包括电话用语，商店、餐馆、邮局等服务场所的常用语，面试用语，讨论用语等）。即席发挥能力包括意义协商能力（如说话者营造友好气氛，确认对方的理解，询问对方的看法，听者表示赞同、理解、不确定、不解、提出询问等的能力），以及交际过程的驾驭能力（引出话题、深入探讨话题、转换话题、适时交换话题等能力）。微语言技能则指语音、语法、词汇等语言技能。对于常规技能，要求考生能够通过流利、连贯、恰当的表达有效地完成信息交流或交际的任务；对于即席发挥能力，评判标准则是流利、恰当和交流的效果，对连贯性不要求，更强调对交际过程中出现的问题和突发状况进行修补调整的能力；对于微语言技能，要求考生在保证准确性的前提下，有一定的知识面覆盖的广度和深度。

通常情况下，听和说是不分的，二者具有较强的互动性。“说”是语言技能中的一项，属于语言表达能力。作为语言测试很重要的一个方面，口语测试是在真实或接近真实的语境中，通过完成交际任务，来测试考生的口头表达能力。那么口语能力又主要体现在哪些方面呢？ Brown and Abeywickrama（2013）把口语能力分为微语言技能(micro skills)和宏观语言技能(macro skills)。前者主要涉及语音、词素、词组及语法搭配等,后者主要表现在流利度、话语特征、话语功能、语言风格、连贯性、副语言及策略选择等方面。

考生的口语能力最终体现在口语测试任务的完成上。关于口语测试任务类型,大致说来可分为开放型任务(open-ended task)和控制型任务(constructed task)两大类。前者侧重让考生用语言做事以展示其语言技能,考生有较多的自由来应对任务,但评分主观性较强;后者通常设有多个任务,选择项目侧重于口语技能的某一方面,答案一般较为简短,对所有考生而言,测试结构相同,评分公正度较高。与听力测试任务类型类似,口语测试任务分为五类:模仿类、机械类、作答类、交互类和扩展类(Brown and Abeywickrama, 2013)。

模仿类口试题侧重对重音、节奏、语调等语音特征以及词汇和语法特征的考查,如模仿或重复做有关单词、练习短语短句或长句。评分标准应清晰具体,以提高评分结果的信度,但过分强调语言的流利度有时会降低言语表达的准确性。

机械类口试题,亦称作控制应答类试题,属于导向性题目而非交际性题目。题型基本是规定"死"的,侧重于对受试者的基础训练,要求考生给出语法内容有严格限定的答案,其优势在于评分简单、客观。常见的测试方式有朗读、补全句子或对话、看图说话、口头翻译等。

作答类口试题要求考生用一定长度的语句来反映其口语表达能力,涉及与对话人之间的简短互动,话语的长度也是有限的。简短对话、正式问候、小演讲、简单问询、描述以及评论等均属于此类题型。

交互类口试题通常涉及相对较长的交互性语篇,要求两名或多名考生参与,侧重人际交流沟通,交互性较强。受试者通过对话,交流某一特定信息或维持某种社会关系,既测试微语言技能和常规技能,又测试考生的应变技能,典型的测试方式有面试、角色扮演、小组讨论、对话以及游戏等。

扩展类口试题,又称作独白,与交互类口试题型不同,扩展类口试任务比较复杂,材料相对较长,但互动较少,多包含事务性言语事件,持续时间基本相当。语言表达形式往往是预先安排好的,比较正式,主要包括演讲、口头报告、看图讲故事、复述以及文本翻译等。

上海英语高考口试共分五大题,以人机对话的形式进行。第一题为短文朗读,屏幕上显示一篇短文,考生准备1分钟后朗读30秒,要求根据短文内容以恰当的语速朗读,不要求将短文在30秒内全部读完。该题考查的是微语言技能。第二题为快速应答,考生听到5道题目的录音,每题有4秒的时间供考生给出答案,该题考查的是常规技能中的交际常规技能。第三题为情景提问,考生将听到2个情景,根据情景的要求对每个情景提2个问题,每个问题的提问时间为10秒,该题考查的也是交际常规技能。这两个大题都要求考生能熟练迅速地进行应答。第四题为话题表述,要求考生根据画面和话题的提示,准备1分钟后,答题1分钟,考查的是常规技能中的信息交换常规,要求考生将自己的想法连贯、有逻辑地表达出来。第五题为看图说话,考生将在屏幕上看到一组图片和第一句话,要求考生对图片进行描述,考查的是信息交换常规技能中的叙述/描述、讲故事的能力。

由此可以看出,我们对高中毕业生的口语能力要求以微语言技能和常规技能为主,测试过程中未涉及实时交际过程中的即席发挥能力。

我国口语测试的发展始于20世纪90年代。剑桥商务英语证书(BEC)于1993年引入中国,附带口语部分。英语专业英语测试(TEM)中的口语测试始于1994年。高考英语口语分测验(NMETOS),于1995年在中国三个省份正式推出。大学英语口语测试(CET-SET)于1999年推出(Jin,2000b;Huang,1999;Yang,1999)。中国的语言测试研究者已经进行了大量的实证研究,以探讨与口语测试发展有关的各种问题。Li and Wang(2000)报道了高考英语口语测试的发展。他们讨论了中国的诸多限制,包括考生规模庞大,人力和时间资源的严格限制。然而,NMETOS格式的有效性是由于它是一种基于信息的口语交互测试,在所需的口语输出中实现了控制和自发性之间的平衡,是分析和整体评分方法的结合,考试管理采用单考官法,评分采用双评分法。“NMETOS不仅仅是一个符合中国国情和需要的测试。在语言测试的大背景下,它可以说是大规模口语测试的一个成功创新。”(Li and Wang,2000)

Li(1999)报道了基于Bachman和Palmer(1996)语言测试设计理论框架的CET口语测试的发展。测试开发的第一个任务是指定测试的目标语言使用域和语言使用任务。通过对不同工作环境下的口语能力需求进行调查,试图找出目标考生未来在现实生活中的语言使用领域。测试开发人员意识到,由于调查的规模不大,在确定中国大学生未来可能的语言使用领域方面,这项调查还远远不够全面,这可能会导致在测试任务设计上对考生群体的某些亚群体产生偏见。此外,CET口语测试还考虑了《大学英语教学大纲》对口语能力的要求。为了选择合适的测试任务类型，另外两项调查是对大学生和他们的英语教师进行的。这些调查探讨了学生目前的口语能力，以及课堂上普遍存在的口语活动。本研究还调查了中国大学生的年龄、教育背景、能力倾向和对口语测试的态度等特征，认为这些特征可能会影响测试成绩。研究人员表示，测试的发展从来都不是一件容易的事，还需要进一步加以研究。如何有效地评估中国非英语专业学生的口语能力是一项艰巨的任务。考虑到考试管理和评分员培训所需的时间和成本，这也是目前CET-SET只对少数学生开放的原因之一。He and Dai（2006）对CET-SET的效度进行了基于语料库的调查。他们考察了在小组讨论任务中，被试之间的互动程度与一组互动语言功能（ILF）的关系。结果显示，在这项任务中，候选人之间的互动程度很低。研究人员讨论了各种可能解释低互动程度的因素，他们认为，“候选人对ILF的启发不足，很可能会带来一个问题，即从参与交际互动的能力来衡量他们的口语能力”。

为了寻找一种进行大规模口语测试的替代方法，Xiong、Chen、Liu and Huang（2002）进行了一项半直接口语测试的实验研究，研究人员称之为“录音口语测试”——在从录音带中得到提示后进入麦克风，而不是面对面的口试。这项研究涉及测试内容和评分量表的设计，使用三种不同的分析评分量表（能力量表、项目量表和整体量表）来评估每个学生的表现，目的是确保考试成绩的可靠性。数据分析表明，学生在课堂上的排名与这三个分数有很高的相关性，这被认为是学生在录音口试中表现出语言能力的证据。研究人员得出结论，作为一种评估口语能力的替代方法，进行录音口试是可行的。然而，现在下结论说半直接口试可以取代面对面的面试还为时过早。事实上，越来越多的证据表明，在效度方面，直接测试优于半直接测试（Fulcher，2003）。Shohamy（1994）和O'Loughlin（2001）的研究也表明，直接测试和半直接测试适合测量不同的结构。因此，在考虑不允许使用直接测试的实际情况下，重新审视半直接测试的结构定义是必要且重要的，这样测试分数的解释就不会超出测试结构（Fulcher，2003）。其他因素也需要考虑到我国的英语语境，如直接测试和半直接测试中的话语差异、错误和停顿的频率，以及两种不同测试情境下的考试焦虑程度。

Guo（1999）还提供了上述领域的相关信息，对一组英语专业大四学生进行了情景差异测试，以探讨情景变化对口语表达的影响。在三种情况下对学生进行测试：

①将他们对某一主题的看法记录在磁带上(S1),即他们与录音机交谈;②在一个随意的环境中与一些新生谈论同一话题(S2);③在办公室和测试人员交谈,同样是在同一个话题上(S3)。学生们还被要求完成一份动机问卷。本研究的目的是探讨学生在不同情境下的动机与口语表现之间的关系。学生的表现从两个方面进行评估:自然停顿的长度和非自然停顿的频率。结果表明,在S1和S3中,学生的学习动机与停顿的长度和频率有很高的相关性,而在S2中没有。在这项试验中,被试被要求在三种不同的情况下完成一项任务所感受到的压力是不同的,会引起不同程度的焦虑,并对他们的语言流利性产生影响。在一个随意的环境中,如S2,最少的非自然停顿发生。虽然这项研究的可推广性受到只有10名参与者的限制,但研究者建议,在发展口语测试时,应考虑不同情境下考生的情感因素。

2.4.3 阅读测试

阅读是人们日常生活和工作中最常用的技能,是学习知识和获取信息的重要途径。在外语学习中,阅读显得尤为重要。阅读能力是反映一个人语言能力的重要方面。要成为高效的英语阅读者,必须做到两个方面。首先,需要掌握两种文本处理模式——自下而上(bottom-up approach)和自上而下(top-down approach)。前者是指运用语言知识对独立的字母、单词、词组、句子等语言单位进行局部处理加工,逐步达到对全文理解的目的;后者则是让读者主要通过采用概念驱动策略,利用自己已有的语言知识和经验对文章进行认知加工的过程。其次,英语学习者一定要培养内容图式(content schemata)和形式图式(formal schemata),即背景知识和文化体验。

阅读能力评价不单纯是对文本理解程度的测试,也重在考查考生运用阅读策略进而理解文本的熟练程度。和听力一样,语言测试一直关注的是阅读理解的结果而不是过程,我们很难通过观察直接了解考生是否读懂了文章。所有的阅读评价都是通过"推理"(inference)来实现的,读者往往通过应用某种图式从阅读材料中提取恰当的意义。弄清楚阅读材料的体裁,在阅读过程中才会做到心中有数。日常生活、学习和工作中所接触的文字、图片等都可成为阅读材料。阅读体裁主要有:学术阅读(如专业报告、参考书、学术专著、论文等)、职场阅读(如电话留言、备忘录、职业评价、日程表、申请书、办事指南等)和个人阅读(如报纸、杂志、邮件、博客、各类广告、卡通等)。

要对上述这些阅读材料进行阅读以获取所需信息，必须具备一定的阅读能力。阅读技能，主要包括词汇知识、语法知识以及各种篇章理解技能，可分为微观技能和宏观技能两大类。前者是指语法词汇运用技能，强调词义层次上的理解；后者指的是篇章理解技能，重在篇章层次上的理解。

阅读测试不仅涉及对考生阅读文本理解程度的考查，也包括对阅读过程和阅读策略的评价。阅读策略包括以下十条：①明确阅读目标；②运用拼写规则帮助理解词汇、语法等；③通过词法分析来确定词义；④猜测词义或句义；⑤读文章以获取其主旨和主要思想；⑥寻读文章以获取具体信息（如名字、时间、关键词等）；⑦用默读技巧快速阅读文章；⑧利用笔记、提纲、图表或语义映射等手段帮助理解和保留信息；⑨区别字面意思和言外之意；⑩用话语标记语（如 however、nevertheless 等）处理文章各部分之间的关系。

一个人的阅读能力需要通过阅读行为来测试，而阅读行为体现在具体的测试任务上。阅读测试的任务类型分为四类，分别是感知性阅读、选择性阅读、交互性阅读和泛读。

感知性阅读任务主要包括对字母、单词、标点符号以及其他字形符号的识别和理解，需要读者在阅读过程中采用自下而上的处理方式。在二语学习的初始阶段，学习者通常会学习识别字母符号、大小写字母、标点符号、字词以及字母因素对应等，这些任务通常也称为"扫盲任务"，掌握了这些就算具备了一定的读写能力。这种读写能力的测试方式有朗读、读后作文、选择题和看图阅读。

选择性阅读任务是考试中常用的测试形式，旨在检测考生通过阅读短文对词汇、语法以及语篇特征的识别和理解程度，需要学生综合运用自下而上和自上而下的处理方法。常见的测试题型有选择题、匹配题、单句改错、看图阅读、填空题等。

交互性阅读任务综合考查语言形式和意义，但更注重意义，强调读者与语篇之间的交互作用，是意义协商的过程。阅读材料通常较长，从一段到一页不等，既有文字形式的材料，有时也会出现图表形式，要求考生采用自上而下的阅读处理方式。比较常见的题型有完形填空、阅读理解、简答题、短文改错、信息定位（寻读）、排序、信息转换等。

泛读测试任务的目的是检测学习者对文本的整体理解程度，材料篇幅相对较长，正式测试中很少采用此类测试任务，但平时教学中教师不应该忽视对泛读技能的训练。该类任务的测试方式很多,前面谈到的即时阅读、简答、改错、寻读、排序、信息转换等题型都可以采用。

2.4.4 写作与翻译测试

一般来说,有两种测试,直接测试和间接测试,可用于写作评估。邹申(2009)认为,这里的“直接”是指响应主要包括输入中提供的信息,而“间接”是指响应包括输入未提供的信息,他认为,即使是专业的测试指导也无法构建准确衡量写作能力的间接测试,而直接测试写作可以提供令人满意的准确性。事实上,直接测试是通过让学生写作文来衡量学生写作能力的一种方法。直接测试在许多重要的语言测试中使用,尽管是主观评分的。与间接测试不同,直接测试侧重单词或句子层面的语言形式元素,如语法、词汇、拼写和标点符号,可以有效地衡量学生的真实写作能力,因为它们取决于测试目的:整体性、分析性、主要特征或多重特征评分程序,如语法控制、连贯性、衔接性、组织性、流利性、听众意识和词汇使用。另外,直接测试要求被测试者表现出写长文本的能力,因此通常被认为比间接测试有更高的效度。也就是说,直接测试具有表面效度,因为它们看起来像写作测试。因此,通过写作来衡量学生的英语写作能力似乎是最好的方法。

试题涉及的内容效度包括两个方面,即试题内容的相关性和覆盖面的广泛性。为了判断设定的英语写作任务是否代表了我们期望学生完成的任务,我们必须从一开始就明确这些任务是他们应该能够完成的。Hughes(2000)认为,只有包含了相关结构的适当样本,测试才具有内容效度。当然,什么是相关结构,取决于测试的目的。因此,他给出了内容规范的框架,包括操作、文本类型、主题,这对于实现内容的有效性非常有用。然而,在设计写作测试时,可以简单地列出期望学生能够完成的任务。显然,规范中的测试主题应该得到充分的表示,测试人员可以从中进行选择。另外,测试人员应该注意被测试的内容和预期被测试的内容之间的相关性。也就是说,测试主题必须与测试目的相关。测试输入是指在给定的测试任务中包含的信息或刺激材料。输入可以采用语言文本的形式,包括词汇表项或单个文本(如一段扩展的话语),或者是非语言的,例如,一组图片或图表。它可以以印刷形式、磁带或“现场”形式呈现出来。

在英语写作测试中,测试输入往往涉及叙述或对话,以及形式或图形显示。形式的选择取决于测试目的。一般来说，测试输入应该使被测试者感到任务是真实的和交际的。从这个意义上说，测试人员在进行测试输入时，应该考虑受试者的年龄、语言水平和兴趣。此外，测试人员还应考虑到在实际教学中经常使用的形式。这样，受试者就有了表达的东西。例如，对于低年级学生，教师可以采取图形形式；而对于高年级学习者，教师可以采取文本形式。此外，为了保证测试的真实性，教师还应利用反应效度。有效性证据是基于被测试者的应答过程解决问题，实际上，这是测试真实性的一个重要方面(邹申，2005)。它有助于发现问题，缩小问题的范围，确定研究的目标，使真正被测试的内容符合测试的命题结构。例如，测试者发现被测试者已经记住了一些写作模式，这就不符合测试人员设定的测试目的。然而，测试人员可以根据有效性证据对测试进行调整，使之适应测试目的。评分是评价学生英语作文的手段，因此，正确处理得分问题至关重要。评分方法分为客观评分法和主观评分法，主观评分法适用于英语写作测试。正如我们所知，评分作文可能是最困难和复杂的。传统上，扣分是根据作文中错误或错误的数量。事实上，评分是建立在词汇和语法的基础上，而不是建立在思想的组织和恰当性上，因此，容易对教学造成有害的反拨。然而，随着教育理论的发展，考试实践也有了很大的提高。在给一篇英语作文打分时，不仅要注意单词或句子的水平，还要注意结构水平。但是，一个必要的迹象是，目前的评分作品几乎不涉及语义结构，它表明了文本中所包含的必要元素和适当的顺序。

功能语言学家认为，语篇的语义结构是一种潜在的语义结构。如果英语写作测试的评分标准包含语义结构，则有助于对英语写作教学进行积极的反拨，使学生在学习中关注语义结构，形成符合母语者思维模式的英语写作图式。例如，取消预约笔记的评价也应该基于以下语义结构：从引语中我们知道，掌握语义结构对学习者非常重要。很明显，如果被测试者对语义结构不熟悉，就会遗漏一些必要的语义元素，这将会导致失分。除此之外，新闻报道、电子邮件、书信等也有各自的语义结构，由于篇幅的限制，这里不一一列举。同时，写作评估的重点是内容和思想的组织。也就是说，语义要素的顺序也隐含在语义结构中，不能错位，否则就不符合母语者的思维甚至导致交流的无效。此外，教师应考虑如何利用计算机来保证英语写作的有效性，并在设计英语测试时评估被测试者的写作能力。教师可以从语料库中选择需要测试的体裁，并对学生的写作作业进行评价。更重要的是，电脑可以帮助检查和比较英语写作测试的有效性。

因此,将零碎的英语写作材料转化为系统的优秀语料库具有重要意义。目前,利用计算机从英语写作语料库中选择英语写作测试已被广泛应用。因此,有必要增加和取代英语写作测试,以确保其在许多方面具有较高的效度。

书面交流是一种重要的语言运用形式,因此学习者的阅读和写作能力显得尤为重要。书面语文体主要有三类:学术写作、职场写作和个人写作。学术写作包括主题报告、学习日志、学位论文等。职场写作的形式主要有留言、信件、备忘录、项目汇报、广告、手册等。个人写作的形式也很多,如信件、问候卡、邀请函、笔记、购物单、小说等。Heaton (2000)认为,写作能力包括五个方面:语言运用能力(语法与词汇)、机械性技能(拼写与标点)、处理内容的能力(选材与思想内容)、篇章能力(句子与段落的组织)、判断能力(根据目标读者确定写作目的、选材与文体风格)。Weir (1993)从书面表达的功能这一角度,将写作能力分为表达感谢、歉意、要求、抱怨、看法、态度、意见等的能力,征询意见、许可、寻求帮助与信息的能力,给出指令、建议、忠告等的能力,描述现象或过程的能力,以及进行议论的能力。在某些情况下,写作测试会由若干个写作题组成,需要考生写出两种甚至更多体裁的文章。

与阅读能力一样,写作能力也是一个复杂的体系,要对其准确界定并不容易。关于写作能力的构成,教学与测试专家给出的表述大同小异,基本上将其分为微观能力和宏观能力两部分。Brown and Abeywickrama (2013)认为,写作的微观能力主要包括六个方面,分别是:掌握英语字母的拼写规则;在规定的时间内完成写作任务;关键词使用恰当,词序正确;能正确使用常见的语法体系、句型和规则;用不同的语法形式表达特别含义;灵活运用衔接手段进行短文写作。写作的宏观能力也体现在六个方面:能使用修辞手段;根据写作形式和目的,能达到写作的交际功能;能传达事件之间的联系,如要点、支持论点、新信息、已有信息、概括及例释等;能区别字面意思和深层次意义;写作符合社会文化规范;能恰当运用写作策略。

写作任务可分为以下四类:模仿类写作、控制类写作、反应类写作和扩展类写作。英语书写能力是语言评价中的一个重要组成部分。许多英语初学者,需要加强对罗马字母、单词以及单句的书写训练。

关于模仿类写作,作者首先介绍了英语字母、单词和标点符号的书写测试,考查方式有单词抄写(copying)、听写完形选择(listening cloze selection)、看图写词(picture-cued tasks)、填表(form completion)、将数字和缩写形式转换成词(overting numbers and areaiois to words)等。拼写测试与音素字母测试考查考生对英语语素与音素对应的能力,同时要求考生能正确书写。常见的测试形式有拼写测试(spelling tests)、看图选词(picture-cued tasks)、词汇选择(multiple-choice techniques)和音标匹配(matching phonetic symbol)。

控制性写作(controlled writing)也叫规定式作文(guided writing),是给出一定限制条件的命题作文,是目前最常用的方法,主要考查考生遣词造句、语法综合运用以及篇章组织等方面的能力,不一定以传达真实意义为目的。听写作文、语法转换、看图写作、词汇测试、排序、简答和补全句子等题型可以体现控制性写作测试的特点和方法。

反应类写作,要求考生根据写作要求,进行创造性的自由作文。考生在词语、语法或段落组织等方面有自由选择的余地。写作标准主要包括语言组织与修辞、段落结构、语篇衔接等方面,常见的体裁有简评、读后感、概要总结、简述、图释等。

扩展类写作,或称自由写作(free writing),考查的侧重点与反应类写作基本相同。这种类型的写作任务通常没有具体的文体、话题、长度和形式的限制,体裁主要包括长篇文章、学期论文、项目报告、学位论文等。目前,针对反应类和扩展类写作的讨论主要涉及内容真实性、评分原则以及时间控制三个方面的问题。许多标准化测试(如TOEFL、MELAB、IELTS等)都有扩展类写作测试部分。

还有一些间接测试写作能力的方式,例如填空、改错、翻译等。尤其是针对初级学习者,在无法完成篇章写作的任务时,可以用间接测试的方法来考查写作能力的某些方面。句子翻译也是写作能力的一种间接测试方式,能在句子层面上考查遣词造句的能力。间接测试只能从某些侧面反映考生的写作能力,直接测试则能更直观、全面地反映出考生的书面表达水平(程晓、王宏芳,2008)。

传统的写作评分有三种方法:整体评分法(Holistic Scoring)、主要特征评分法(Primary Trait Scoring)和分项评分法(Analytic Scoring)。整体评分法是评分人根据对口语或书面语片段整体特征的印象对其作出判断,只给一个最后的总分。其优点在于评分较快,评分者之间的信度相对较高。但其缺点在于一个整体性的分数不能给出反映考生能力的详细信息,难以用于所有的写作题型,而且需要对评分者进行严格的培训。主要特征评分法依据测试任务特有的主要特征进行评分,如文本组织、细节阐述、流利度、句式多样性等。分项评分法在评分标准中先将评分要点分成几个方面，再对每一个方面进行分级描述，阅卷人根据评分标准，给每个评分要点打分，最后将各个分数加在一起成为总分。

许多写作研究专家认为，写作教学要求考生能够动手写作，而后进行自我评价、同伴互改、修改、教师评阅以及师生评议。为了帮助学生提升写作技能，让学生从写作测试中获取最大利益，笔者建议教师在评估写作时考虑以下两个方面：第一，要对学生写作的初级阶段进行评估，如从自由写作到初稿的写作；第二，评价写作的后期阶段，如修改和定稿。除此之外，应将学生自评、学生互评以及教师评价纳入学生写作的综合评价。

2.4.5 语法与词汇测试

词汇和语法可以作为听、说、读、写等能力的一个组成部分，即微语言技能或支持性语言技能，与上述能力结合在一起测试。语法与词汇测试一直是语言测试的传统项目，重在考查句法和词法等语言形式。前面在介绍听力、口语、阅读、写作等技能测试时，都不可避免地谈到了词汇和语法测试。多年来，传统语言教学和标准化测试一直注重对语言形式的教学和测试，而忽视语言运用和真实意义的交流。

语法是指语言的法则，反映的是语言的结构方式及组织规律。在学习过程中，语法知识渗透到听、说、读、写各个环节，是语言运用的前提。语法知识包括音系、词汇、句法、语义等知识，Larsen-Freeman (1991，1997)将语法知识概括为音系、词汇、句法、语义等知识之间的相互关系，认为语法知识由三个相互关联的要素构成：①语法形式或语言结构；②这些语言形式的语法意义；③语用意义或在特定语境中的使用意义。要测试语法知识，可以针对语言形式和语言意义的一个或多个特征进行考查。Purpura (2004)的语法知识框架对测试中常见的语法知识要点进行了概括和总结。

语法测试的三种任务类型，即选择类、限定类和扩展类。选择类语法测试任务的长度从一个单词到几个句子不等，通常以图片形式出现，要求考生根据理解选择正确的答案，旨在测试考生在语法形式和语法意义方面的知识，通常采用二元计分制（对或错），也可以采用分项评分法进行打分。选择类语法测试题有多种形式，包括单项选择题、辨别题和注意测试三种。限定类语法测试题包括一系列语言或非语言输入材料,通常是一个句子或较长的语篇。答案一般都有限定,根据所考查的语法或词汇目标,长度从一个词到句子不等。评分可采用二元计分制(对或错),也可以采用等级评分法。常见的题型有填空、简答、补全对话等。扩展类语法测试题通常给考生一段长度不一的材料,可以是语言或语言的形式(手势或图片),要求考生写出开放性的答案,侧重真实语言运用。由于考生的答案不一,通常采用等级评分量表进行评分。典型的题型有信息补充题和角色扮演。

词汇是语言的基本意义单位。任何测试题目都是由词汇构成的,词汇测试无处不在。什么是"词"?在测试中"词"又该作何界定呢?要回答这些问题,首先要了解词符(token)和词型(type)。词符是指段落中所有的个别单位或单词,而词型则指语言单位的不同类别。其次要区别功能词(function words)和实词(content words)。功能词是指没有独立意义但在句子之间或在句子中表示实词之间语法关系(或语法意义)的词,如介词、冠词、连词等;实词指称事物、品质、状态或动作,单独使用时具有词汇意义,主要有名词、动词、形容词和副词。词汇测试通常将实词作为重点测试对象,同时也会对短语动词、复合名词以及习语进行考查。

研究表明,语言使用者经常使用预制语言(prefabricated language)或预制语块(prefabricated chunks)进行交际。这些预制语块或词汇短语由一组单词构成,看似具有完整的语法结构,但通常作为独立的语言单位在交际中扮演特定的交际功能。Nattinger and Decarrico (1992)的四类划分法指的是聚合词(poly words)、习惯表达法(institutionalized expressions)、限制性短语(phrasal constraints)和句子构造型结构(sentence builders)。这里需要指出的是,在词汇测试中往往因为命题和评分环节的复杂性而忽略考查。

词汇知识是二语能力的一个主要部分。可是怎样才算掌握一个词项(lexical item)呢?要回答这个问题,Brown and Abeywickrama (2013)认为,首先应弄清词汇能力究竟体现在哪些方面。Richards (1976)曾列举了词汇能力描述的八个方面。Nation(1990)以此为基础区分了接受性词汇能力和产出性词汇能力。Chapelle (1994)的三大词汇能力构成框架:一是在语境中使用词汇的能力;二是词汇知识及其最基本的加工能力;三是词汇应用的元认知策略。

语法和词汇是英语学习的基础,渗透到听、说、读、写各个环节。设计题目时应做到以下方面:首先,明确测试目的;其次,界定测试构念,即要测的词汇能力;再次,选择测试的目标词，如高频词、低频词或专有词汇等；最后，确定词汇运用的模式，即确定待测的是接收性词汇知识还是生成性词汇知识(也叫作词汇的再认能力或再现能力)(Bruno, 2012)。

词汇测试用来评价学生在词汇学习中的进展，常用的接受性词汇测试题型是单项选择、识别型选择、选择搭配。

生成性词汇测试，有时被称作词汇运用测试，是指与专门目标语言使用环境相关的测试，涉及词汇的回忆与运用，上下文语境在该测试中起着非常重要的作用。常见的题型是补全句子。补全句子是指删除目标词，只给出句子的部分内容，要求考生在理解上下文语境的基础上，回忆已掌握的单词，将句子补充完整。语篇填空题是其中的一种，它不仅考查目标词的词形和词义，也考查其语用意义，同时测试考生对语言风格、语域以及正式程度等的掌握程度。

2.5 英语测试与教学

语言测试是语言教学中必不可少的一部分，科学合理地运用测试手段，可以帮助教师了解学生语言学习的进展并发现学生学习中的薄弱环节，可以检验一段时间以来的教学效果与学生成绩，可以提高学生的学习效率以及教师的教学有效性，可以检验教学计划或大纲设计的合理性，还可以用于筛选等目的。但是，测试的设计不科学或对测试的使用不恰当，则会给语言教学带来负面的影响，如课堂教学不注重能力的培养而侧重应试技能的训练，教学以考试的内容为导向而忽视学生的语言综合运用能力等。

作为教师，我们必须正确理解测试与教学之间的关系，既不全盘否定测试，也不过度使用或误用测试。我们要努力做到使测试的目标与教学目标相匹配，使测试的内容与教学的内容相对应，使测试的方法充分反映教学的方法，充分体现教学与测试相辅相成的关系。

英语高考与高中英语教学之间究竟有何关系？刘庆思(2008)认为，高考与中学教学在对学生所掌握知识和所具备能力的要求方面有密切的联系，也存在明显的区别。在文中他进一步指出，高中英语教学的任务是培养学生达到相应级别课程目标的要求；而高考作为常模参照性的选拔性考试，其任务是将合格的高中毕业生再区分为若干不同的层次，供高校选拔人才之用，两者的任务和目的明显不同，因此，绝不应该用英语高考的成绩来评价中学英语教学的水平。在我国，高考除了用来为高校选拔合格人才外，还有一项重要的功能，那就是为教学带来积极的反拨作用。高考和教学的关系如何？高考命题依据和高中教学的依据是什么？教育部2017年颁布的《普通高中课程标准（实验）》中明确指出，课程标准作为教育纲领性文件，是教学、教材编写以及考试的重要依据。

英语课程标准中对语言技能、语言知识、情感态度、学习策略和文化意识五个方面的具体内容给出了标准，并通过英语教材这个载体在高中英语教学中贯彻落实；高中英语课程标准的各项目标要求也通过英语高考考试大纲在英语高考中得以实现。因此，高中英语课程标准作为纲领性文件，是高中英语教学和英语高考考试命题的主要依据。可以通过高中英语教学体现课程标准要求实现情况，课程标准要求实现得越好，教学效果也就越好，这可作为研究高中英语教学效果的视角。该考试也应最大程度地反映课程标准要求，反映程度越高，考试的效度一般也越高，这可以作为研究考试本身的一个视角。英语高考作为大规模高风险考试会对高中英语教学产生影响，即反拨效应，而高中英语教学也能反映考试反拨效应的性质、强度、长度等情况。

第3章／上海英语高考翻译测试

3.1 上海英语高考翻译测试命题特点

高考的目的是什么？目的是选拔人才。因此,就不难理解为何上海高考英语卷必须紧扣课程标准和考试手册要求的考查目标。既要测试考生的语言基础知识,又要考查考生语言的运用和交际能力,这就决定了试卷不同部分的测试目标是不同的。听力部分不但考查考生获取所听信息的能力,而且也对隐含意思的推断能力以及对所听文章大意的归纳能力进行了考查;语法词汇部分主要考查考生对于词法和句法等基础知识的掌握程度;综合填空重在考查学生对上下文理解的推断能力;阅读理解部分则是对考生的理解、归纳、推断和演绎能力的综合检测;翻译主要考查学生对词汇、语法和句型结构的运用能力,除了考查考生基础知识外,还考查考生对中、英两种语言之间表达差异的敏锐性;作文则是对考生语言综合运用能力的全面检测。

上海市从1998年开始在高考英语中设置翻译题型,高考英语翻译题要求考生根据括号里所提示的单词将句子从汉语译成英语,分值为15分。1999—2000年分值提高至20分;2001—2004年降至15分;2005年起增至20分;2015年增至22分;2017年调整为15分。该题型不但考查学生基本的汉英翻译能力,词汇、语法和句型结构的运用能力,汉英两种语言表达差异感知能力,甚至考查了对汉语成语的解析能力。

命题特点:上海英语高考汉英翻译试题不仅考查了考生对所学英语基础知识的掌握程度,而且还在一定程度上考查了考生对中英两种语言表达差异的敏感性,要求考生将汉语的意思用符合英语语言习惯的句子表达出来。

3.2　上海英语高考翻译测试评分标准

2017年,上海英语高考中翻译题型出现变化,由2016年的5句变成4句,分数也由22分减为15分。

如表3-1所示。

表3-1　2017年对比2016年上海高考英语中译英的变化

项目	2016年	2017年	变化
题量	5	4	减少1句
分值	22	15	减少7分
分值比例	14.6%	10%	比例降低4.6个百分点

2016年评分标准:主要考查考生对词汇、语法和句型结构的综合运用能力,3分题设有2个考核点,4分题设有3个考核点,5分题设有4个考核点。

(1) 第1~3题,每题4分;第4、5题,每题5分。

(2) 在每题中,单词拼写、标点符号、大小写错误累计2处扣1分。

(3) 语法错误每处扣1分,每句同类语法错误不重复扣分。

(4) 译文没有用所给单词,扣1分。

2017年评分标准:评分标准并没有出现什么变化,3分、4分、5分的翻译题仍采用以前的评分标准。

(1)第1~2题,每题3分;第3题4分,第4题5分。

(2)在每题中,单词拼写、标点符号、大小写错误累计每2处扣1分。

(3)语法错误每处扣1分,每句同类语法错误不重复扣分。

(4)译文没有用所给单词,扣1分。

高考翻译的评分细则示例:

例1. 李雷宁愿受罚也不愿说谎。(would rather)(2017年秋考)

翻译:Li Lei would rather be punished than lie.

评分细则：

(1)句型would rather...than...计1分；

(2) would rather与than后接动词原形合计1分；

(3) be punished计1分。

例2. 在项目投资的进程中出现了一些问题。(arise)(2017年秋考)

翻译：Some problems arise/ arose during the investment project.

评分细则：

(1) arise 正确使用与拼写(特别是一般过去时arose)计1分；

(2) the investment project计1分；

(3) some problems/ during各0.5分。

例3. 在过去3年里，他一直致力于研究信息的传播速度和人们生活节奏之间的关系。(commit)(2017年秋考)

翻译：In the past/last 3 years, he has been/ committed to the study/studying the relationship between the speed of the spreading of information/ at which information spreadsand the rhythm/ pace of people's life.

评分细则：

(1) In the past 3 years 和时态(完成)合计1分；

(2) commit 中的被动和词组合计1分；

(3) relationship/ study/speed/ pace各0.5分；

(4) commit没用扣1分。

例4. 有人声称减肥丸效果显著，立竿见影，且对身体无害，但事实远非如此。(It)(2017年秋考)

翻译：It is claimed that this kind of pills for losing weight/ diet pills has obvious effect and is efficient and harmless to human body, but it is far from the fact.

评分细则：

(1) It is claimed句型1分；

(2)"立竿见影"1分；

(3)"减肥丸、效果、无害"0.5分；

(4)"远非如此"1分；

(5) It这部分用错,比如:it is far from the truth会引发多重扣分。

回顾一下近几年上海英语高考翻译的得分情况:根据上海考试院公布的数据,2010年整个翻译大题的通过率为0.64,平均分为12.8;2011年的通过率为0.72,平均分为14.4;2012年的通过率为0.64,平均分为12.8;2013年的通过率为0.57,平均分为11.4;2015年的通过率为0.68,平均分为15.05。2016年上海市高考英语翻译共5题,参加考试的考生有41 595人,第一题满分4分,平均得分3.32;第二题满分4分,平均得分1.92;第三题满分4分,平均得分2.44;第四题满分5分,平均得分3.5;第五题满分5分,平均得分3.1。整个翻译大题的通过率为0.65,即平均得分14.28分,相当于每名考生在翻译考查中失掉将近8分。

虽然说高考翻译成绩不完全等同于考生实际的翻译能力,但毋庸置疑,尽管经过多年的英语学习,但高中生的翻译能力其实不容乐观。

多年来,笔者在每次对所在学校期中期末试卷的各题型进行质量分析时,总是发现翻译部分在各类题型中得分最低,通过率一般为50%~60%。在一所市实验性、示范性高中,学生的翻译能力尚且如此,也从另外一个角度印证了整个上海市高中生的翻译能力的薄弱,可以说,翻译能力是上海高中学生的语言技能短板。

在汉译英中,学生们存在着大量死译和胡译现象,体现为理解不到位、表达不贴切、缺乏文化背景知识等问题。理解不到位,常造成学生脱离原文字面意思而死译和胡译,表达不贴切,则导致译文不符合目标译入语的习惯表达。究其根源,一是目前中学英语教师在翻译教学中对翻译理论的指导重视不够,只是给予学生大量的练习,让学生进行操练,随后简单给予答案反馈,存在对该题型的表面模仿和机械操练现象;二是教师缺乏系统及针对性的教学活动,缺乏在教学和备考过程中的针对性翻译策略。实际上,汉译英,不但可以通过训练对比英语和汉语的异同点,而且对于增强学生的语言运用能力,有着听、说、读、写都无法替代的功能;汉译英还是一种有效的教学方法,可以贯穿于听、说、读、写的教学过程中;汉译英不仅符合英语教学规律,还符合学生的身心发展规律,对于激发学生学习英语的兴趣,具有重要的价值。在课程改革如火如荼的今天,汉译英在英语教学中应引起足够的重视。当前,如何有效提高学生的汉译英能力,越来越受到广大高中英语教师和有关专家的关注。

3.3 上海英语高考翻译测试知识点

上海英语高考从1998年至2020年秋季，共设置了226道汉英句子翻译题，涉及词语用法、句子结构等知识点，按提示词分类如表3-2所示。

表3-2 上海英语高考汉英句子翻译知识点分布

考点	动词	名词	形容词	介词	连词或并列句	状语从句	名词性从句	定语从句	特殊句型		
									It句型	例装句	固定搭配
数量	101	15	20	11	6	31	6	5	9	7	15
比例/%	44.69	6.64	8.85	4.87	2.65	13.72	2.65	2.21	3.98	3.1	6.64

3.3.1 以动词为主的考点

英语完整的句子基本上都有一个动词，要表示第二个动作时可使用不定词、动名词、对等连接词、从属连接词或增加子句等方法联结。使用谓语动词要注意时态、语态、情态、语气、主谓一致等，使用非谓语动词要注意动名词、现在分词、过去分词、不定式等不同的用法。在上海英语高考汉英翻译测试中，考查动词或动词词组的运用能力是设置最多的考点，该考点有以下特点。

（1）所给的动词或动词短语会引起句中其他句子成分发生形态上的变化，如所提示的动词或动词短语后若接动词需要使用不定式、动名词等形式，或需要使用某个特定的句型才能正确使用该提示词等。

（2）所给的动词有时需要与其他词（特别是介词等）搭配使用，但搭配的词要经过思考才能确定。

（3）有些提示的动词较难在中文句子中找到其合适的位置，这需要细读中文原文后才能断定该动词代表原文中的具体意义。

提示词为动词和动词短语的高考翻译考点分布如表3-3和表3-4所示。

表3-3 提示词为动词的高考翻译考点分布

序号	提示词	高考时间	序号	提示词	高考时间
1	cause	1998年高考	39	manage	2008年秋考
2	miss	1998年高考	40	encourage	2008年秋考
3	occur	1999年高考	41	be	2009年春考
4	keep	1999年高考	42	locate	2009年春考
5	fail	1999年高考	43	keep	2009年秋考
6	occupy	2000年春考	44	remember	2009年秋考
7	concentrate	2000年春考	45	try	2010年春考
8	remind	2000年秋考	46	fill	2010年春考
9	compare	2000年秋考	47	cost	2010年秋考
10	offer	2001年春考	48	turn	2010年秋考
11	regret	2001年春考	49	enjoy	2011年春考
12	realize	2001年春考	50	mistake	2011年秋考
13	discover	2001年秋考	51	compare	2011年秋考
14	burn	2001年秋考	52	take	2012年春考
15	make	2002年春考	53	hold	2012年春考
16	realize	2002年春考	54	play	2012年秋考
17	visit	2002年春考	55	stand	2012年秋考
18	occur	2002年秋考	56	demonstrate	2012年秋考
19	apply	2002年秋考	57	enjoy	2013年秋考
20	infect	2003年秋考	58	congratulate	2013年秋考
21	offer	2004年春考	59	turn	2014年秋考
22	help	2004年秋考	60	prepare	2015年春考
23	miss	2004年秋考	61	visit	2015年秋考
24	apologize	2004年秋考	62	bring	2015年秋考
25	call	2005年春考	63	devote	2016年春考
26	succeed	2005年春考	64	hope	2016年秋考
27	hope	2005年秋考	65	witness	2016年秋考
28	fail	2006年春考	66	care	2017年春考
29	agree	2006年春考	67	expose	2017年春考
30	believe	2006年秋考	68	arise	2017年秋考
31	provide	2006年秋考	69	commit	2017年秋考

续表

序号	提示词	高考时间	序号	提示词	高考时间
32	order	2007年春考	70	occur	2018年春考
33	do	2007年春考	71	may	2018年秋考
34	save	2007年秋考	72	motivate	2019年春考
35	remind	2007年秋考	73	appreciate	2020年春考
36	contact	2008年春考	74	substitute	2020年秋考
37	award	2008年春考	75	turn	2020年秋考
38	mind	2008年春考			

表3-4 提示词为动词短语的高考翻译考点分布

序号	提示词	高考时间	序号	提示词	高考时间
1	keep up with	1998年高考	14	look forward to	2004年春考
2	set aside	1998年高考	15	put off	2007年春考
3	inform...of	1999年高考	16	add to	2007年秋考
4	substitute...for	1999年高考	17	turn to	2008年春考
5	become interested in	2000年春考	18	had better	2009年春考
6	be aware	2000年春考	19	do one's best	2011年春考
7	be awarded	2000年春考	20	look after/ take care of my pet(s)	2013年春考
8	take advantage of	2000年秋考	21	keep in touch/ contact with each othcr/ others	2014年春考
9	take up	2000年秋考	22	We are often persuaded/ tempted to waste/ into wasting lots of money	2014年春考
10	do good to	2001年春考	23	listen to/ attend a lecture/ a speech	2016年春考
11	add up to	2001年春考	24	would rather	2017年秋考
12	put off	2002年春考	25	be up to	2014年秋考
13	work out	2003年春考	26	make for	2018年秋考

例5. 我很感激他们为保护上海方言所做的努力。(appreciate)(2020年上海

春考）

I appreciate their effort in protecting Shanghai dialect.

2007年春考翻译考查了助动词do的强调用法；2009年春考测试了be动词；2018年秋考测试了情态动词may。

例6. 我看见他换上徒步鞋向草坪走去了。(make for)（2018年秋考）

I saw him put on the hiking shoes and made for the lawn.

I saw him put on his hiking shoes, making for the lawn.

以动名词作主语也是高考翻译题的常设考点之一。受中文影响，翻译时常见的错误是用动词原形作译文的主语。英语语法知识告诉我们，动词原形不可以作主语，因此遇到这类试题时，应考虑用动名词作主语来翻译。

以动名词做主语时必须注意以下两个要点。

(1) 在这类句子的中文原文句首，一般出现的是动词或动宾搭配；在语法上，这个动词或动宾搭配就作后一个动词的主语。

(2) 动名词作主语时，谓语动词必须用单数形式。

要熟练地把握好动词这一考点，学生应熟悉《高考英语词汇手册》中的核心动词及动词短语，并能结合语法规则，熟练把握核心动词的相关词组、句型及搭配。

3.3.2 以名词或代词为主的考点

在英语中，名词用以表示人或事物的名称，是各级各类考试的热点之一，主要测试考生辨析近义词和近形词的能力。名词不但有单复数的变化，而且有普通名词和专有名词之分，还有用法独特的所有格形式。在上海英语高考汉英句子翻译题中，以名词为提示词的翻译题有这样的特点：提示词中的名词用在句子中时需要与其他词形成固定搭配。如表3-5所示。

表3-5 提示词为名词的高考翻译考点分布

序号	提示词	高考时间	序号	提示词	高考时间
1	quality	2001年秋考	9	doubt	2009年春考
2	choice	2002年秋考	10	memory	2009年秋考
3	expense	2003年春考	11	those	2010年春考

续表

序号	提示词	高考时间	序号	提示词	高考时间
4	good	2005年秋考	12	apology	2015年秋考
5	appointment	2005年秋考	13	point	2016年秋考
6	satisfaction	2006年春考	14	reminder	2018年秋考
7	condition	2006年秋考	15	a rule	2020年春考
8	time	2008年秋考			

要熟练地把握名词的考点，就必须熟练地把握好《高考词汇手册》中核心名词的相关词组、句型及搭配。

以代词为提示词的翻译题目仅在2010年春季高考中出现一次，考查的是those后面接定语或定语从句的使用方法。

例7. 妈妈设置闹钟六个小时响一次，提醒自己给宝宝量体温。(reminder)(2018年秋考)

Mother sets the alarm at six hour intervals as a reminder to take the baby's temperature.

Mom sets the alarm clock ringing every six hours as a reminder to take her baby's temperature.

Mom sets the alarm clock for (once) every six hours as a reminder to take her baby's temperature.

Mom sets up an alarm clock which goes off every six hours as a reminder to take her baby's temperature.

3.3.3 以形容词为主的考点

形容词表示人或事物的性质、特征或状态，修饰名词或不定代词。在句中形容词可以作主语或宾语，也常被放在名词前作定语，放在系动词后面作表语，也可以作宾语补足语或主语补足语。"the+形容词"表示某一类人或事物，这种名词化的形容词起着名词的作用，在句子里作主语或宾语。

上海英语高考汉英翻译句子的提示词是形容词时，往往该句子要套用某个句型,或者需要使用该形容词的固定搭配结构。如表3-6所示。

例8. 随着体力逐渐恢复正常,那名业余自行车手的夺冠之梦不再遥不可及。(normal)(2019年秋考)

As his physical strength returns to normal, the amateur cyclist's dream of winning championship will no longer be beyond reach.

表3-6 提示词为形容词的高考翻译考点分布

序号	提示词	高考时间	序号	提示词	高考时间
1	grateful	1998年高考	11	far	2007年秋考
2	popular	1999年高考	12	possible	2008年秋考
3	convenient	2002年秋考	13	ignorant	2008年秋考
4	available	2003年春考	14	necessary	2009年春考
5	remote	2003年秋考	15	popular	2009年秋考
6	technical	2005年春考	16	familiar	2013年秋考
7	popular	2005年秋考	17	accustomed	2014年秋考
8	wrong	2006年春考	18	guilty	2018年春考
9	sure	2006年秋考	19	patient	2019年秋考
10	able	2007年春考	20	normal	2019年秋考

3.3.4 以介词为主的考点

介词是英语中体系最为庞大的虚词。英语中介词的数量仅次于名词,排名第二。介词可以分为时间介词、地点介词、其他介词及介词搭配。上海英语高考翻译测试对介词的考查主要涉及有关让步、方式、原因、比较等关系的介词或介词搭配。如表3-7所示。

例9. 网上支付方便了客户,但是牺牲了他们的隐私。(at the cost of)(2019年春考)

Online payment is convenient for users, but at the cost of their privacy.

Online payment brings convenience to consumers at the cost of their privacy.

表3-7 提示词为介词的高考翻译考点分布

序号	提示词	高考时间	序号	提示词	高考时间
1	in spite of	2000年春考	7	owing	2012年秋考
2	without	2000年秋考	8	than	2014年春考
3	despite	2009年秋考	9	than	2014年秋考
4	as	2010年春考	10	with credit card	2015年春考
5	without	2010年春考	11	at the cost of	2019年春考
6	due to	2011年春考			

3.3.5 以连词或并列句为主的考点

并列句是由并列连词and、but、or、for、so、while、not only ... but also... 、neither... nor...等把两个或两个以上互不依从,但意思紧密联系的简单句连在一起而构成的句子。其结构为:简单句+并列连词+简单句。并列句包括:①表示同等关系的并列句,用来连接两个并列概念,这类并列句常用并列连词and连接前后简单句;②表示转折关系的并列句,表明两个概念彼此有矛盾、相反或者转折,这类并列句常用并列连词but、yet、while等连接前后简单句,but不可与从属连词though或although一起使用;③表示选择关系的并列句,这类并列句常用并列连词or、otherwise等连接前后简单句;④表示因果关系的并列句,这类并列句表示原因用for连接,表示结果用so连接;⑤其他形式的并列句,包括“祈使句+and+简单句”“祈使句+or+简单句” “either... or...”“not only... but also...”“neither... nor...”等结构。

英语并列句的用法是中学英语教学中的重点和难点,也是历年全国各地高考英语必考的语法项目之一。如表3-8所示。上海英语高考翻译测试对连词和并列句的考查主要集中在以上几个句型。

例10. 不要喝太多含糖饮料,否则会发胖。(or)(2018年春考)

Don't drink too much sugary drinks/ sugared beverages, or you will be easy to gain weight.

表3-8　提示词为连词或并列句的高考翻译考点分布

序号	提示词	高考时间	序号	提示词	高考时间
1	or	2003年秋考	4	not... but...	2007年春考
2	or	2005年秋考	5	neither... nor...	2012年春考
3	so	2005年秋考	6	or	2018年春考

3.3.6　以状语从句为主的考点

综观历年上海高考翻译，几乎所有句子都不同程度涉及复合句，而状语从句几乎是必考句型。状语从句有时间、地点、原因、结果、方式、条件、让步、比较、目的状语从句，它的位置比较自由，可以在句首或句末。高考翻译题要特别注意以下几种情况。

（1）常考查的时间状语从句连接词有once（一旦）、when（当……）、not ... until...（直到……才）、every time（每当……）、no sooner... than ... / hardly ... when... / the moment ... / as soon as（一……就……）等。某些时间状语从句由the first time、each time、every time和the moment 等词组引导，它们既有实在的意思又有连词的作用，无须再与其他连词连用。

（2）-ever引导的让步状语从句翻译：这组词包括however、whatever、whenever、wherever 等，看到中文里有“无论……/不管……”就要考虑用该句型；此外，表示“无论……”的状语从句可以翻译成wh-ever 或no matter + how / what / when / where引导的结构。

（3）某些条件状语从句表达为the more..., the more...句式。当汉语句子有“越……，越……”的时候，就要考虑用这个句式。翻译这种句式时，the后面可以加上形容词或副词的比较级，或是形容词的比较级+所修饰的名词，然后再是句子的陈述句语序。

（4）结果状语从句在翻译中常考查的结构有so... that ...和such...that ...，均表示“如此……以至于……”。so与such的词性不同决定了两者引导的结构有所差别，常用的有：so+形容词/副词+that从句；so+形容词+不定冠词或零冠词+名词+that从句；such+不定冠词或零冠词+形容词+名词+ that从句。

检测状语从句的运用能力，主要是考核连接词的使用能力。状语从句几乎是高考翻译题必设的考点，涉及表示时间、条件、让步等的从属连词。以连词为主的考点必须注意正确判断所给连词在句中所表示的关系及正确运用状语从句等语法知识，合理组织句型结构，注意前后时态关系。

例11. 你的网站内容越实用，使用起来越方便，就越有可能成功。（the more..., the more...）（2017年春考）

The more practical contents your web offers and the more convenient it is to use them, the more likely it is to succeed.

如表3-9所示。

表3-9　提示词为状语从句的高考翻译考点分布

序号	提示词	高考时间	序号	提示词	高考时间
1	once	2000年秋考	17	until	2011年春考
2	as far as	2001年春考	18	the moment	2012年春考
3	before	2001年秋考	19	as...as...	2013年秋考
4	unless	2002年秋考	20	for fear	2014年秋考
5	so...that...	2003年秋考	21	the first time he made a speech/ when he made a speech for the first time	2015年春考
6	if...	2004年春考	22	where	2015年春考
7	not...until...	2004年春考	23	in order that	2015年秋考
8	although	2005年春考	24	as far as I know	2016年春考
9	when	2007年秋考	25	although/ though/ even though Mary is only ten (years old)	2016年春考
10	no matter ...	2007年秋考	26	no matter	2016年春考
11	before	2008年春考	27	The moment...	2016年秋考
12	so... that...	2008年春考	28	the more..., the more...	2017年春考
13	although	2008年秋考	29	until	2018年秋考
14	because	2009年春考	30	when	2020年春考
15	when	2010年春考	31	when	2020年秋考
16	once	2010年秋考			

3.3.7 以名词性从句为主的考点

在复合句中，有些从句的作用相当于名词，可以充当主语、表语、宾语或同位语，分别称为主语从句、表语从句、宾语从句或同位语从句。这些从句统称为名词性从句(nominal clause)。引导名词性从句的有从属连词、连接代词、连接副词等。从属连词包括that、if、whether、as if、as though等，起连接主从复合句的作用，在从句中不充当成分。连接代词有which、whichever、what、whatever、who、whoever、whom、whomever、whose，在连接句子的同时，还起代词的作用，一般在所引导的从句中充当主语、宾语、表语或定语。连接副词有where、when、how、why等，在连接句子的同时，还起副词的作用，一般在所引导的从句中充当状语。

主语性从句就是从句作句子主语，一般放在句首。名词性从句作主语通常视为单数，谓语用单数形式。翻译时关联词的选择同宾语从句一致，主要从中文意思着手，结合句子成分来判断。

与先行词同位或同等的从句称为同位语从句，具体说明先行词的内容。同位语从句与定语从句的中文很相似，有时也有“的”结构，但是用法不同。同位语从句也位于相应的名词后，和定语从句不同的是：同位语从句是对前面的名词进行解释，说明“事实、消息、想法、许诺”等具体内容，用that连接，且that不能省略。同位语从句中常用的先行词有belief、conclusion、decision、discovery、evidence、explanation、fact、hope、idea、information、news、opinion、order、possibility、principle、problem、promise、reason、reply、report、truth、thought等。同位语从句通常由that引导，但whether、when、where、what、why、how等连接代词和连接副词也可以引导同位语从句。

宾语从句的位置在动词和介词后面，从中文中可以很容易地做出判断，例如“某人说、问、告诉、承认、承诺……”等。翻译宾语从句时要注意主从句时态一致以及宾语从句中要用陈述句语序。表语从句位于系动词之后。高考测试对表语从句考查不多。

例12. 这个游戏的独特之处在于它让孩子学会如何应对现实生活中的问题。(what)(2015年秋考)

What makes the game unique is that helps children learn how to cope with problems in real life.

如表3-10所示。

表3-10 提示词为名词性从句的高考翻译考点分布

序号	提示词	高考时间	序号	提示词	高考时间
1	news that	2003年春考	4	whether I get this type of	2013年春考
2	whether...	2006年秋考	5	the idea...	2014年春考
3	whatever	2011年秋考	6	what	2015年秋考

3.3.8 以定语从句为主的考点

定语从句(attributive clause)是由关系词(关系代词或关系副词)引导的从句。顾名思义,其作用是作定语修饰主句中的名词、代词等,相当于形容词,所以又称为形容词性从句,一般紧跟在它所修饰的先行词后面。被定语从句修饰的词叫先行词,引导定语从句的词叫关系词。

定语从句分为限制性定语从句和非限制性定语从句。非限制性定语从句与先行词的关系不如限制性定语从句与先行词的关系紧密,没有它,主句的意思也清楚且完整,因此用逗号隔开。关系词在非限制性定语从句中的用法与在限制性定语从句中的用法基本一样。定语从句在高考翻译中也是考查的重点,因此有必要掌握其难点。提示词为定语从句的高考翻译考点分布,如表3-11所示。

表3-11 提示词为定语从句的高考翻译考点分布

序号	提示词	高考时间	序号	提示词	高考时间
1	the reason why	2004年春考	4	whose	2019年春考
2	who	2012年春考	5	as	2020年春考
3	whose	2013年春考			

3.3.8.1 关系代词

关系代词包括who、whom、whose、which和that。其中,that可以指代人和物,who只能指代人,而which只能指代物。whose可以指人也可以指物,但它是形容词,表示从属关系"……的",后面要接名词。whose引导的定语从句还可以转变为"of which / whom + the + 物/人"或"the + 物/人+ of which / whom"的结构。关系代词在从句中作宾语时可以省略,从句的位置一般在所限定或修饰的名词之后,具体用法如表3-12所示。

表3-12 关系代词使用方法

关系代词	对象	在从句中的作用	例句
that	人、物	可充当主语或宾语	The student that answered the question was John.回答问题的学生是约翰。 The book (that) you lent me was interesting.你借给我的那本书很有趣。
which	物	可充当主语或宾语	Football is a game which is liked by most boys.足球是大多数男孩喜欢的游戏。 This is the pen (which) he bought yesterday.这是他昨天刚买的钢笔。
who	人	可充当主语或宾语	A doctor is a person who looks after people's health.医生是照顾病人的人。 The man (who) you met just now is my friend.你刚才遇到的那个人是我朋友。
whom	人	只可充当宾语	Mr. Ling is just the person (whom) I want to see.凌先生恰巧就是我想见的那个人。
whose	人、物	充当定语	He has a friend whose father is a doctor.他有个朋友,爸爸是医生。 Please pass me the book whose cover / of which the cover is green.请把那本绿色封面的书递给我。

例13. 与手册上说的一样,这里的司机都有礼让行人的习惯。(As)(2020年上海春考)

As is said in the brochure, the drivers here have the habit of giving way to pedestrians.

3.3.8.2 关系副词

常见的关系副词有where、when、why,分别充当地点状语、时间状语和原因状语,且不可省略。关系副词还可以转换为"介词+关系代词"的结构: why = for which (先行词一般是reason)；where = in/ at/ on/ ... which（介词同先行词搭配)；when = during/ on/ in/ ... which（介词同先行词搭配)。具体用法如表3-13所示。

表3-13 关系副词使用方法

关系副词	指示对象	作用	例句
when	时间	状语	I'll never forget the days when I worked together with you.我从来没有忘记和你一起工作的日子。 The time when we got together finally came.我们相聚的日子终于来了。
where	地点	状语	This is the mountain village where I stayed last year.这是我去年待过的小山村。 The house where I lived ten years ago has been pulled down.我十年前住过的房子拆了。 Shanghai is the city where I was born.上海是我出生的城市。
why	原因	状语	Please tell me the reason why you missed the plane.请告诉我你误机的原因。 I don't know the reason why he looks unhappy today.我不知道他今天不快乐的原因。

3.3.9 以特殊句型为主的考点

3.3.9.1 "It"句型

"It"用法及其句型和固定搭配，是高中英语语法的重点、难点，也是高考翻译的常设考点。这类考题一般以两种形式出现：一类是给出括号中的提示词"(It...)/(...it...)"；另一类是虽然没有给出提示词，但分析题目之后会发现该题仍测试"It"的用法。高考翻译题以"It"用法为主的考点主要集中在以下几个方面。

(1) 作形式主语。括号里的提示词一般为"(It...)"，常用句型结构为：It is/was + adj. +of/for sb. to do sth.。

(2) 作形式宾语。括号里的提示词一般为"(...it...)"。是否需要用形式宾语翻译往往取决于句子中的动词，含有以下动词的句子可以考虑使用形式宾语来翻译：think、feel、find、keep、make、hate、love、take、appreciate等。

(3) 强调句型"it is/was...that..."。用强调句型翻译时，中文里一般会出现"是……""正是……"之类的提示语，括号里若给提示词，一般也为"(It...)"。

(4) 固定句式。固定句式中的"It"也经常作形式宾语,其中包括:It is said/ believed/ reported/ estimated...that..., It (so) happened that..., It seems that..., It is likely that..., It (never) occurred to sb. that .../, It is known (to sb.) that... 等。

例14. 正因为她按部就班地实现了每一个短期目标,才会在科学领域不断有所突破。(It) (2017年春考)

It is because she realized each short-term target as planned that she could continuously make breakthroughs in science.

如表3-14所示。

表3-14 "It"句型的高考翻译考点分布

序号	提示词	高考时间	序号	提示词	高考时间
1	It...	2002年春考	6	It	2011年春考
2	It...	2003年秋考	7	It	2012年秋考
3	...it...	2004年秋考	8	It	2017年春考
4	It...	2006年春考	9	It	2017年秋考
5	It	2007年春考			

3.3.9.2 倒装句

倒装句是英语中常见的用法,意在说明被倒装部分的重要性,某些时候也起到强调或惊叹作用。英语倒装句可分为完全倒装和部分倒装,两种倒装句的用法大相径庭。完全倒装结构需把表示方向、地点和时间的副词、介词短语置于句首,无须在主语前添加助动词,这种表述常见于口语对话中,英语书面语种较少出现这种用法。部分倒装句是指谓语的一部分(助动词、情态动词或be动词)置于主语之前。

自2001年起,以倒装句型为主的考点成为高考翻译题的常设考点,关于倒装句型的考核每年在语法或翻译题中轮流出现。在高考翻译题中,测试倒装句型一般以部分倒装为主,并且会给出明显的提示词,提示词一般是将含有否定意义的词如Never、Seldom、Little、Hardly、No sooner等或Only或So等放句首大写。因此,是否需要用倒装句型翻译,取决于提示词的性质和句意的需要。用倒装句型进行翻译时必须注意正确运用倒装句型的语法规范、句型结构和句中的时态用法、前后呼应关系。

例15. 她一看完那个关于已灭绝物种的电视节目，就立志加入野生动物保护组织。(No sooner) (2013年秋考)

No sooner had she finished watching that programme about those extinct species than she decided to join the Wildlife Conservation Organization.

如表3-15所示。

表3-15　倒装句的高考翻译考点分布

序号	提示词	高考时间	序号	提示词	高考时间
1	Never	2001年秋考	5	No longer	2011年秋考
2	There be	2003年春考	6	No sooner	2013年秋考
3	So	2006年秋考	7	so	2019年春考
4	there be	2010年秋考			

3.3.9.3　固定搭配

高考翻译试题中经常会设置一些考生非常熟悉的句型结构作为考点。这些句型结构本身并不难，但考生在对所提供的中文原文进行一定的分析之后才能真正用好用对。要熟练把握这一考点，必须熟悉英语中常见的句型结构及其含义，并熟练掌握常见句型结构在语境中的用法。

例16. 为了让妈妈睡个好觉，小王把水槽和碗橱擦得干干净净。(in order) (2020年秋考)

In order to ensure his mother's good rest, Xiao Wang washed the sink and the kitchen ware clean.

如表3-16所示。

表3-16　固定搭配的高考翻译考点分布

序号	提示词	高考时间	序号	提示词	高考时间
1	too...to...	2004年秋考	9	What an exciting moment/ How exciting a moment	2014年春考
2	not...at all	2005年春考	10	There is no doubt/ No doubt	2015年春考

续表

序号	提示词	高考时间	序号	提示词	高考时间
3	To...	2006年春考	11	too...to...	2016年秋考
4	as...as...	2009年秋考	12	when it comes to	2018年春考
5	than	2010年秋考	13	How	2019年秋考
6	Why	2011年秋考	14	as... as...	2019年秋考
7	It's no wonder/ No wonder	2013年春考	15	in order	2020年秋考
8	too... to...	2013年春考			

3.4 高中生汉英翻译的常见错误

词汇的运用能力是高考英语翻译题考查的基本技能之一。对词汇的考查不但体现在是否能准确地用英语来表达汉语的原意，更体现在是否能够灵活地运用词汇的搭配来进行翻译。因此，在翻译每个句子时，首先需要确定用到的主要动词或动词词组，然后再选择相应的搭配和恰当的修饰词。考生尤其要注意准确运用每个句子给出的提示词，思考其对应的中文以及相应的表达方式或搭配，再根据中文句子，选择适合本句的时态、语态等。高考翻译往往考查常用的动词、名词和形容词搭配。

高中生做汉译英，一般先关注语法是否正确，其次关注表达是否到位，如此的翻译心理很容易让他们跌进“中式英语”的陷阱。高中生误译的根源究竟在哪里？为什么高中生误译往往惊人地相似？刘宓庆教授在《中西翻译思想比较研究》一书中指出，汉语不同于西方语言的最大本质在于汉语遣词造句靠的不是语法框架，而是“意念主轴”的心理引导。分析不少高中生所犯的带有趋同性的英语理解和表达错误，很明显看出，汉语意合思维与形似误导与“意念主轴”的思维轨迹不谋而合，这是造成中学生误译的一大根源，也是“中式英语”的主要原因。以下的例句是笔者在多年高中教学中收集的高中生日常翻译练习中常见的问题句，这些问题要特别引起注意。

3.4.1 搭配问题

经常出现的搭配包括名词搭配、动词搭配、形容词搭配。由于词法知识欠缺、用法不熟练,高中生在汉英翻译的时候常常搭配不准确,造成错译。

3.4.1.1 名词搭配

例17. 为了纪念那些勇敢的消防战士,一部电影即将开拍。(memory)(2009年秋考)

错译:To memory those brave firemen, a film will be made soon.

参考译文1:A film will be made soon in memory of those brave fire fighters.

参考译文2:A film in memory of those brave fire fighters will be shot soon.

分析:本句的提示词memory是名词,意为"记忆,回忆"。错译案例中,学生把该词的词性混淆为动词,其实这个名词的动词应该是memorize。而原句中"为了纪念"相对应的词组是in memory of。

例18. 我向她请教,她总是有求必应,而且解释得令我十分满意。(satisfaction)(2006年春考)

错译:Much to my satisfaction, she is always ready to help and explain whenever I ask her for help.

参考译文:Every time I ask her for advice, she is ready to help and explains to my full satisfaction.

分析:错译句乍一看没有问题,但其实该考生的处理方式曲解了原意。much to one's satisfaction的确是令人十分满意的意思,但是原文中作者满意的是她的解释,并不是"有求必应"和"解释"这两个行为。学生翻译时务必认真审题,弄清句子的结构和逻辑关系,切勿急于落笔。

例19. 地方政府应当采取什么样的措施来维持物价的稳定呢?(measure)(2020年浦东新区二模)

错译:What action should the local government take to measure goods' prices?

参考译文:What measures should the local government take/adopt to keep the prices of the goods stable/ steady?

分析:提示词"measure"作动词表示"测量,衡量";作名词其中一个含义为"措施","采取措施"的动宾搭配为take/ adopt measures。错译句中,考生没有理解提示词的用意,所以用take action代替了,其实两者有细微差别,前者应译为"采取行动”。此外，measure goods’ prices 的意思为衡量物价，而“……的稳定”应表述为keep sth. stable/ steady 或 stabilize sth.。

例20. 后悔虚度光阴有意义吗？（point）（2020年普陀区一模）

错译：Is there any point to regret wasting/ having wasted time?

参考译文：Is there any point regretting wasting/ having wasted time?

分析：提示词考查“there is no point doing sth.”句型，错译版本中把“there is no need to do sth.”与其混淆了。该句是比较特殊的汉语无主语结构，学生在应对这种结构时往往分析不出准确的逻辑主语，因此可以考虑利用英语的特殊句型转换。

3.4.1.2 动词搭配

例21. 学生们一致认为应该将更多的时间投入自己的兴趣爱好中。（devote）（2016年春考）

错译1：All the students agree to devote more of their time in their own interests and hobbies.

错译2：All the students agree that they should devote more of their time to develop their own interest and hobbies.

参考译文：The students all agree that more of their time should be devoted to their own interests and hobbies.

分析：该句考查学生对及物动词devote的掌握。其主要搭配是devote... to...把……用……；devote oneself to/ be devoted to献身于，致力于。这两种搭配中的to均为介词，后跟名词性成分。在错译1中，该学生记错了devote的动词搭配；而错译2中，该学生把介词to混淆成了动词不定式的标志。因此要提醒诸位学生，在记单词词组时一定要区分清楚。

例22. 相对而言，一个国家融入全球金融体系对其发展大有裨益。（engage）（2020年浦东新区三模）

错译：Contrarily, it is beneficial for a country’s development to engage global financial system.

参考译文：Relatively speaking, engaging in/being engaged in the global financial system does great benefit to a country’s development.

分析:本句提示词engage对应的是"融入",即"参与其中"。可以使用engage in sth.或be engaged in sth.两种方式来进行翻译。错译句中,学生弄错了engage动作的主体,应是"一个国家",而非"全球金融体系"。

例23. 一旦你养成了坏习惯,改掉它是很困难的。(once)

错译:Once you get into a bad habit, it is very difficult/ hard for you to get out it.

参考译文1:Once you develop/ form/ get into a bad habit, it is very difficult/ hard for you to get out of/ get rid of /abandon/ break it.

参考译文2:Once developing/ forming/ getting into a bad habit, you'll find it difficult/ hard to get out of/ get rid of /abandon/ break it.

分析:本句提示词尽管不是动词,但是错译学生在翻译"改掉"的时候,想当然使用get out短语,而"改掉"应翻译为get out of或者break、get rid of、abandon等。

例24. 做早操能够使人们降低血压,头脑灵活,提高效率。(Doing...)

错译:Doing morning exercises can decrease one's blood pressure, improve one's mind and arouse one's efficiency.

参考译文:Doing morning exercises can reduce one's blood pressure, sharpen/ refresh one's mind and improve/ raise one's efficiency.

分析:decrease只指数量上减少,降低血压不能使用decrease,应使用reduce;提高效率应使用improve或者raise,arouse是激起、激发某种情感。

例25. 他感到遗憾的是,为了完成这个研究,他连陪女儿的时间都没有。(company)

错译:He feels a pity that in order to finish the research, he has no time to company his daughter.

参考译文:He feels it a pity that in order to finish the research, he has no time to keep his daughter company.

分析:本句考查it作形式宾语的句型:" v.(think、believe、suppose、consider、feel、make、keep, etc.)+ it + adj./n.(for/of)to do / clause。"本句的真正宾语是that从句。在feel sth. a pity中,a pity作为宾补而非宾语,错译句将pity当作句子的宾语。

例26. 鉴于他伤情严重,医生建议立即手术。(suggest)

错译:Given that he was seriously injured, the doctor suggested him to have an operation immediately.

参考译文：Given that he was seriously injured, the doctor suggested (that) he (should) have an operation immediately / an immediate operation.

分析：在下列动词后的宾语从句中，谓语动词用虚拟语气"（should）+动词原形"，表示建议的有 suggest、propose、recommend、advise，表示主张的有 insist、maintain、hold、urge，表示要求的有 ask、request、require、demand、desire、prefer、arrange，表示命令的有 order、command。本句提示词 suggest 表示"建议"时，用法有这几种：suggest（that）sb.（should）do sth.；suggest doing sth. / suggest sth.。不存在错译版本中的 suggest sb. to do sth.的用法。

3.4.1.3 形容词搭配

例27. 演出以一段五十多岁的人耳熟能详的经典音乐开始。（familiar）（2013年秋考）

错译: The performance started with a piece of music which is familiar with people in their fifties.

参考译文: The show started with a piece of music familiar to people in their fifties.

分析：提示词 familiar 的搭配主要有 sb. be familiar with sth. 和 sth. be familiar to sb.，学生看见提示词后应该先思考其对应的中文表达，即"耳熟能详"，也就是"为人所熟悉"。只要学生能灵活转换，并储备上述两种搭配，就不难得出正确答案。

例28. 我习惯睡前听点轻音乐。（accustomed）（2014年秋考）

错译：I am accustomed to listen to some light music before sleep.

参考译文：I am accustomed to listening to some light music before sleep.

分析：提示词 accustomed 表示习惯做某事的搭配是 be accustomed to（doing）sth.，其中 to 是介词。错译句中，考生将 to 当作动词不定式的标志。

例29. 完善自我是一个抽象的理想，无法激励一些学生真正对抗惰性。（incapable）（2020年黄浦区一模）

错译：Self-improvement is an abstract idea, which is incapable to encourage students to fight against laziness.

参考译文：Self-perfection is an abstract ideal, incapable of motivating some students to actually struggle against laziness.

分析:提示词“incapable”译为“没有能力的”,其搭配为 be incapable of doing sth.。错译句弄错了搭配。此外,“ideal” 和“idea” 也有区别,前者作名词时表述为“理想”,后者则译为“点子”。

例 30. 抱怨太多作业是于事无补的,你不妨学学如何合理管理时间。(It's no use)(2018年闵行区一模)

错译:It's no use to complain about too much homework;you may as well learn how to manage your time properly.

参考译文:It's no use complaining about too much homework;you may as well learn how to manage your time properly.

分析:本句考查特殊句型 it is no use doing sth.,类似的表述还有 it is no good doing sth.。错译版本中把句型混淆了。

3.4.2 关系一致问题

在翻译中,既要有主谓一致,又要注意代词一致和名词单复数一致的问题。

3.4.2.1 主谓一致

例 31. 在线课程是否能满足不同层次学生的需求,尚不明朗。(it)(2020年闵行区二模)

错译:It is not clear that online classes can satisfy students of different levels.

参考译文:It is not clear / remains unknown / remains to be seen whether online courses can meet the needs/demands of / be tailored to the needs of students of different levels.

分析:英语表述时如果主语过长,常用 it 作形式主语,将从句置于句末,避免“头重脚轻”,即 It is (not) + adj. + that / wh-从句。关联词的选择取决于句子的意思,原句的意思是“能否”,应选择连词 whether。此外,satisfy sb.意为“令人满意”,与原句意思有出入;“满足某人的需求”应表述为:“satisfy / meet one's needs / demands”或“sth. be tailored to the needs of sb. ”。

例 32. 他已经退休七八年了,可他总是闲不住,还在积极从事社会公益活动。

(It)(2020年虹口区二模)

错译:It is seven or eight years since he has retired from work, but he is still busy, actively participating in social welfare activities.

参考译文:It is / has been seven or eight years since he retired from work, but he still keeps himself busy, actively participating in social welfare activities.

分析:It is / has been +一段时间+ since(其后使用一般过去时)表示“自……以来有……(时间)了”。错译版本中混淆了前后句时态。

例33. 我们所需要的是这样的科学家,他们能用通俗的语言解释复杂的问题,并且敢于就重要的事情提出自己的见解。(What)(2020年黄浦区二模)

错译:What we need is scientists who are able to explain complicated problems in plain words and have the courge to voice their opinions on important matters.

参考译文:What we need are scientists who are able to explain complicated problems in plain words and have the courage to voice their opinions on important matters.

分析:当主句是一个从句、一个动名词或不定式短语时, 谓语用单数形式;What引导主语从句时,主句谓语动词的单复数由表语的单复数决定;当名词作主语时,要注意它是单数意义还是复数意义,特别要注意以“s”结尾的名词,如politics、physics、mathematics等。

例34. 应该善待为国家做出巨大贡献的人,这样他们才能全身心投入工作。(in order that)(2020年松江区一模)

错译:Treat well those who make great contributions to the country in order that they can fully devote themselves to the work.

参考译文:Those who make great contributions to the country should be treated well in order that they can fully devote themselves to the work.

分析:祈使句有命令、要求的语气,与原文的口吻不符。原句没有交代主语,但可以把“做出巨大贡献的人”当作主语,利用被动结构加以转换,以代词those作为主语,who引导的定语从句修饰,来进行翻译。

3.4.2.2　代词一致

例35. 在某种程度上,这一新措施有可能缓解这个城市的交通堵塞。(possibility)(2020年崇明区二模)

错译:To some extent, there's a possibility to ease the traffic jam in this city with this new measure.

参考译文:To some degree/ extent, there's a possibility that this new measure will ease the traffic jam/ congestion in this city.

分析:如错译版本所示,经常有学生在possibility后接动词不定式,但在英文中并无此用法,只有possibility for / of doing sth.或者it is possible to do sth.。显然错译者没有理解提示词的用意。"possibility"是同位语从句中常见的先行词,连接词that后面的从句起解释说明的作用,不同于定语从句,"that"为同位语从句的连接词,在从句中不做成分。

例36. 听到2008年在北京举办奥运会的消息时,人们欣喜若狂。(news that)(2003年春考)

错译:The news that made people wild with joy was that the 2008 Olympic Games would be held in Beijing.

参考译文1:People became wild with joy at the news that the 2008 Olympic Games would be held in Beijing.

参考译文2:On / Upon hearing the news that the 2008 Olympic Games would be held in Beijing, people became wild with joy.

分析:错译版本中把提示词变成了定语从句,这么一来就改变了原句的意思,成了让人们欣喜若狂的消息是2008年在北京举办奥运会。与原文的侧重点不同,其实这句的考点是同位语从句,that说明news的具体内容。

例37. 如果能找到任何适合你的学习方法,你的学习效率就可能明显提高。(whatever)(2011年秋考)

错译:If you can find whatever suits your learning method, your learning efficiency is likely to improve significantly.

参考译文:If you can find whatever learning method (that) suits you, your study / learning efficiency is likely to improve remarkably.

分析:whoever、whomever、whatever、whichever这些词引导的名词性从句相当于带定语从句的名词词组,引导的名词性从句可充当主语和宾语。例如:We are willing to take whatever action is needed (= to take any action that is needed).如果不省略that，那么whatever learning method就是宾语，不是宾语从句。that suits you是定语从句，that作从句的主语，该定语从句的先行词是method。(whatever learning也是method的定语)所以可以保留that。错译版本中虽然在句式结构上没错，但是改变了原句的意思：任何适应你学习方法的东西。

例38. 如今的中国不再是一百年前的那个中国了，当时的中国积贫积弱，受人欺侮。(when)

错译：Today's China is no longer 100 years ago's China, when it was extremely poor and weak and bullied by other nations.

参考译文：China today is no longer what it was 100 years ago, when it was extremely poor and weak and bullied by other nations.

分析：虽然名词可以作定语，但"一百年前的中国"如果要用名词短语表述的话应改为China 100 years ago，或者用表语从句，即从属连词+主语+谓语的结构。错译版本中的100 years ago's China不符合英语表达习惯。根据句意，可以调整为what it was 100 years ago，这样也避免了重复出现China，而且还把关系副词替代的先行词交代清楚了。

例39. 春暖花开的四月是领略这个南方小镇美景的最佳时机。(when)(2020年秋考)

错译：It is the best time to enjoy the beautiful scenery of this southern town in April when the weather is warm and flowers are in boom.

参考译文：April, when the weather is warm and flowers bloom, is the best time to enjoy the beautiful scenery of this southern town.

分析：错译版本中运用了it is the best time to do sth.的句型，其中的动词不定式作time的定语，因此it不是形式主语，而是人称代词作主语，因此不存在it is the best time to do sth. ... when ...的结构。如果按照错译版本，主句部分就变成了"现在是领略这个南方小镇美景的最佳时机"。如果要保留这一句型，在句尾加上时间状语即可，如参考译文所示，原本when引导的时间状语改为修饰April的定语从句。也可改成利用when引导非限定性定语从句，改成April, when ... is the best time to do sth.的句型。此外，boom指(贸易和经济活动的)激增、繁荣，例如：繁荣的经济(booming economy);bloom无论是动词还是名词(be in bloom),都指开花、绽放。需要指出的是,bloom指地面开的花,树上开的花,例如樱花的开放一般用动词blossom。

3.4.2.3 单复数一致

例40. 在科学家和医护人员的共同努力下,治疗方法日趋完善,感染病毒的人数也大幅下降。(so that)(2020年嘉定区二模)

错译:Scientist and medical workers work together so that treatment methods are improved gradually and the number of people infected by the virus have dropped greatly.

参考译文:With the joint effort(s) of scientists and medical staff, treatments have been gradually improved so that the number of people infected with the virus has decreased significantly.

分析:提示词so that表示"以便",表述因果关系。错误案例中,考生没有梳理清楚中文的逻辑关系,病毒人数的大幅下降是因为科学家和医护人员协同努力和治疗方法完善的共同结果。此外"the number"作主语时,谓语动词应为单数形式。

例41. 能否抵御网络游戏的诱惑是摆在中学生面前的一道难题。(It)(2012年秋考)

错译:It is a difficult problem for high school students to resist the temptation of online games.

参考译文:It is a difficult problem for high school students whether they can resist the temptation of online games.

分析:本句考查it is +名词+从句的句型,其中it是形式主语,whether引导的从句是真正的主语。错译版本使用了it is +形容词+不定式的句型,虽然独立来看没有错,但不符合原句的句意。

例42. 事实证明,保持快乐的心态会降低得心脏病的风险。(It)(2019年普陀区一模)

错译:It proves that keeping a happy mind reduces the risk of heart disease.

参考译文1:It is proved that keeping a happy mind reduces the risk of heart disease.

参考译文2:Keeping a happy mind proves effective in lowering the risk of heart disease.

分析：prove作系动词时表示“显示出……；被发现……”，原句的“事实证明”虽然可以用这一用法来翻译，但应用“保持快乐的心态”作为主语。如用prove作及物动词来翻译这个句子，则使用被动语态。

例43. 为了人民的利益，他不顾个人安危冲进了着火的大楼。

错误：In the interest of the people, he rushed into the burning building with no thought for his own safety / without thinking of his own safety.

参考译文：In the interests of the people, he rushed into the burning building with no thought for his own safety / without thinking of his own safety.

分析：people是复数概念，所以用interests。

3.4.2.4　主语和逻辑主语一致

在中文里主语是不会影响谓语单复数形式的，但是英语就不同了，在高考翻译题中，就要注意就近一致的原则，它区别于插入语。非谓语在句中起到主语、状语和定语的作用，非谓语在句中做主语时，谓语动词要用单数；非谓语在句中做状语时，一般可以转化为状语从句；非谓语在句中做定语时，一般可以转化为定语从句。

例44. 当这首歌在今年艺术节上首发时，因为它节奏明快、风格诙谐而引发轰动，然而这只是昙花一现。（when）（2019年春考）

错译：When releasing for the first time in the art festival this year, this song caused a stir with its lively melody and humorous style, but it was out of fashion soon.

参考译文1: When this song was first released in this year’s art festival, it made a stir/ became a hit with its lively rhythm and witty style, but this was just in a flash.

参考译文2: When first released at this year’s art festival, this song caused a stir / became a hit with its lively rhythm and witty style, but it was only a nine days’ wonder.

分析：错译句中考生能想到用分词作状语是值得肯定的，但是在使用分词作状语的过程中要注意，其逻辑主语应与句中主语一致。在该句中，“release”的逻辑主语是this song，它与该动词直接的关系是动宾关系，因此应改成“released”。

例45. 发现他的车被偷了，他急忙向附近的一个警察求助。（ask for help）

错译：Finding his car stealing, he hurried to ask a nearby policemen for help.

参考译文：Finding his car stolen, he hurried to ask a nearby policemen for help.

分析：错译句里finding后接宾语his car，宾语补足语stealing，宾语补足语stealing的逻辑主语是宾语his car，这两者之间是被动逻辑关系，所以stealing应翻译为stolen。

例46. 在看了麦当劳的广告后，广告商们说服我们多买麦当劳的汉堡。

错译：After watching the ads of McDonald's, the advertisers persuaded us to buy more hamburgers of McDonalds.

参考译文：After we watched the ads of McDonald's, the advertisers persuaded us to buy more hamburgers of McDonalds.

分析：错译句子使用了非谓语watching，这是现在分词，应与其逻辑主语也就是句子的主语之间是主动的关系，表示广告商们看广告。然而实际上，句子表达的意思应该是消费者在看了广告后被广告厂商说服去买麦当劳的汉堡，所以应该把句子意思厘清并补充完整再翻译。

例47. 做自我介绍时，不必面面俱到，而要突出你的与众不同之处。(distinguish)（2020年青浦区一模）

错译：When making self introduction, there is no need to present / cover all the details about yourself, instead, highlight emphasize what distinguishes you from others.

参考译文：When introducing yourself, you don't need to present / cover everything; instead, (you should) highlight / emphasize what distinguishes you from others.

分析：错译版本中使用了"there is no need"来体现"不必"之意，但忽略了自我介绍的逻辑主语，造成了"垂悬分词"。既然要用分词做时间状语，不如添加逻辑主语，而做自我介绍的逻辑主语就是"you"。

3.4.3 连接词问题

3.4.3.1 连接词重复

中文连词可以成双成对地使用，但在英语中只能使用其中一个英文连词。让步状语从句中，表示"尽管……但是……"的常用连接词有though、although、while，这三个连接词也可以转换成形容词/副词/名词/分词/动词+ as / though +主语+谓语的倒装结构。例如：Child as / though he is, he knows a lot。此外，even if与even though也常引导让步状语从句，区别在于前者表示"即使"，后者表示"尽管"。表示"无论……"

的连接词有whoever、whichever、whatever、whenever、wherever、however，这些连词相当于no matter + wh-。

例48. 尽管这些产品价格昂贵，但经久耐用，永不过时。(as)（2020年金山区二模）

错译：Expensive as are these products, but they last long and remains fashionable.

参考译文：Expensive as these products are, they last long and never go out of style.

分析：提示词暗示本句考查让步状语的倒装结构，错误案例中学生虽然明白考查知识点对应的中文含义，但是没有记清倒装句结构，这里的倒装其实是把形容词前置，as后的句序还是陈述句句型；而且连接词不能重复。

例49. 我决心已定，无论你怎么劝我，我也不会同意放弃这个通过夜以继日的努力工作才获得的机会。(however)（2020年崇明区一模）

错译：I have made a decision; however you try hard to persuade me, but I won't agree to give up the opportunity I got after working hard day and night.

参考译文：I have made up my mind; however hard you try to persuade me, I won't agree to give up the opportunity I got after working hard day and night.

分析：提示词however引导让步状语表示“无论怎样”，但当它修饰形容词或副词时要和所修饰的词一起提前，而且连接词只能使用一个，不能重复。

例50. 如果从现在起你比以前更努力，就能提前完成这项工作。

错译：If you work harder than ever from now on, and then you can finish the work ahead of time.

参考译文1：If you work harder than ever from now on, you can finish the work ahead of time.

参考译文2：Working harder than ever from now on, you can finish the work ahead of time.

参考译文3：Work harder than ever from now on, and you can finish the work ahead of time.

分析：If连接条件状语从句，and连接并列句，不能同时使用两个这样的连接词连接这两种句子，应删掉一个；或者不用连接词，使用非谓语表示条件。

例51. 如果你不想错过这个在美国学习的机会，请尽快和那所大学联系。(Now

that）

错译：Now that you don't want to lose the chance to study in America, so please contact that university as soon as possible.

参考译文：Now that you don't want to lose the chance to study in America, please contact that university as soon as possible.

分析：在做翻译题时，要注意 and、so、but 等并列连词不能和引导复合句的从属连词合用；两个句子并列，不能仅仅以逗号来连接，必须用相应的连词。

3.4.3.2 连接词缺损

例52. 她感觉太无聊了，于是把这本杂志从头到尾看了一遍。（So）（2020年松江区一模）

错译：So bored she was read the magazine from the beginning to the end.

参考译文：So bored did she feel/ was she that she read the magazine from cover to cover.（= She felt so bored that she...）

分析：错误案例中，根据提示需将 So 置于句首进行翻译。当 so ... that... / such... that ...引导的结果状语从句中的 so / such 位于句首时，主句要部分倒装。此外，如同错译的这名学生一样，许多学生会遗漏连接词或从句中的主语，需多加注意。

例53. 真人秀的影响力是如此之大，以至于它可以让普通人一夜成名。（Such）

错译：Such influential is the reality show it can make common people famous overnight.

参考译文1：Such a big influence does a reality show have that it can make an ordinary person famous overnight.

参考译文2：Such is the influence of a reality show that it can make an ordinary person famous overnight.

分析：如前文所述，such 修饰的根本是名词性成分，so 才可单纯修饰形容词或副词，错译句中考生将两者混淆，且遗漏连接词。

例54. 这对夫妇刚要吃饭，门铃就响了，是女儿送给他们的纪念日鲜花到了。（Scarcely）（2020年长宁区二模）

错译: Scarcely had the doorbell ring, the couple started to eat, and it turned out to be the flowers from their daughter for their anniversary.

参考译文：Scarcely had the couple started to eat when the doorbell rang, and it turned out to be the delivery of the flowers from their daughter for their anniversary.

分析：提示词首字母，考生要注意是否考查倒装句，scarcely...when...表示"一……就……"，翻译时要注意前后顺序，应该把先发生的动作放在scarcely之后，后发生的置于when的后面。因此，在时态上为表示先发生要用过去完成时，后发生的则用一般过去时。类似的用法还有hardly... when...及no sooner...than...。这三种句型都采用部分倒装，把过去完成时中的had放在主语前。错误案例中，把前后位置互换了，改变了原句的意思，但即便是按照错误案例中的方法，也应该把ring改成过去分词rung，和had构成过去完成时，并且加上连接词when。

例55. 饮食营养均衡，你的头发就会健康而有光泽。(Have...and)

错译：Having a balanced diet will make your hair healthy and shiny.

参考答案：Have a balanced diet and your hair will be healthy and shiny.

分析：提示词考查学生是否掌握条件句的转换形式。含有if引导的条件状语从句的句子可转换为"祈使句+ and +陈述句"的结构。错误案例的译者显然没有理解提示词的用意。条件状语从句在翻译中常考查的连接词有if(如果)、unless(除非)、as / so long as(只要)。在翻译此类从句时尤其要注意，如果中文表达的是将来含义，那么条件状语的主句要用一般将来时，从句则是一般现在时，即所谓的"主将从现"。

例56. 少喝含糖的饮料，否则你会容易发胖。(or)(2018年上海春考)

错译：Drink little sugary drinks/sugared beverages. Or you are likely to gain weight.

参考译文：Don't drink too many sugary drinks/beverages, or you're likely to gain weight.

分析：提示词or是连词，连接两个句子，表转折。错译版本中一个复合句分隔成了两个单句，既不符合高考要求，也不符合语法规则。这个中文原句乍一看是没有主语的，但从后半句可以看出，其主语就是you，因此这句话就可以利用祈使句来翻译。

例57. 正是这次经历才让我明白，我不应该太过忙碌而错过生活的恩赐。(It)(2019年浦东新区一模)

错译：It was the experience enabled me to realize that I shouldn't be too busy to miss the gifts / blessings that life brings to me.

参考译文：It was this experience that enabled me to realize that I shouldn't be so busy as to miss the gifts / blessings that life brings to me.

分析：强调句句型it is+需强调的部分+ that 缺一不可，且去掉前后结构后，需强调的部分与从句部分可以直接连接构成完整的句子。错译版本中缺少了that。

3.4.3.3 连接词误用

例58. 她能够在如此短的时间内迎头赶上是因为她为了复习放弃了很多课余爱好。(why)

错译：The reason why she could catch up with others in study within such a short period was because she gave up a lot of after-school hobbies to review.

参考译文：The reason why she could catch up with others in study within such a short period was that she went over lessons at the cost of giving up many after-school hobbies.

分析：先行词reason引导的定语从句通常由关系副词why或者for which + 从句构成，错译版本中的学生受到母语的干扰，把后面的原因译成了because引导的原因状语从句，其实这部分在英语当中所对应的是表语从句，因此要牢记这个句型结构：The reason why... is/ was that...。

例59. 在上新课前，历史老师通过提问帮助学生复习上节课所讲的那位科学家和他的理论。(review)

错译：Before starting the new lesson, the history teacher helped review the scientist and his theory which they learned in the last class by asking the students questions.

参考译文：Before starting the new lesson, the history teacher helped the students review the scientist and his theory that they had learned about in the previous class.

分析：原句中"上节课讲的"修饰"那位科学家和他的理论"这两个并列的先行词。当先行词既有人也有动物或者物体时，定语从句只能由that来引导，错译版本中用了which。此外，前一节课的准确表述为in the previous lesson/class, in the last class，在本句的上下文中则只能理解为"最后一堂课"。还有，learn a theory是学习一个理论,但是不能说learn a scientist,只能用learn about表示了解。

例60. 几个月前举行的展览如同一扇窗,从这里,世界能看到这个古老的文明从哪里来,向何处去。(which)(2020年浦东区一模)

错译:The exhibition held several months ago was as a window, in which the world could see where the ancient civilization of this country came from and where it was going.

参考译文:The exhibition held several months ago was like a window, through which the world could see where the ancient civilization of this country came from and where it was heading.

分析:分析原句的逻辑关系,可以判断"从这里"中的"这里"指代的是"窗户",因此后半句与前句的逻辑关系是:人们透过这扇窗户可以看到××,英文中"透过……看"对应的表述为"see ... through",错译版本中没有注意介词与谓语的搭配,错误地把展览当作先行词。此外,as和like都有"像"的意思,区别是此时的as是连词,后面接句子;like是介词,后面接名词。当as作为介词时表示"作为"。

例61. 正如校长指出的那样,现在学生仍有很重的课业负担。(burden)

错译:Students still carry a heavy burden of school work at present, which is pointed out by the principal.

参考译文:As the principal pointed out/ As was pointed out by the principal, students are still burdened with school work at present.

分析:as和which引导非限制性定语从句,有相同之处也有不同之处。具体情况是:as和which都可以在定语从句中做主语或者宾语,代表前面整个句子。which还可指代主句中的某个词或短语。as引导非限制性定语从句,可放在主句之前,或者主句之后,甚至可以切割一个主句;which引导的非限制性定语从句只能放在主句之后,意为"这、这一点"。as有"正如……、正像……"的意思。错译版本中,用which引导非限定性定语从句,虽然在语法上成立,但却体现不出"正如"的意思,没有忠实于原文。

3.4.4 词语误用

在翻译题中,有时很容易用错动词,所造成的后果就是意思相差甚远或语法结构错误。目前,不少的学生在进行汉译英时,往往喜欢用电子字典等查阅翻译练习中的汉语所对应的英语单词,结果就造成了“中式英文”。

例62. 为了让妈妈好好休息,小王把水槽和橱柜擦得干干净净。(In order...)(2020年秋考)

错译:In order to let his mother have a good rest, Xiao Wang kept the water tank and cupboard neat.

参考译文:In order that his mother could have a good rest, Xiao Wang cleaned the sink and cupboard thoroughly.

分析:提示词考查目的状语从句的连词搭配。in order that / in order to 均表示“为了……”,区别是前者接从句,后者接动词不定式。错误案例中从句部分没出错,但在主句表达没有忠实于原文:keep sth. neat 译为“保持……整洁”,而要表达“擦干净”的动作,clean sth. thoroughly 更贴切。此外,water tank 是“水箱”的意思,“水槽”的正确表述为 sink。

例63. 昨晚小明很晚睡觉。(late)

错译:Xiao Ming slept late last night.

参考译文:Xiao Ming stayed up late last night.

分析:错译沿用了汉语的语言逻辑;根据英汉词典,“睡”是 sleep,“晚”是 late, sleep late 的意思是“睡过头,起床晚”。

例64. 我不知道为什么王夫人总爱发火。(wonder)

错译:I wonder why Mrs. Wang always likes to lose temper.

参考译文:I wonder why Mrs. Wang loses her temper easily.

分析:“爱发火”并不是真的“爱好”,而是“容易发火”。

例65. 真遗憾! 由于下雨,我用了两个多小时才到家。(pity)

错译:It is a pity that I spent over two hours to get back home because of the rain.

参考译文:It is a pity that it took me over two hours to get back home because of the rain.

分析:由于客观原因不得不用多少时间做某事,通常不用 spend。

例66. 据说这座桥的质量不是很好。(It)

错译:It's said that the quality of this bridge is not very good.

参考译文:It's said that this bridge was not well built.

分析:英美人对建筑物的质量一般不用quality一词。

3.4.5 冠词缺损

在翻译题中,冠词看似是一个很小的细节,但缺少了会使整个句子产生歧义或语法错误而导致失分。

例67. 要在一周内完成这项艰巨的任务是不可能的。(question)

错译:It is out of question to finish the difficult task within one week.

参考译文:It is out of the question to finish the difficult task within one week.

分析:out of question 意思是没有问题、毫无疑问;out of the question 指不可能的。

例68. 关于你迟到的问题我想要和你说句话。(word)

错译:I want to have words with you about you being late.

参考译文:I want to have a word with you about you being late.

分析:have words with you 意思是与你吵架;have a word with you 指和你说句话。

例69. 一般来说,老年人可以每天服用一些维生素来弥补营养的缺乏。(make up for)

错译:Generally speaking, old can take some vitamin pills every day to make up for the lack of nutrition.

参考译文:Generally speaking, the old can take some vitamin pills every day to make up for the lack of nutrition.

分析:有些固定词组中加冠词和不加冠词在含义上有所不同,如out of question/out of the question, go to hospital/go to the hospital, go to church /go to the church, in front of / in the front of等。

3.4.6 时态语态问题

时态在翻译题中是一个非常重要的考点,也是主要失分点之一,对于简单句和复合句有着不同的处理方法。较汉语而言,英语对于时间的体现更为精准——不同的时间对应不同的时态,有些和汉语相同,有的则大不相同。学生在翻译时很容易受到母语影响,一味地按照中文的思维套用时态,就容易出现不符合英语语法习惯的现象。当然具体选用何种时态还要视上下文语境而定。

3.4.6.1 一般时的错用

例70. 确保下次遇到潜在危机时,你不会反应过激。(make sure)

错译:Make sure you won't overreact the next time you come across a potential danger.

参考译文:Make sure you don't overreact the next time you come across a potential danger.

分析:make sure所引导的从句通常使用一般现在时或一般过去时(视主句时态确定)。类似的结构还包括see to it that,它与make sure意思相同,用法也一致。学生很容易看见中文里的时间状语“下次”误以为表示将来,从而使用将来时。

例71. 考试结束那一刻他感到身上背了几年的沉重包袱终于卸下了。(The moment)

错译:The moment he had finished the exam, he felt the burden he had had for years was taken down.

参考译文:The moment the exam was over, he felt as if the heavy burden (that/which) he had been carrying for years was lifted off his shoulders.

分析:时间状语从句的谓语通常使用一般时,随主句进行变化。又如: He got out of bed as soon as the alarm went off。

3.4.6.2 完成时的错用

过去完成时表示在过去某一时间或动作之前发生的动作或状态。

例72. 我本打算亲自登门拜访您,因有意外访客未能成行。(mean)

错译:I meant to call on you in person, but I failed to so due to an unexpected visitor.

参考译文:I had meant to call on you in person, but I failed to do so due to an unexpected visitor.

分析:在汉语中,过去的过去和过去没有明显的区分,因此不少学生会受到母语的影响选用一般过去时来处理。其实在英语中,为了强调登门拜访的想法发生在访客到来前,要用过去完成时来区分,即“过去的过去”。

例73. 到本世纪中叶,中国人均国民生产总值(GNP per capita)将达到中等发达国家水平，人民过上比较富裕的生活。(By ...)

错译：By the middle of this century, China's GNP per capita will reach the level of medium-developed countries and people's living standard will be moderately well off.

参考译文：By the middle of this century, China's GNP per capita will have reached the level of medium-developed countries and people's living standard will have been moderately well off.

分析：介词by所引导的时间状语从句，主语需要用完成时，如果从句是将来的时间，主句则用将来完成时，现在则用现在完成时，过去则用过去完成时。原文里提到的本世纪中叶是将来的时间点，故主句使用将来完成时。

3.4.6.3　主动与被动

受母语影响，不少学生会将汉语的逻辑思维迁移到英文中，却忽略了英文中不少单词的用法是特定的，主动表被动就是常见的一种。

例74. 上海迪斯尼乐园肯定会成为一个值得多次游览的旅游景点。(worth)(2016年虹口区二模)

错译：Shanghai Disneyland will surely become a tourist site that is worth to be visited repeatedly.

参考译文：Shanghai Disneyland will surely become a tourist site that is worth visiting repeatedly.

分析：本句考查worth的用法，按照汉语的思维，值得游览的逻辑主语是游乐园，所以在逻辑上很多学生会认为是“被游览”。但在英文中be worth doing本来就含有被动的意思。例如：The exhibition is worth visiting.这个展览值得一看。当然worth后也可以加名词，同样是“这个展览值得一看”，还可以翻译为：The exhibition is worth a visit.要强调的是，没有be worth to do / to be done这类表达。

例75. 大量阅读书籍有助于我们成长。(expose)(2017年春考)

错译：Exposing to a large number of books is helpful to our growth.

参考译文：Being exposed to a large number of books is helpful to our growth.

分析：本句考查expose的用法，该词原意为暴露，表达方式主要有sb. be exposed to sth./expose sb. to sth.。原文“大量阅读书籍”应理解为使人们接触到大量的图书。

错译版本缺失了反身代词ourselves。

3.4.7 句序问题

句子结构的平衡不仅是正确使用语法的体现,更是句子规范的体现。有时中文中可以用作主题的单词在翻译成英文表达时不可以用作主语,在这种情况下,必须对原文做进一步理解或对原文的语序做适当调整,从而找出适当的词作句子主语。当句子的词语、句型选择正确后,就要考虑句子顺序是否正确。

例76. 是什么让你放弃了这么稳定的工作,来到这个偏远地区保护野生动物?(it)(2018年崇明区一模)

错译:What it was that made you give up such a stable job and come to the remote area to protect wild animals?

参考译文:What was it that made you give up such a stable job and come to the remote area to protect wild animals?

分析:本句考查强调句型的特殊疑问句,错译版本中没有倒装,而且在疑问句中使用陈述句序,不符合特殊疑问句的格式。

例77. 只有发展好、运用好、治理好互联网,才能使其更好地造福人类。(Only)(2020年宝山区二模)

错译:Only by developing, using and governing the internet well, it can better benefit mankind.

参考译文:Only by developing, using and governing the internet well can it better benefit mankind.

分析:only引导方式状语放在句首,需要把主句倒装,从句无须倒装,且句子之间无须用逗号隔开。错译版本中没有把情态动词前置于主语前,且错误使用了标点符号。

例78. 登山运动的吸引力不仅在于运动员之间的激烈竞争,还体现在运动员与自然环境的抗争中。(which)(2020年浦东区二模)

错译:Not only does the appeal(attraction) of mountain climbing lie in the fierce competition between athletes, but also is reflected in the athletes' flight against the natural environment.

参考译文：Not only does the appeal (attraction) of mountain climbing lie in the fierce competition between athletes, but it is also reflected in the athletes' flight against the natural environment.

分析：not only... but also...句型如果倒装，but also后一定要注意不能遗漏主语。

例79. 直到他走出空调房才意识到今天有多冷。(Not until) (2016年闵行区一模)

错译：Not until did he go out of the air-conditioned room, he realized how cold it was today.

参考译文：Not until he went out of the air-conditioned room did he realize how cold it was today.

分析：Not until放句首，主句倒装，从句不倒装。错译版本中主从句倒装位置颠倒了，且不需要用逗号隔开。

例80. 那天傍晚我一走出校门就遇到了一个多年不见的小学同班同学。(No sooner ... than ...) (2016年长宁区一模)

错译：No sooner had I leave school that early evening than I encountered a primary school classmate I hadn't seen for ages.

参考译文：No sooner had I left school that early evening than I encountered a primary school classmate I hadn't seen for ages.

分析：在No sooner ... than ...、Hardly / Scarcely... when...、Not until... 、Not only ...等结构中，否定词位于句首，主句采用部分倒装语序。错译版本中虽然把had前置，但是忘记了had与从句中的动词leave构成过去完成时。这一个句型结构中由于强调时间先后，因此为表达过去的过去，主句用过去完成时，从句用一般过去时。

第4章／汉英翻译

4.1 翻译的性质

翻译是什么？中西方的翻译学者对此持有不同的见解，不同的见解会产生不同的翻译方法和策略。

宋朝法云（1088—1158）在其所编《翻译名义集》目序中指出："夫翻译者，谓翻梵天之语转成汉地之言。音虽似别，义则大同。"也就是说，翻译是将一种语言——源语（Source language）转换成另一种语言——目的语（Target language），而意义保持不变。英国学者约翰逊（Samuel Johnson，1709—1784）就翻译也有过类似的定义："to change into another language，retaining the sense。"随着时间的流逝，关于翻译的定义在保持上述框架的基础上，不断有新的内容增加。

美国著名翻译理论家尤金·奈达（Eugene A. Nida）在20世纪60年代末给翻译定义为：Translation consists in reproducing in the receptor language the closest natural equivalent of the source language，first in terms of meaning and secondly in terms of style.所谓翻译，是在译语中用切近而又最自然的对等语再现原语的信息，首先是意义，其次是文体。

1991年，我国翻译家刘重德提出："翻译不仅是一门有着自己的规律和方法的科学，也是一门再现和再创造的艺术。"不同的翻译工作者就这个问题给出了不同的答案，但这个问题并不会随着时间的流逝而变化。随着现代语言学的发展，各类应用语言学分支学科产生，用来翻译的工具越来越多，在新工具的帮助下，新的概念不断出现。但这很难改变翻译的本质，翻译就是在某一特定的社会环境内进行交流的过程，就是如何把原文中的意思恰当地在译文中表达出来。

4.2 翻译的原则

翻译的原则，即翻译的标准，是翻译实践的准绳和衡量译文优劣的尺度。18 世纪末，爱丁堡大学历史学系教授亚历山大·弗雷泽·泰特勒（Alexander Fraser Tytler）在《论翻译的原则》一书中提出了进行翻译和评价译作的三条基本原则。

（1）A translation should give a complete transcript of the ideas of the original work. 译文应完全复写出原作的思想。

（2）The style and manner of writing should be of the character as that of the original. 译文的风格和笔调应与原文尽量相同。

（3）A translation should have all the ease of the original composition.译文应和原作同样流畅。

1895 年，清末翻译家严复在《天演论·译例言》中提出的“信、达、雅”（Faithfulness, Expressiveness and Elegance）三字标准是我国翻译界的经典理论。他说：“译事三难：信、达、雅。求其信，已大难矣！顾信矣不达，虽译犹不译也，则达尚焉。……译文取名深义，故词句之间，时有所颠倒附益，不斤斤于字比句次，而意义则不倍本文。……至原文词理本深，难于共喻，则当前后引衬，以显其意。凡此经营，皆以为达；为达，即所以为信也。”

美国翻译家奈达在《翻译科学初探》一书中将读者（译文受众）这一因素引入翻译标准，提出了“动态对等”（dynamic equivalence），后来又提出“功能对等”（functional equivalence）作为补充。“对等论”强调读者反应，即译文读者对译文所产生的反应与原文读者对原文所做出的反应基本一致。“对等论”是奈达翻译理论的重要组成部分，在中国翻译界有相当广泛的影响。这与我国茅盾的“读者感受说”有异曲同工之妙。

茅盾（1954）在题为《为发展文学翻译事业和提高翻译质量而奋斗》的报告中指出：“文学的翻译是用另一种语言，把原作的艺术意境传达出来，使读者在读译文的时候能够像读原作时一样得到启发、感动和美的感受。”“对于一般翻译的最低限度的要求，至少应该是用明白畅达的译文，忠实地传达原作的内容。”也就是说，翻译要兼顾忠实和通顺。所谓忠实，是指译文要准确地表达出原文的思想、内容和语体风格。译者不得对原文进行任何篡改、歪曲、遗漏或任意增删。对译者来说，实现译文忠实于原作，首先要针对原文正确理解，吃透原文的词义、语法关系和逻辑关系。所谓通顺，是指译文语气须通顺易懂，符合规范，没有文理不通、晦涩难懂等现象。忠实与通顺相辅相成。忠实而不通顺，读者读起来困难，也就读不到忠言；通顺而不忠实，脱离原作的思想内容与风格，通顺也失去了作用，谓之胡译。

1979 年，刘重德教授结合个人的翻译实践，把翻译原则概括为“信、达、切”三原则，即“信于内容(be faithful to the content of the original)，达如其分(be as expressive as the original)，切合风格(be as close to the original style as possible)”，他分别从思想内容、语言表达和风格特征三方面为翻译者确立了努力的方向。刘重德主张翻译应以原作文本为中心。首先，他认为不同的语言能够表达相同的思想和情感，因为任何语言都是对现实的反映。人类生存环境与思维的共性使语言之间在语义与句法结构方面存在相似性，这就使语言之间的互译成为可能。其次，在谈到严复的历史贡献和英诗汉译对中国新诗的影响以及“欧化”现象时，刘重德肯定了翻译具备跨越文化樊篱，丰富大众的思想、文学和语言等多重功能。为了实现这些功能，译作必须尽可能地接近原作。最后，译者的创造不是随心所欲的，而是受到原作文本的限制。刘重德指出：“中外许多名家都承认翻译是一种创作或再创作，并容许在翻译过程中极端必要时进行一些再创造，但他有一个不可逾越的前提，那就是万变不离其宗，这个宗便是原作文本。”

4.3 翻译的过程

翻译的过程可以简单地概括为理解与表达。理解指分析原文，弄懂原文的确切意思；表达即指在译入语中把原文的意思说出来。不少语言学家从翻译的思维活动过程来描写翻译，尤金·奈达提出，将翻译过程分成三个阶段，即分析、转换、重建。所谓分析就是分析出原文的语义；转换是介于分析和重建之间的一个步骤，指译者把在大脑中分析好的语言材料从源语转换到目标语；重建是指译者把原文中重要的信息在译入语中表达出来。

理解主要通过分析原文，弄懂原文的意思。原文有词、短语、句子等语言单位，所以最基本的意义都是从这些最基本的语言单位中生成的。有的句子语义很清楚，但并不是所有的句子都如此清楚。有的句中每个词都简单易懂，但只看字面上的词并不一定有助于你理解句子的潜在内容，翻译人员在分析原文时就必须解析出字面上没有显露的意思。

Green一词基本意义是无文化差别的，但该词的象征意义就可能因文化不同而有差异。在西方股票市场，绿色代表股价上升；在中国股票市场则相反。主要原因是因为中国人喜欢红色，把红色设为上涨，按照规定，下跌要使用上涨的反色，所以中国的下跌是绿的。但根据西方传统，绿色代表安全，红色代表警戒，所以是绿涨红跌。在中国传统文化中，绿色的一种象征是低贱，如汉朝时的仆役戴绿帻，元朝以后凡娼妓都得着绿头巾，以示地位低下。西方文化中的绿色象征意义跟青绿的草木颜色有很大的联系，是植物的生命色。因此，词、短语、句子等语言单位会在原来的基本意义上衍生出其他意义。翻译工作者必须区别不同的意义。

不同的翻译工作者划分术语是不同的。本书将不同的语义分为所指意义、关联意义和结构意义三种。

所指意义：词或短语所指的事物的语义特征，被认为是词最基本的意义。所指意义比较确定。科技翻译大多涉及所指意义，不涉及情感之类的因素。换言之，语言的所指意义是用来描述客观世界的，不掺杂人对客观世界的情感及态度。

关联意义：产生于语言的大环境中，与社会文化有关联。随着社会文化的变化，关联意义也发生变化。Lie原来指恶意的谎言，但后来获得了新解释：可用来表示无恶意的谎言。为了区分，人们称前者为black lie，后者为white lie。Gay原意表示高兴，但后来获得了一个附加的意义，与同性恋有关。因此，要了解语言的关联意义，就应该放到大环境中考虑，因为一个语言单位的关联意义常常是从词的上下文，甚至是从语言之外的大环境而来的。关联意义不如所指意义那么稳定，在不同的语境中会产生不同的关联意义，甚至有时可能产生含义相反的关联意义。所以，译者最好能在译文中反映出这层关联意义。

结构意义：除了以上的所指意义和关联意义之外，语言本身的结构也有意义。一个句子选择不同的表达方式，效果也不同。因此，翻译人员在拿到译作后，必须分析原文，发现可能承载的意义，首先是所指意义，然后还要看是否有结构意义。分析原文既是翻译的第一步，又是最关键的一步。

所谓确切表达，即利用对目的语的驾驭能力，恰如其分地表达原文的思想内容、立场感情和风格笔调。这一阶段翻译工作者必须将所有分析理解的内容用目标语表达出来，译者要做的就是把前面提到的所指意义和关联意义在译入语中重现。说到确切表达，要防止两种倾向：过分表达和欠充分表达。所谓过分表达，即不顾原文本意如何，而任意添枝加叶；所谓欠充分表达，即或任意删减，或不问作者感情态度，或不考虑文体风格等。总之，在翻译过程中，不论是理解阶段还是表达阶段，难免有点遗漏或欠妥的地方。因此，我们还需进行校核，此乃使译文符合忠实、通顺的翻译标准所必不可少的一个步骤。

翻译的过程可能比文本的阅读更早开始，包括一般知识、语言技能和横向思维的建立。任何理论或教学讨论的第一阶段都是看我们读了什么，以及我们给阅读带来了什么先验知识。图式的概念，最早由Bartlett提出和发展，是指建立在记忆的基础上的、"字面上的重复和再生，每次我们制造它都有它自己的特点"(Bartlett，1932)。在某些层面上，翻译可能会变得自动化，特别是在年龄较大、经验丰富的翻译人员中，尤其是在受限领域的专业化情况下。虽然专家知识能帮助我们快速、顺利地得到正确的答案，但仍有大量的工作要做，还需要联系、操作和检查。大多数文本需要阅读新材料，需要一定程度的单词和句子水平的解码。图式的概念已经被用于阅读过程的理论和实验工作中，使研究人员能够建立有效阅读的模式。由于阅读是翻译的重要组成部分，我们可以将图式模式应用于翻译。阅读开始于——也只是开始于——对书页上的单词进行解码。它是一个复杂的信息处理活动，本质上不一定是线性的。阅读文本是一种互动的、不断发展的意义创造和操纵。如果这种情况发生在单语阅读中，对读者—译者来说，效果可能相似，但可能更复杂，因为他们的图式将是双文化和双语的。

句法、语义、词汇和正字法的线索，以及文本的布局和结构，提供了一个正式的图式。这是一个物理打印框架，读者在其中创建一个内容模式。内容模式是对文本的信息和隐含内容的理解。译者应用内容模式在目标语言新的形式模式框架内重新生成文本。"文本的精神和形式是不可分割的统一"和"译者需要通过吸收源文本的全部内容，包括其语言的所有特征，直至其最细微的颗粒来把握信息……"(金，2003)，这就是形式化的模式，最微小的粒子给了我们关于文本的关键信息。每一篇文章，无论写得多么语无伦次，结构多么不合逻辑，都有某种形式。文本的形状、大小、质地和组成部分为其含义和信息提供了最初的线索。标题会告诉我们这篇文章的意思。这或许是一个乐观的说法。通常,一个优雅、简洁的标题后面会跟一个冒号和一两个短语,它们会告诉你更多的信息。冒号有一个意思,它意味着“我实际上要写的是……”,即使在标题不是完全透明的情况下,它也是对意思的贡献,对作者的态度或性格的提示,有助于对作品的理解。

翻译中永远不会有共识,但所有的译者都有作为人的经验。随着年龄的增长,他们分享爱、工作、旅行、成就、失望、健康、悲伤和快乐的经历。作为语言学家,我们利用个人知识、记忆和经验——我们的图式——为这种情况提供正确的语言。我们可以有意识地发展这些图式,通过提高语言技能,实现对文本形式图式的仔细分析,并通过提高对世界的认识,为内容图式做出贡献。我们可以通过与同事的合作和反思实践,为翻译活动带来附加值。同乔姆斯基(1957)认为“普遍语法”是所有语言的共同核心一样,我们在翻译中也可以借鉴一个共同的核心。“翻译就是在两种语言的外部差异之下进行,以便发挥它们的相似性,并在最终的深度上发挥共同的存在原则”(施泰纳,1975)。

相同的信息内容可能会带来不同的言外之力,这取决于词语的选择和词语在句子中的位置。英语喜欢有结尾的分量,也就是说,我们把所有新的、令人兴奋的、令人震惊的消息都存到句子的结尾。它在日常语言中相当于戏剧悬念。当被要求将中文句子翻译成英文时,译者需要仔细观察作者的意图重点。

4.4 主要翻译方法

不同的人学习英语有不同的目的,有的人为了交际,有的人在于应用,而交际和应用的最重要形式就是翻译,不管口译或笔译都属于交际,都属于应用。但是,好的翻译离不开正确的翻译方法。通常翻译有直译法、意译法和混合译法。

4.4.1 直译法

所谓直译法(Literal Translation Approach),是指在译文语言条件许可时使译文的内容、表达形式和句法结构与原文都保持一致。简言之,比较遵照原文语言结构的译法就是直译法。纽马克(Newmark)在《翻译教程》中专门设定一章阐述直译的重要性。他认为:"直译是翻译的第一步,好的译者只有当直译明显失真或具有召唤信息功能的文本写得蹩脚时才放弃直译。"忠实于原文是翻译的基础,直译法最显著的优势是能够完整保留原文的艺术形态,清楚明了地表达源语的意思,在语言转化上难度低,可谓最高效的翻译方式。

直译强调逐字逐句地翻译,甚至非常贴近原文。在交际翻译和语义翻译中,只要翻译结果准确可靠,逐字直译不仅是最好的翻译方法,而且是唯一有效的翻译方法(Newmark,1981)。事实上,直译可以更好地帮助保存重要的文化信息。换言之,在翻译时,直译强调向读者传达一些独特的、更具异国情调的特征。

汉英翻译最重要的任务,就是帮助其他国家和文化的读者理解原文的意义。很多时候,深层次的文化差异将这个国家与外部世界的文化分隔开来,人们用母语表达自己的方式很容易证明这一点(弗纳,1998)。把这些词和短语直译成英语,不加注释,无疑会使目的语的读者感到困惑。此外,大多数翻译问题出现在词义扭曲、信息误导或信息丢失的范畴(Leong, 2012)。在这种情况下,注释可以提供必要的澄清或对困难或模糊的点进行详细说明。在没有注释的情况下,大多数国际读者将很难理解其背后的术语。相反,在英译本中加入重要或必要的背景信息有助于理解这些汉语单词和短语的来源或深层含义。

例81. 尽管山高林密,医护人员还是迅速地赶到出事地点,实施救援。(2009年秋考)

参考译文:Despite the high mountains and thick forests, the doctors and nurses rushed to the scene of the accident for the rescue/to carry out the rescue.

分析:"山高林密"虽不归为成语,但却属于四字格的范畴。处理时,不妨直译成"high mountains and thick forest"。

例82. 这部有关第一次世界大战的历史小说引人入胜,我简直爱不释手。(2003年秋考)

参考翻译:I enjoy reading the attractive history novel so much that I can barely put it down。

分析:"爱不释手"是成语,其中"释"解释为"放下"。以上翻译方法不仅保留了源语言的本意,还符合目的语的表达习惯,在处理四字格时可以首先考虑。

4.4.2 意译法

所谓意译法(Liberal Translation Approach),是指当原文的思想内容与译文的表达形式有矛盾,不宜采用直译法处理时采用的一种翻译方法。也就是脱离原文语言结构的束缚,只译意思的译法。意译注重意义的对等,强调源语意义的转移。因此,英语单词可能不会严格遵循原汉字或其字面意思。意译是一种旨在使译文读者产生自然的阅读反应的翻译方法。

翻译是一种语言行为,需要译者的客观性而不是主观性,直译就是实现这一目的的一种有效途径。但是其缺点也显而易见,它常使译文读起来吃力,而且过分强调直译势必走向机械翻译的极端。意译虽然被大多数译者采用,但有时也会带来一些问题。意译超出了限度就会曲解原文的意思,把原文没有的意思加到译文中,从而走向另一个极端——胡译。

例83. 时光荏苒,我们同窗的岁月依旧历历在目。(Although)

参考译文1:Although time fies, the days we spent together on study are still vivid in my mind.

参考译文2:Although time fies, the days when we learnt together are still vivid in my mind.

分析:中文里"同窗"的意思是一同学习,因此"同窗的岁月"可以转变为"一同学习的日子"。"历历在目"中的"在目"英文对应的表达应该是在脑海里:"in one's mind"。

4.4.3 混合译法

所谓混合译法(Literal-plus-liberal Translation Approach),是指在翻译过程中,如果采用单一的直译或意译都不能达到良好的效果时,将直译和意译两种方法结合使用,以达到最佳翻译之目的。这是一种常用的,也是行之有效的翻译方法。英文句法中,动词的使用比起中文的动词,相对局限。这主要是英美人士的思维方式与我们不同,他们把行为、运动当作实体表述的名词。而在中国人眼里,这些均不是可以通过名词来表达的抽象概念。由于英汉在思维和语言习惯上的差异,翻译时不能机械地把汉语的某一词类译成英语的同一词类。在翻译时要注意因需而化,绝不能机械呆板。翻译是一种思维过程、取舍过程,也是一种实践过程。翻译时究竟采用何种方法,必须“见文行事”,随机应变。混合译法包括缩略翻译和音译。

缩略翻译,顾名思义,是指在译语中删减文本,通常通过使用首字母缩略词(由译文中每个词的首字母组成的字母簇)来表达相同的意思。这种浓缩的翻译方法是一种重要的翻译方法,它能将目标表达形式转换成更简单或更紧凑的形式,同时又能保留原意,节省空间和时间。当这些单词和短语第一次出现时,它们的英文翻译使用全名或短语。当它们随后出现时,它们的英文译文将以缩写形式浓缩。这使得目标语读者更容易、更方便地记住这些术语。

音译是指从汉字到拼音的转换。换言之,音译是将一个手写体中的单词在语音上转换成另一个的过程。一般来说,当汉语表达的对等词出现困难时,音译、音译加注释和音译加直译是首选的翻译方法。然而,这样的音译通常是不够的。音译不是一种流行的方法,而直译和意译则更受欢迎。这也可能是由于意识形态、文化和语言系统的差异。

例84. 每周六早晨,我们都雷打不动地去郊区远足,以增强体质,磨炼意志。(a rule)

参考译文:We make it a rule to go hiking/ go on an excursion in the suburbs every Saturday morning in order to build ourselves up physically and mentally/ improve our health and exercise our willpower.

分析:提示词考查的句型是make it a rule to do sth. / that 从句。其中,it是形式宾语,真正的宾语是动词不定式的部分或者that后面的从句。

例85. 这家博物馆疏于管理,展品布满灰尘,门庭冷落,急需整改。(2019年春考)

参考译文1:The museum is neglected in management where the exhibits are dusty, whose hall is deserted and there is an urgent need for improvement.

参考译文2:This museum is not well managed, whose exhibits are covered with dust, and there are few visitors, so everything is badly in need of improvement.

参考译文3:The museum whose management is reckless, whose exhibits are piled with dust and whose lobby is deserted, requires immediate improvement.

不少学生把门庭冷落翻译成了“There are few birds in the front of the court”。想

必中国人都能看懂这些学生想表达的是“门可罗雀”，但是对于外国读者而言，面对这样“洋泾浜”式的翻译只会显得不知所云。“门庭冷落”，可以意译成“attracts few visitors”，仅仅few这一个单词就把冷落之意体现出来了。

4.4.4 翻译特殊情况及示例

所谓“无主句”就是只有谓语没有主语的句子。在汉语中，无主句大量存在，且形式多样；而在英语里，除祈使句及口语表达，句子必须有主语。这是汉语有别于英语的一大特点。学生在练习翻译时，要注意英汉结构上的差异，避免受到母语影响。在高考英语翻译中，通常可以用这几种方法解决这一问题：把主动句译成被动句；添加主语；利用祈使句；运用特殊句型。

在中文中，被动的表达方式多种多样，除了有“被”字外，有的隐含在字里行间。但经过分析，可以发现，原来中文句子中的宾语或状语在翻译成英文时应该用作主语，句子谓语使用被动语态。受母语影响，不少学生会将汉语的逻辑思维迁移到英文中，却忽略了英文中不少单词的用法是特定的。中文中有些看似主动的表达式，在译成英文时需要用被动结构。

例86. 应该善待为国家做出巨大贡献的人，这样他们才能全身心投入工作。(in order that)（2020年松江区一模）

参考翻译：Those who make great contributions to the country should be treated well in order that they can fully devote themselves to the work.

分析：祈使句有命令、要求的语气，与原文的口吻不符。原句没有交代主语，但可以把“做出巨大贡献的人”当作主语，利用被动结构加以转换，以代词those作为主语，who引导的定语从句修饰，来进行翻译。

汉语口语中常有省略逻辑主语的情况，这点和英语的祈使句类似，通过分析可以推断出说话的对象，往往是“你(们)、我(们)、政府、社会”等。因而翻译成英文时，可以添加逻辑主语，使表达更清楚。

例87. 做自我介绍时，不必面面俱到，而要突出你的与众不同之处。(distinguish)（2020年青浦区一模）

参考翻译：When introducing yourself, you don't need to present / cover everything; instead, (you should) highlight / emphasize what distinguishes you from others.

分析:既然要用分词做时间状语,不如添加逻辑主语,而做自我介绍的逻辑主语就是“you”。

英语中也有不带主语的句型:祈使句。这种句型往往带有命令的口吻,所以当汉语表达要求或命令时就可以运用祈使句。

例88. 少喝含糖的饮料,否则你会容易发胖。(or)(2018年上海春考)

参考翻译:Don't drink too many sugary drinks/beverages, or you're likely to gain weight.

分析:提示词or是连词,连接两个句子,表转折。这个原句乍一看是没有主语的,但从后半句可以看出,其主语就是you,因此这句话就可以利用祈使句来翻译。

有时汉语的表达会省略主语,如果口吻不是命令,可以通过英语的一些特殊句型来转化。

例89. 后悔虚度光阴有意义吗?(point)(2020年普陀区一模)

参考翻译:Is there any point regretting wasting / having wasted time?

分析:提示词考查“there is no point doing sth.”句型。该句是比较特殊的汉语无主语结构,学生在应对这种结构时往往分析不出准确的逻辑主语,因此可以考虑利用英语的特殊句型转换。

分词是具有动词及形容词二者特征的词,尤指以-ing或-ed(-d/-t/-en/-n)结尾的英语动词性形容词,具有形容词功能,同时又表现各种动词性特点,包括时态、语态、带状语性修饰语的性能及带宾词的性能。分词分为现在分词和过去分词两种,是一种非谓语动词形式。现在分词和过去分词的主要差别在于:现在分词表示“主动和进行”,过去分词表示“被动和完成”(不及物动词的过去分词不表示被动,只表示完成)。分词可以有自己的状语、宾语或逻辑主语等。其中分词做状语时,可分为时间状语、原因状语、让步状语、条件状语、结果状语、方式状语和伴随状语。需要强调的是,在用分词做状语时,分词的逻辑主语必须和主句中的主语一致。

例90:本次会议旨在唤起各国政府对于气候变化的关注,最终取得圆满成功。(turn out)

参考翻译1:This conference was aimed at drawing governments' attention to climate change, and it turned out to be a complete success.

参考翻译2:This conference, aimed at drawing governments' attention to climate change, turned out to be a complete success.

解析:上述两种译文都准确无误地把原文的意思表达了出来,但是两种译文的翻译方式截然不同。参考翻译1采用连词来连接两个单句,参考翻译2则使用了非谓语作非限制性定语来加以处理。表面上看,两版译文最直观的区别在于译2更精练,更进一步说,译2也更符合原句中突出大会取得成功的目的。虽然高考汉译英部分并不要求考生完全体会作者的意图,但是考生在翻译时可以利用分词来凸显主句的意思。

例91:那位大夫夜以继日地工作,找到了治疗癌症的新疗法,被公认为治疗癌症的又一个里程碑。(which)

译1:The doctor worked around the clock and found a new cure for cancer, which is recognized as another milestone in cancer treatment.

译2:The doctor worked around the clock, finding a new cure for cancer, which is recognized as another milestone in cancer treatment.

解析:相较于与译1,译2利用分词作结果状语,使非限定性定语从句的指代更为明确。按照原句的意思,应该是新疗法被认为是里程碑,而不是医生夜以继日工作的行为。

独立主格,首先它是一个“格”,而不是一个“句子”。在英语中任何一个句子都要有主谓结构,而在这个结构中,没有真正的主语和谓语动词,但又在逻辑上构成主谓或主表关系。独立主格结构不是主谓完整的简单句,而只是一个短语。其公式为:名词/名词短语/代词+不定式/现在分词/过去分词/形容词/副词/介词短语。名词前也可以加with。独立主格结构是由名词或代词作为逻辑主语,加上分词、形容词、副词、动词不定式或介词短语作为逻辑谓语构成。这种结构在形式上与主句没有关系。独立主格结构在句中的功能就相当于一个带有自己主语的状语从句。独立主格结构主要用于描绘性文字中,其作用相当于一个状语从句,常用来表示时间、原因、条件、行为方式或伴随情况等。

例92:中国,这个世界上增长最快的经济体,已经被视作世界工厂,年生产家电大约占全球家电的75%。(account)

译1:China, the world's fastest- growing economy, has been considered the world's factory, whose annual production accounts for about 75 percent of all household appliances.

译2:With its annual production accounting for about 75 percent of all household appliances, China, the world's fastest-growing economy, has been considered the world's factory.

解析:原文句子比较长,在着手翻译前,考生应先理解各句之前的关系,确定中心意思,再选择连接方式。虽然两个版本都把原句的意思体现了出来,但译2通过使用独立主格结构做原因状语,相比译1中的结果状语,把整个句子的逻辑关系更清晰地表达了出来。

例93:把一切考虑在内后,她的计划看起来比我的更可行。(take)

参考译文:Everything taken into account, her plan seems more feasible than mine.

解析: take into consideration的逻辑主语应是人,而非计划。为保持一致,可以采用独立主格结构。

4.5 中国的翻译发展史

中国的翻译研究源远流长。中国翻译发展史大致可划分为五个历史时期:从汉朝末期开始至南宋朝并于隋唐时期达到鼎盛的佛经翻译、明朝末期和清朝初期对西方学说的翻译和介绍、清朝末期和民国初期的西方学说的翻译、"五四"以后社会科学和新文学的翻译、新中国成立以后的翻译。

西汉末期,随着丝绸之路的开通,中国与西域各国的交流日益频繁,佛教在那时就开始进入中国。佛教的兴起带动了佛经的翻译,越来越多的人才从事翻译佛经活动,不仅有本国人,还有外籍僧人。这些人不但精通佛理,而且精通梵、汉两种语言。在玄奘(602—664年)时期,中国佛经翻译活动已趋完善。著名的玄奘法师直译意译兼顾,确切地表达了佛经的原意,其翻译的佛经是中国翻译研究早期的经典。

明朝末期和清朝初期,不少西方传教士来到中国传播基督教,同时也传播科学,拉开了科技翻译的序幕。翻译活动由翻译宗教著作发展到翻译具有学术价值的哲学、伦理类著作,特别是翻译了一批天文、数学、机械、生物、医学等自然科学著作。代表人物主要有徐光启和李之藻。徐、李二人致力于引进西学、翻译西学,推动我国科学技术的发展。徐光启和意大利人利玛窦合作，翻译了欧几里得的《几何原本》《测量法义》等书。

清末和民国初期是中国翻译的重要时期。那时西方对中国的影响日趋巨大，再加上西方列强的侵略、文化交流的增强、资本主义贸易的开展，导致清王朝日渐败落。这虽然是一个动荡的时期，但大量的译作却在这一时期问世。一大批忧国忧民的仁人志士在这样的民族危机下，积极推动翻译和传播西方自然科学、哲学和社会科学知识，培养科技人才，在中国近代翻译史上开创了西学翻译的高潮。在这段时期，全面、系统、重点地介绍了西方的自然科学、哲学和社会科学思想。那时的主流翻译家严复在译《天演论》时，提出了著名的“信、达、雅”的翻译标准。当然，在文学翻译上林纾也是功不可没的。这一时期著名的翻译家还有马建忠、梁启超、章士钊、李善兰等。

可以说“五四”是我国近代翻译史上的分水岭。“五四”运动以前，西方国家的大量科学著作、学术名著和文学作品被翻译成了汉语。“五四”运动之后，翻译作品开始介绍马列主义经典著作和无产阶级文学作品。这一时期的代表人物有鲁迅、胡适、梁实秋、林语堂、郭沫若、李大钊、李达、陈望道等。鲁迅在翻译实践中提出“宁信勿顺”。他的主要观点是：“凡是翻译，必须兼顾着两面，一当然力求其易解，一则保存着原作的丰姿。”鲁迅对胡译和乱译是极力反对的。

新中国成立后，中国在各个领域取得了巨大的成就，我国的翻译事业也同样获得了快速发展。当时，俄汉之间的翻译为中国翻译实践中的主要部分。翻译实践本身、翻译作品的质量，翻译理论、翻译原则的探究都成了主流。20世纪50年代，最著名的翻译理论首推傅雷的“神似”论，该理论非常强调汉语的流畅，主张用地道的汉语。20世纪60年代，中国翻译理论中较为重要的是钱锺书的“化境”。钱锺书认为，在转译两国作品时，如果既能避免语言习惯的差异而不露出生硬牵强的痕迹，又能完全保存原作的口味，那就算达到了“化境”。20世纪70年代没有出现新理论，但翻译工作者在这段时期翻译了大量的外国作品，且大多是在不署名的情况下翻译的。

20世纪80年代至今，中国翻译研究进入了崭新的天地，又掀起了新的翻译高潮。翻译研究方面的成果层出不穷。很多西方翻译理论及理论家被介绍进入中国，如奈达、卡特福德、纽马克等。同时，信息时代和市场经济决定了这次翻译高潮的特点:其信息门类几乎涵盖社会的所有方面,题材、体裁也更丰富多样,从业人员更广泛,理论研究更活跃,人才培养更具规模。国内优秀的翻译工作者也不断涌现,如刘宓庆、辜正坤、杨宪益、王佐良和许渊冲等。

4.6 "功能对等"理论

奈达的翻译理论于20世纪80年代初传入中国,到目前为止,奈达的翻译理论是当代西方翻译理论中介绍最早最多、影响力最大的,国内翻译界有"言必称奈达"一说。

4.6.1 尤金·奈达的翻译思想

尤金·奈达(1914—2011)是美国著名语言学家、译者和翻译理论家。他在加利福尼亚大学学习希腊语、法语、德语和拉丁语。1939年,他获得希腊语硕士学位,1943年获得密歇根大学语言学博士学位。奈达不仅在西方翻译理论界享有很高的知名度和广泛的影响力,而且在中国学术界也有很高的影响力。自1945年以来,奈达出版了250多篇文章和40多本书,主要涉及语言学、语义翻译和宗教等领域。在西方翻译理论史上,他的作品数量众多,质量如此之高,体系如此完备,是史无前例的。奈达的翻译思想可分为三个阶段:描述性语言学(1943—1959)、交际理论(1959—1969)和社会学符号学翻译(1970—2011)。早期奈达的研究深受美国结构主义语言学的影响,主要关注句法现象和词汇现象,这是奈达语言翻译观形成的重要基础阶段。奈达翻译思想成熟后,提出了翻译学中的动态对等理论,确立了他在西方翻译理论领域的权威地位。功能对等理论是奈达理论研究不断反思和完善的结果,也是奈达三个思想阶段紧密联系和发展的结果。

1.描述性语言学阶段

奈达早期的研究重点是句法、形态和语义。在这一时期,为了做好翻译工作,奈达周游世界各地收集语言差异的例子,并试图通过对语言句法、形态和语言翻译的描述来阐明语言的结构性质。奈达通过早期的研究和积累,逐渐将他的翻译思想发展成一种科学、系统的翻译方式。

2.交际理论阶段

在这一时期,奈达的翻译思想越来越成熟,认为翻译不仅是一门艺术,一门技能,也是一门科学。他指出,合格的译者翻译、语言交际活动等都必须考虑到“作者、作品、读者、内容、背景、表达手段等相关因素”。奈达指出,翻译应注重原文的意义和精神,而不是形式对等。动态对等还要求在不同的语言结构中尽可能完美地再现原文。翻译过程分为分析、翻译、重组和测试四个步骤。以上理论是奈达翻译思想的核心,其中大部分在后期得到了进一步的发展和完善(谭载喜, 1999)。

3.社会学符号学翻译阶段

奈达保留了交际理论阶段的精华,并将社会语言学和社会符号学的科学方法相结合,逐步解决了翻译问题。任何综合翻译方法都不能排除符号学,这是编码和解码的最基本学科。语言是一种符号现象,解决这种符号现象必须依赖于语言存在的文化环境。奈达的进一步解释包括:①文本具有意义,包括语言形式;②语言修辞在语言交际中起着重要作用的特征;③为了“功能对等”而不是“动态对等”;④具有联想意义的各种意义(谭载喜, 1999)。

总之,奈达在翻译研究中,不同阶段的研究成果反映了他对翻译的不同理解和思考。刘重德 (2003)评论:“奈达提出的创作功能对等原则内容丰富,内容全面,对译者具有实际参考价值。近年来,借鉴奈达的翻译理论,翻译领域取得了越来越多的研究成果。”

4.6.2 “功能对等理论”的内涵

20世纪60年代初,奈达提出了等效论,即两种语言表述一种思想,产生出两种效果的对等。也就是说,原文的语言风格以及所表达的思想在读者中的反应,经译语表达后,在新的读者群中起到相同的效果,从而达到对等。1969年,奈达提出功能对等理论(Functional Equivalence)。这个理论是对此前提出的等效论以及动态对等理论的完善。该理论的原则是选择译文中与原文中最为贴近的、最自然的对等语把原文的内容表达出来,求得功能对等,然而不需要完全一致,因为两种语言在文化与背景方面差异很大。

奈达详述了翻译的两种对等,即形式对等和动态对等。他后来将之改为形式对等和功能对等。形式对等指直译,在形式和内容上关注信息本身。以形式对等理论为指南进行翻译时,译者应努力找到对应的词和短语,尽可能保留原语的形式和内容。动态对等追求的是和原语信息最接近、最自然的对等翻译。动态对等和功能对等的内涵相同,二者均强调译文接受者对译文信息的反应与原文接受者对原文信息的反应基本相同。奈达认为,翻译追求自然切近的功能对等,而功能对等绝不像数学那样可以达到完全对等。译者应该努力再现语境信息而不是机械照搬语言形式。源语形式不是必不可少的,至关重要的是信息和接受者的反应。译文对其接受者的影响应最接近于原文对源语读者的影响。

奈达还提出,翻译对等分为最高层次对等和最低层次对等。最高层次对等指译文达到高度的对等,使目的语听众或读者在理解和欣赏译文时所做出的反应,与原文听众或读者对原文的理解和欣赏所做出的反应基本一致。所谓最低层次的对等,是指译文能达到充分的对等,使目的语的听众或读者能理解和欣赏原文听众或读者对原文的理解和欣赏。他认为,在最高与最低之间,可有各种不同层次的对等。可见,经过多年的探索,奈达逐渐将对等的范围从语言内部向读者反应扩展。绝对的对等只是一个理想,很难实现。

奈达认为,最好用功能对等来讨论翻译的适度范围,因为不存在完全对等。不同的翻译实际上代表了不同程度的对等。尤其是在翻译源语言中一些具有文化内涵的词语时,很难在译入语中找到相应的对等词。翻译人员必须设法找到可以翻译的单词表达相同的物体或现象。最自然的等价物优先于最接近的等价物。

所谓自然对等,就是没有翻译腔。为了准确、有效地将信息传达给读者,有必要采用“意译”或“直译+注释”的翻译策略。因此,奈达对翻译中“最接近对等”的定义可以解释为“意义上最接近”,而这种最接近是基于对最接近原文的译文的自然选择。功能对等优先于形式对等。如前所述,衡量翻译成功与否的最重要因素(不是唯一的因素)是读者的反应,这取决于译语读者在接受信息时的反应是否接近或等于源读者的反应。刘重德(2003)指出,奈达的等值理论最初使用的是动态等值,但后来为了强调功能的概念,避免一些人对动态等值的误解,建议改为功能等值。在深刻理解这一原则的基础上,译者可以以此为指导,灵活地对翻译活动中的各种困难做出决策。当然,这并不意味着要彻底抛弃形式和风格。在翻译中,要尊重原文,综合考虑原文的文体特点。

不同的语言在相同的环境、相同的语言在不同的情景中都有着不同的含义,功能对等理论强调的就是最大限度地再现源语言的语义从而达到功能等效。词汇是构成语句的最基本单位,语句又进一步组成段落。拥有庞大的英语汉语词汇是翻译活动的前提条件。汉语作为表意文字,有丰富的词义,其组合又非常灵活多变。相反,英语则是拼音文字,有着极其庞大的词汇量。因此,在翻译时做到词义的等效不仅需要掌握大量的双语词汇,更要求译者具有语用意识,能够结合词语的具体情境将源语词转换为自然贴切的目标语词。翻译的过程其实也就是寻求准确词义的过程,即使是源语言极为复杂、极具文化内涵的词语,语言学习者总是想方设法在母语中找到相对应的表达法。通过翻译,学生就能理解词的确切含义,从而能有信心使用这些词汇。短语由不同的多个单词构成,所以其表意功能更为强大,翻译过程中短语翻译的等效可以让译者在更大的语言单位范畴转换信息,完成翻译任务。

英语和汉语都具有大量的短语,因此短语等效在汉英互译的教学当中是非常重要的。短语翻译,因为涉及更为灵活的词语搭配,是高中学生提高翻译能力的重要板块,是成功翻译语句必不可少的前提,是高中学生英语语言知识得以加强的重要途径之一。然而,现在的高中生大多习惯于字对字的汉英直译,即形式对等。但是,在多数情况下,英汉之间并没有这样直接对应的短语来完成翻译任务,所以只能追求语义的对等而放开形式上的对应。如果学生生硬地以汉语的组词方式来构建英语短语,其结果只能是制造出很多不符合英语语言习惯的翻译。句子是语言交流中最基本的语言单位,只要能够很好地翻译句子,那么目标语言的接受者将会在很大程度上体验到与源语言受众相似的感受,这也是为什么高考英语翻译以句子的形式来考查学生的翻译技能。

奈达对翻译所下的定义是:翻译是在译语(receptor language)中寻找和源语(source language)信息尽可能接近的自然的对等话语,首先是意义上的对等,其次才是风格上的对等。他认为,优秀的翻译的语言应该与自然的译语风格无异,优秀的翻译丝毫看不出是译作的痕迹,翻译时应抓住原文的意义和精髓,而不是拘泥于原文的语言结构,从而在翻译时受到限制。传统的翻译理论以语言形式为研究对象,人们往往对语言的特殊现象和语法结构,如韵律、词、句的平行性等进行研究。奈达的翻译理论认为,翻译的焦点不应是读者对译文的反应,而应与原文读者对原文的反应相比较。也就是说,要判断一个译文是“合格”还是“成功”,就要看读者对译文的理解是否无限接近或等于源读者的理解。翻译是指将源语信息从语义到语体在目的语中再现的最接近、最自然的对等物。每一个词都是重点,但关键词有理解顺序(Nida, 2004)。

功能对等是获得广泛认同的翻译理论。它要求译语的遣词造句能在译语读者群中产生与原语读者群一样的效果,然而,语言文化背景差异巨大时,就必须打破原文的语言结构,改变原文的形式。奈达认为,"功能对等理论"的原则不仅强调语言信息的转换,而是强调译语的语言质量,译者的译文必须符合译语的表达习惯与表达方式,使得文章读起来清晰、通顺、易懂。

4.6.3 翻译理论对高中英语翻译教学的启示

奈达的翻译理论有助于学生重新定义翻译,树立全面、正确的翻译观。现状表明,翻译能力很难提高。其中一个原因是学生并没有从真正意义上了解翻译。奈达的等效论浅显易懂,其译入语读者对译文的反应与原文在原读者当中的影响相当或相近的道理,对于高中生把握译文的通顺与否、句意符合译入语习惯与否、译文能否在英语读者当中达到汉语的原文效果等有着很好的指导作用。高中英语翻译教学中引入奈达等效原则可以确保学生在接触翻译的第一时间正确认识翻译这一语言活动的本质,在此基础上逐渐形成先进的、科学的翻译意识和翻译观念。奈达的翻译理论可以简明清晰地回答翻译是什么、怎么样、为什么的基本问题。在认识了翻译的本质之后,学生在学习英语的时候才能主动地进行中英之间的对比和交流,发现中英之间的共同点和差异,有意识地进行比较语言学习,从而逐渐提高自身的翻译意识和观念。

翻译是一种跨语言、跨文化、跨社会的综合诸多知识和能力的人类语言交际活动,它既是一项语言技能,更是一门语言行为的艺术,翻译技能的高低直接关系着一名学生语言学习的成败。作为一种涉及诸多领域知识的语言技能,奈达也明确指出这种行为的基本规则、方向、具体可行的实践步骤。现行的英语教材并没有专门介绍翻译的教学板块,仅仅在练习册中配备几道练习题。正是这一具体的程序化的翻译方法,有力地弥补了当前高中学校里各种版本的教材对于翻译活动理论指导的缺失。尽管在高中阶段我们还不能将等效理论如数照搬给学生,但其提纲挈领的指导性价值却非常明显。

教师可以适当地将奈达的理论介绍给学生,帮助学生开阔视野,了解翻译的本质,这样也就能在学习的过程中少走许多弯路。功能对等理论有助于学生培养扎实的翻译功底,掌握实用的翻译方法。奈达的理论追求的是等效,运用这一理论指导学生学习翻译,可以避免学生使用汉字转换英语单词,造成译文不符合译入语词法、语法与句法的现象。中学英语教学强调语法结构,部分学校要求学生背诵,学生一旦遇到课堂上没有遇见过的表达,就会措手不及。奈达重视在翻译过程中首先对原文进行分析,在这个基础上进行重构,学生明白了这一点,也就会尝试去对语言进行分析,在理解原文的基础上进行翻译。

奈达的翻译理论也有助于教师提高自身的教学能力,可以使教师从一个全新的角度去看待翻译教学,有一个正确的翻译教学观。在教学过程中,摆脱翻译与语法、句法的直接联系,翻译练习不再只是词汇、语法的辅助练习。此外,英语教师还可以鼓励学生对译文进行探讨、完善,在比较中提高英语翻译水平,翻译不再像选择题、判断题那样只有一个固定的答案。

4.7 第二语言习得理论

母语在外语学习和双语交际中确实起着语言迁移的作用(Ellis,1999),但是母语迁移的方向不同于输入过程和输出过程,它在外语学习知识获取的输入过程中起着负迁移的作用,而母语的正迁移可以从结构语义学、非结构语用学和翻译文化的角度来研究。汉英翻译作为英语的一种综合表达,反映了学习者的交际能力和逻辑思维能力。以作文写作为例,当学生用英语写故事或文章时,他通常会在脑海中从句子开始做汉英转换,这在很大程度上是以汉语为中介语来进行翻译活动的,而且学生已经习惯了母语思维,因此很难完全摆脱母语的影响,会不自觉地用翻译的方式写文章。

二语习得研究表明,母语迁移是影响二语习得的重要因素之一。一般来说,母语迁移现象对二语习得有负面影响,即会干扰或干扰语言学习。语言迁移的产生,与行为主义理论有着密切的联系:学习者试图把自己的母语和文化的特点迁移到所学的外语和文化中去,因此,当我们在第二语言学习中出现错误时,很可能是母语的干扰造成的。这种干扰被称为负迁移。负迁移是在不同阶段干扰我们第二语言学习的一种迁移。具体来说,它是指使用母语模式或规则,导致目标语言的错误或不适当的形式。

由于英语对于几乎所有的中国学习者来说都是一门相对较新的语言，所以学习者自然要经历一个内化的过程，因此，只有在认识到这两种语言的差异之后，学生才能迈出掌握这门语言的一步。为了达到这一目的，教师应该进行清晰的分析和研究，通过比较，让学生掌握规律。这可以通过翻译分析和解释来完成。教师应注意澄清学生错误的各种类型和原因，如主语和谓语不一致、第二人称中的单数形式、单数和复数形式混淆等，教师应该教学生纠正甚至避免这种错误的方法。总之，在认识到负迁移的基础上，教师应该帮助学生掌握二语的本质特征，缩小语言学习中的负迁移。

当两种语言的相关单位或结构相同时，语言干扰会导致正确的语言产出，称为正迁移，即正确的意义，与大多数母语者的可接受性概念相一致，可促进第二语言的学习。它可以帮助或促进另一种情况下的语言学习，可能发生在母语和目的语形式相同的情况下。正迁移的结果在很大程度上没有被注意到，因此很少被讨论。然而，这样的结果会产生很大的影响。一般来说，两种语言越相似，学习者越了解它们之间的关系，正迁移就会发生得越多。例如，一个母语为英语的德语学习者可能会正确地从英语词汇中猜出一个德语单词，但是词序和搭配可能不同，这种方法的缺点使学习者更容易受到“假朋友”的影响，因此，在学习外语时，要充分利用两种语言的相似性来扩大正迁移，更好地理解和掌握目标语，同时，通过对比母语和二语的差异，克服干扰，消除负迁移。在第二语言习得的过程中，正迁移和负迁移都存在，我们要做的是从错误分析中找出原因，帮助学生克服这些缺点；对于正迁移，在今后的英语教学中，英语教师应该利用母语的正迁移来克服学生第二语言学习中的障碍，从而促进外语学习。

只有把英语与母语相比较，学生才能触及英语的核心。中英文之间的许多差异不应成为障碍，如何充分利用这些差异在当前的英语教学中非常重要。事实上，要摆脱语言学习中的干扰是不可能的，特别是对于那些在这种母语环境中以汉语为基础学习英语的人来说。因此，我们要利用积极的因素，而不是消除来自母语的干扰。由于迁移现象在写作过程中起着普遍而重要的作用，这就要求英语教师在日常的基础训练中，充分利用母语的正迁移，同时尽量避免负迁移，使学生更清楚地认识到两种语言的异同，接受和应用新知识，更加快速准确地学习英语，提高英语学习的质量和效率。

第5章／英语教学

5.1 中国的英语教学

现代中国的外语教育目前一般认为肇始于1862年的京师同文馆(李良佑、张日升、刘犁，1988)。京师同文馆虽然一开始以英语教学为主要任务，但中国的英语教育实践远在1759年清王朝宣布广州为唯一对外通商口岸时就开始了。当时，居住在广州的外国商人的活动范围受到严格限制，他们只能在买办帮助下与华人接触。当时学习英语的流行方法是用广东方言在汉字旁注音，以及传教士的传播和教育(邹为诚，2009)。

因此，在京师同文馆创立之前，教师研究、教科书开发、目标语的研究和教学方法的研究等都是一片空白，中国的英语教学研究基本上不存在。京师同文馆的成立，首先标志着官方对英语教学地位以及英语教师地位的确认。在1862年设立京师同文馆后，1863年成立了上海广方言馆，1864年设立了广州广方言馆，1893年武昌设立自强学堂，这四所外语学府设立在北京、上海、广州、武汉四座中心城市，形成一种甚具气势的外语教育格局(李传松，2006)。当时的教学特点是语言知识与学科知识的结合(李良佑，1988)。教师的教学开始时主要是讲解课文辞句、练习文法、翻译句子(浅解辞句;讲解浅书;翻译句子)(李良佑，1988)。这种由文字开始学习外语，先浅讲文章，再学习专业知识，最后用翻译来检查学习成效的外语教学思想逐渐成为中国长达一个多世纪的教学理念，直到今天仍然可以在无数中小学、大学英语、英语专业的精读课、文学作品阅读课，甚至写作课等课程中看到其影子(邹为诚，2009)。在当时的环境下，语法翻译法是必然的选择。这种方法与当时国际上流行的外语教学方法几乎是一致的。

从“五四”运动起至1949年中华人民共和国成立前，中国的英语教学进入了一个新的时期。这次高潮的形成和出国留学有密切的关系。1911年清华学堂的成立是个重要的标志，清华学堂的方针是“所有办法均照美国学堂，以便学生熟悉课程，到美入学可无扞格”。根据这一方针在校内英语取代了汉语，除几门国学课程(国文和中国史)外，其余课程全用英语讲授。教育界出现了公立、私立和教会学校三种办学形式。无论何种形式，英语都是重要课程。无论学生有何种动机，英语学科当时已经成为学生可以借此改变人生的重要技能。大学入学考试，英文是必须考的(季羡林，1987)。学习英语在当时渐渐成为一种社会风气，对英语教学的研究也在多方位开展。但是最重要的研究工作是介绍宣传和推广直接法。直接法是以听说为主的教学方法，倡导听说训练，学习者不必先学语法，可以直接从师生的互动(interaction)中学会听说，在听说的基础上再学习书面语，在20世纪二三十年代，听说法终于成为一套系统的思想和实践体系，这一成就确立了外语教学的学科地位。在20世纪50年代之前，直接法所依据的语言学和心理学理论发挥了巨大的作用，极大地促进了语言教育学科的发展。在直接法的基础上，受这些语言学和心理学理论的影响，其他教学法也接二连三地出现，如听说法(Audiolingual Method)和视听法(Audiovisual Method)等，出现了一个寻找教学法的高潮。

1949年以后，中国的外语教学情况发生了很大变化。新中国成立初期，在全国范围内兴起了“俄语热”。俄语一枝独秀的学习高潮，是由当时的外交方针政策决定的，受国家政治的影响，许多学校放弃了英语教学研究，改为教授俄语，英语教学受到了严重影响。在某些学校，虽然英语教师队伍并未解体，教学水平也仍维持在原有的水平上(李观仪，1995)，但是中国英语教学界从此割断了与国际学术界的联系。一直到改革开放前，中国的英语教师基本上是在一种封闭的环境中开展学术研究的，自行摸索在特殊的时代背景下具有中国特点的英语教学规律。从20世纪50年代末到70年代，直接法所依据的结构主义语言学和行为主义心理学受到了认知主义语言学家Noam Chomsky的严厉抨击。20世纪70年代英国学者Pit Corder通过分析大量的学习者的语言错误，发现错误产生的主要根源并不是母语和目标语之间的差异结构，差异的大小并不决定学习者错误的多寡。学习者的语言错误有明显的规律性，与他们掌握目标语的程度有密切的关系。学者们因此认为，这些充斥着错误的语言是学习者处于母语和目标语之间的一种“过渡状态”，Selinker称其为中介语(interlanguage)。中介语的概念奠定了现代应用语言学的基础。从此语言教学界摆脱了没有理论基础的时代。这一历史性的变化,标志着后方法时代的开始(Stern, 1999),人们从此开始不再迷信某一种方法就是外语教学的捷径。

改革开放以来,中国英语教学目的从精英教育转变为大众化教育,教学对象从专业化转变为多元化,对学习策略的研究也越来越科学化。自20世纪90年代以来,我国涌现出许多对学生学习策略的研究。在过去的20多年中,中国英语教师开展了一系列的“学习策略”调查,研究的方法、工具等方面都力求结合中国的实际情况,对小学、中学、高中、大学等各个层次的学生开展了研究,并发现了优秀学习者的一些学习特点(文秋芳, 2003)。对学习策略研究的重视反映了中国英语教师的语言教学观的转变。越来越多的英语教师认识到,语言教学必须以学生为中心,这是因为语言从原则上来讲不是教会的,而是学会的。因此,教师要重视创造环境,引导学习者发挥主观能动性,采取积极、主动的学习方式。这种转变不仅引起了对学习策略研究的兴趣,还使这一研究进入更深的层次:自主学习。中介语方面的研究也使教师认识到,学习者既有共性,也有个性。在教学中,教师应该根据二语习得的规律组装出合适的原则灵活施教。二语习得研究使中国英语教学界认识到了语言知识、语言技能和环境三者之间的辩证关系,使中国英语教学界注意到了语言能力和学科知识之间的关系,并力图在实践中利用学科知识的学习来带动语言学习;还使中国英语教学界开始关注外语学习的外围问题,如学习者与目标语的文化之间的关系、跨文化交际所带来的语言文化身份等问题。对学习心理因素的探究让我们认识到,在中国的环境中完全学到“符合本族语人(Non-Nativelike Selection)的语言规则(Nativelike Selection)”可能不是我们可达到的目标。这种语言创新一方面尽可能尊重目标语所携带的种种语言、文化规则(Nativelike Selection of Language and Cultural Perspectives),同时又包含着表达自我、本土文化所需要的语言和文化特征(Non Nativelike Selection of Language and Cultural Perspectives)(邹为诚, 2009)。

对这种“身份、语言、文化”问题的认识是时代发展的必然结果。通过这一个半世纪的奋斗,中国已经不再用“师夷长技以制夷”的观念来指导英语学习了。今天的中国正以一个民族应有的自信来看待世界各国的文化,并提倡“互相尊重,和谐发展,共同进步”的“人类命运共同体”理想。

由于时代的变化,我们已充分认识到,外语学习同样需要挖掘学习者已有的母语资源、母语文化资源和母语环境资源。外语教学不必一定要从优秀文章的精读开始,也可从学习者身边的事物开始。改革开放为我国学者创造了更多的国际交流机会,通过各种形式的交流与学习,中国英语界目前与国际学术界基本保持了同步,这是一百多年来中国英语教学界所取得的最重要的进步(邹为诚, 2009)。

5.2 英语教学与翻译

关于翻译的定义历来有不同的观点,因时代、角度不同而呈现多样性。然而,在典型意义上,翻译的本质特征却是明确的,即翻译作为一个过程是译者把一种语言的文本用另一种语言表达出来,而原文和译文呈现各种关系,其最主要的关系是译文展现另一种原文所表达的思想,体现为译者将原文语言文化的意义转换为另一种语言文化中的意义。

外语教学是实践性和交际性很强的一门学科,我国的外语教学主要是英语教学。在不同的教学阶段,英语教学的任务和目标是培养相应的语言能力和交际能力,体现为听、说、读、写各种实际技能。普通高中英语课程的总目标是全面贯彻党的教育方针,培养和践行社会主义核心价值观,落实立德树人根本任务,在义务教育的基础上,进一步促进学生英语学科核心素养的发展,培养具有中国情怀、国际视野和跨文化沟通能力的社会主义建设者和接班人。基于课程的总目标,普通高中英语课程的具体目标是培养和发展学生在接受高中英语教育后应具备的语言能力、文化意识、思维品质、学习能力等学科核心素养。

基于我国学生绝大多数是在以汉语为母语的环境中学习英语,完全可以把翻译活动作为教学手段用于高中英语教学,不是为了讲授翻译理论知识和技巧,而是把重点放在让学生通过恰当设计的翻译活动提高对语言的灵活运用能力。这种翻译不是一种产品,而是一个过程。通过翻译来进行部分完全用英语解释难以奏效的语法、词汇、句子、章节的教学,使学生对英汉互译方法、英汉用词和句法结构的异同具有较为明确的认识,提高对语言结构的整体理解水平,从而培养学生的语言能力。同时,利用好教材里有针对性的语言实践活动的材料,使学生不仅对母语与外语具有区别辨认的能力,而且具备较高水平的交际能力。Newmark(2001)曾说过,作为学习外语的一种技巧，翻译属于利弊兼有的工具，它的特殊作用就是展示学习者外语知识水平，它既展示其驾驭外语的能力，又训练其智力以及开发其语言能力，这就是其在外语课堂上的优势。值得思考的是，教学翻译是英语教学的一个手段，我们应该研究和改进教学翻译，扬长避短，挖掘和利用这一教学法的潜力，使之更好地服务于英语教学。

翻译教学主要用于指导学生学习翻译理论与实践，要注重培养学生以下几种能力。

(1)最基本的是让学生对翻译基本理论及其有关知识有一定的了解。在这里，翻译的基本理论包括中西方翻译史、著名学者提出的翻译理论、译文评价标准等。此外，翻译过程中不同的文体有不同的处理方法，学生了解翻译基本知识以后能够根据不同的文体选择不同的翻译技巧。比如，法律文本、经济合同等固定的文本有其专门的术语和格式，这些基本知识能够在翻译课堂中学到。

(2)翻译教学的任务是让学生通过学习翻译更好地掌握英语并能将其熟练地运用。中学阶段注重词汇量的积累、语法知识的学习以及阅读能力的提高。在每个单元，有相应独立的练习可供学生进行操练与消化。翻译的练习体现的是一种语言综合运用的能力。从英译汉的角度来看，学生要能够理解原文含义，在理解的基础上把英语译成汉语，并进行修饰。这里涉及学生的英语理解能力，在一定程度上体现了学生的英语阅读能力，如果理解不正确，翻译时必定会出现问题，同时也体现了学生的汉语水平与表达能力。而从汉译英的角度来看，学生要根据所给的汉语选择适当的词组与句型，搭建起完整的句子。这里涉及词汇、句型与语法的综合运用能力。只有全面地掌握英语语言结构，拥有一定的词汇量，才能够自如地进行汉英翻译。

(3)翻译教学的第三个任务是介绍英汉语言的差异，通过两种语言的对比使学生了解语言背后的深厚文化背景，不仅要提高语言水平，还要提高知识水平。目的之一就是帮助学生全面提高总体知识水平，包括政治、经济、历史、地理与科学等知识水平。在进行翻译时，事先对文本有一个基本了解，包括其历史背景、社会风俗、作者介绍等，有助于起到事半功倍的效果。学习英语不单单是学习这一门语言，还要通过对语言的学习扩展视野，了解西方文化，从而更好地进行生产和生活。翻译课还有助于在中学课堂推动跨文化教育的开展，为教师提供教学机会，同时为学生营造良好学习氛围。

5.3 英语教学方法

翻译法经历了语法翻译法、词汇翻译法、翻译比较法到近代翻译法的演变。随着教育理论的发展，翻译法有了很大的进步。近代翻译法，或称为“译读法”，提出了更为完善的教学原则和课堂操作模式。

5.3.1 语法翻译法

语法翻译法(The Grammar-Translation Method)，是外语教学中最古老、影响最深远的教学法体系。语法翻译法有着不同的名称，多年来被语言教师采用，曾被称为“古典法”、“传统法”或“旧法”，最早用于古典语言、拉丁语和希腊语的教学。由于中世纪欧洲人学习希腊文和拉丁文的主要目的在于阅读希腊文和拉丁文书籍，或使用希腊文、拉丁文发表自己的学术见解，因而在外语教学中对目标语的听、说能力并没有给予足够的重视，教学的重点聚焦于希腊文和拉丁文典籍语言的理解与翻译，通过翻译来学习外语。有证据表明，在拉丁语教学方面，现代语言确实为语法分析和语法规则在翻译实践中的应用提供了一些条件。拉丁语教学中，语法分析和翻译过程的第二个推动力来自欧洲国家的社会需求，因为随着现代语言的发展，拉丁语逐渐成为一种“死亡语言”。在19世纪，越来越多的外语教学专家采用语法规则与翻译相结合的策略，以H.S.Ollendoff在课上所采用的顺序安排为标准：先陈述规则，然后进行词汇表和翻译练习，最后进行整篇散文的翻译。19世纪中期，德国的Karl Ploetz将Seidenstucker的法语教科书改编为学校使用的教材，语法翻译法成为学校教授现代语言的主要方法(Kelly，1969)。

这种方法的目的是帮助学生阅读和欣赏外语文献。有人认为外语学习有助于学生的智力发展；人们认识到，学生可能永远不会使用目标语言，但学习目标语言的心理练习无论如何都是有益的。这种教学方法提倡用母语教授外语、在教学中以翻译为基本手段、以学习语法为入门途径，强调语法在教学中的中心地位。语法翻译法的出现为外语教学法作为一门独立的学科奠定了基础。近代翻译法要求教学遵循语音、语法和词汇教学相结合的原则阅读，着重培养阅读与翻译能力，兼顾听说训练的原则(鲁子问、王笃勤, 2006)。

语法翻译法作为现代英语教学中一种行之有效的教学方法,在很大程度上强调翻译是为了掌握目的语的语法,因此有必要对语法的意义有一个清晰的认识,这是语法翻译法的本质。《朗文当代英语词典》对语法的定义是“词改变形式并组合成句子的规则”;克里斯托在他的第一部语言学和语音学词典中给出的定义是:“词及其组成部分组合的方式”。虽然这两种定义因定义域的不同而有其局限性,但它们都证明了,句子的正确构成是由语法决定的,从而揭示了语法在学习中的重要性。语法翻译法的特点是以教语法和文字为主,即通过翻译来学习英语,因而在高中英语翻译教学中占很大的比重。英语课堂也形成了自己的组织形式:阅读—分析(翻译—讲解—背诵),考试形式也多采用源语与目的语之间的互译,要求语言流畅、意义明确。这一类的翻译考试题型可以测试出学生是否理解目的语的含义,是否能准确使用目的语,因而在今天也被高频率地使用。

语法翻译法有独特的优势,这主要表现在:在外语教学中创建了翻译的教学形式,由于重视阅读和写作,因此有助于书面技能的提高;由于母语的介入,对教师和学生的压力相对较小,语法翻译法把母语和目标语言进行对比,学生更能够了解两种语言的异同,从而更好地理解语言;在教学过程中充分利用母语优势,能帮助教师节省时间。在教学中有很多复杂的结构和抽象的概念,用母语解释起来较容易且直观,学生也易于接受;便于教师操作,适应大班上课。高中学生的英语基础尚离不开翻译法,英语教学重点应放在基础知识的学习上,也就是从朗读单词、句子、课文,学习基础语法,厘清句子的基本结构和表达方式入手,提高学生的学习质量。在英语课堂上,老师经常把整篇课文逐句翻译成汉语,以确保学生充分理解词汇和短文,同时,教师会要求学生把一些关键的句子翻译成汉语,有口译,也有笔译,在这个过程中,可以检查和加强主要的语法知识。在不同的国家、不同的群体或地区,语法翻译法由于其教学方法的简单性,在英语课堂上被广泛采用。当教师的目标语言水平不尽如人意时,这是一种既简单又直截了当的学习方法。

传统的语法翻译法虽有其优点,但也有其缺陷之处,如不注重学生口语和听力的培养,教学过程较为单调、枯燥。过去的几十年来,各种语言教学法层出不穷,尤其是注重交际能力的教学法占据了主导地位,语法翻译法不再被教学研究者关注,甚至被否定。但是实际上,注重语法知识和翻译技能的教学方法一直在教学中被广泛使用。现在的外语教学经受着来自方方面面的影响,大至政治、经济、文化因素,小到学习者的个人需要、学习动机和目的。某种教学方法一统天下的时代已不复存在,不同的教学方法相互借鉴、加以整合才是趋势。过分强调翻译并不能使学习者从对第一语言的依赖中解脱出来,语法翻译法过分强调读和写而忽视听和说,掌握大量的语法规则的特点并不能保证学生在实际交际中能正确使用英语。此外,课文大多来自文学作品,所学的语言往往不能满足学习者的实际需要,也不能激发学生用目的语进行交流的兴趣。

要正确认识翻译的地位,首先要摒弃以往的刻板印象,即现代英语教学中的翻译练习等同于传统的语法翻译方法。现代英语教学可以使传统的翻译方法焕发生机。首先,翻译作为外语教学中的一种教学方法,在教学内容和教学方法上都与传统的翻译方法有很大的不同。其次它继承了传统翻译方法的优点,充分利用了传统翻译方法的优点,帮助学生通过母语学习外语。中国学生学习英语的环境很大程度上是汉语的环境,因此他们几乎不可能摆脱汉语的干扰,尤其是中高级水平的学习者,在面对复杂的句子时往往会不知所措,在这个时刻,教师可以充分利用母语对两种语言进行对比分析。现代英语教学中的翻译训练的教学目标与传统的翻译方法有很大的不同,后者本身就是一种单一的翻译方法,目的是让学生阅读原文,而前者的目的是提高学生的综合语言运用能力。归根结底,有理由认为翻译教学与语法翻译教学不同,因为语法翻译教学更注重语法规则,通过机械翻译的训练和练习,提高学生的阅读和翻译能力。因此,在英语教学中运用翻译活动,应以提高学生听、说、读、写的综合语言能力为目标,而不是把重点放在语法学习上。

5.3.2 听说教学法

听说教学法是一种外语或第二语言教学法,强调读写前的听说教学,在有声语言教学法中,不鼓励母语进入课堂,以对话为主要语言表现形式,以训练为主技巧。听说教学法也被称为有声语言法,因为这种方法使用的练习,如模式练习对话,是利用模仿和记忆材料做一个模型。这种方法的理论基础是行为心理学,是一种以经验为基础的研究人类行为的方法。行为主义和结构语言学一样,也是反心理主义的,也就是说,它不相信一个人拥有有意识、有思想的心灵,而这个心灵可以影响他身体的行为。

根据这种方法，学习由刺激-反应联系组成，可以描述为反应之间联系的形成。将这一理论应用于语言学习，就是把有机体识别为外语学习者，把行为识别为言语行为，作为所教内容的刺激（语言输入），作为学习者对刺激的反应，以及强化对老师或学生的赞许或赞扬（或劝阻）。根据这种行为主义心理学，学习一门语言是获得一套适当的语言刺激-反应链的过程，是一个习惯形成的机械过程。一种习惯是在对一种刺激做出正确反应时形成的。因此，这种习惯是一次又一次的刺激、正确的反应和奖赏的结果。听说教学法的目的是为学生提供有用的语言材料，供他们在交际中使用，并从中类推到平行的形式和功能，让学生达到近乎本族语的掌握水平。

听说教学法有助于学生口语能力的发展，对一大群普通的学习者来说是可行的，但在长时间的学习中，它缺乏技巧的有效性，学生可能会因无休止的模式训练而产生厌倦感。但这种模仿形成的行为并不会产生能力，它忽视了一个事实，即除了听、说之外，阅读、写作等所有渠道都向学生开放，学习才可以得到促进（王蔷，2000）。

5.3.3 直接教学法

直接教学法产生于19世纪末，是对语法翻译法的一种反应。直接教学法的名字来源于假设意义与目的语之间直接相关，而不是经过翻译成学生母语的过程。它是一种翻译方法或第二语言教学方法，坚持课堂上只使用目的语，通过将言语形式与动作、物体联系起来，直接交流意义。直接教学法强调口语的重要性，因此认为阅读和写作必须先说后教。语言学、心理学和教育学的迅速发展极大地促进了直接教学法的建立。

直接教学法旨在培养学生用目的语进行交际的能力，为此，鼓励学生学会用目的语进行思维，因此，在课堂上，一个新的目的语词或词组的意义是通过直接与物体、视觉和语言相联系来呈现的。与语法翻译法相比，直接教学法可能永远不会给出一个明确的语法规则。目的语是专门在语言课堂上作为教学和交流的手段使用的。第一语言和翻译练习是完全不同的语法，是通过听和说的活动归纳学习的。

直接教学法虽然把听和说作为阅读和写作的基础，但它在培养四项技能方面是有策略的，它鼓励学生用目的语思考。在抽象概念的意义教学中，对母语的绝对回避有时会给直接法带来麻烦，特别是直接法可能永远不会给出一个明确的语法规则，而是期望学生通过听和说的活动进行归纳性的学习，由于语法解释不明确，学生对目的语缺乏必要的知识，容易产生语法错误。

5.3.4 认知教学法

认知教学法认为，语言学习是一个积极的心理过程，而不仅仅是习惯的形成。随着20世纪60年代听说教学法的衰落和许多缺点的出现，认知教学法作为另一种教学法应运而生。认知教学法重视学习者在运用各种心理策略的过程中的积极作用，以厘清语言系统，特别是语法规则的学习，强调有意识地习得语言是一个有意义的系统。它寻求认知心理学和转换语法的基础。

认知教学法使学习变得愉快和有意义，语言被看作一种智力学习过程，它的学习是一种有效的心理过程，在这个过程中，学生的经验被吸收，四种技能被整合，然而，以有意义学习为目标的教师很难进行选择和准备有意义的陈述。理解缓慢的学生不能成功地使用这种方法，因为学习在很大程度上依赖于分析和理解。需要注意的另一个弱点是，课堂上没有完整和系统的实践活动与程序。认知方法作为一种教学方法，在系统的实践活动和程序上，还不是很完善。

5.3.5 交际法

20世纪60年代末，外语教师和应用语言学家对当时占主导地位的语言教学方法越来越不满，这些都反映在一些重建语言教学大纲的建议中。D.A.Wilkins在阐述基于交际标准的“功能概念”教学大纲设计方法的基本考虑方面发挥了重要作用。交际法是外语或第二语言教学的一种方法，它主张语言学习的目的是获得交际能力，强调交际过程中获取信息、利用语言与他人进行社会交往，同时强调交际活动为学习者和教师之间建立积极的人际关系提供了机会，这些人际关系有助于使课堂人性化，创造一个支持个人努力学习的环境。

交际法被许多应用语言学家和课堂教师认为是最有效的教学方法。交际法之所以如此吸引人，除了提供更丰富的教学环境外，首先它考虑教什么是合适的、准确的；其次它可以处理更广泛的语言，包括文本和会话以及句子；再次，它可以提供现实的和激励性的语言实践；最后，它使学习者“知道”语言的功能。

外语教学法似乎出现了一种新的趋势，即更加重视听和说来进行交际，而旧的外语教学法，包括语法翻译法，在语言教学中因过时或无效而被抛弃。我们不应该走极端，抛弃翻译方法，因为一个人的母语在外语学习中会有正迁移，所以我们应该充分利用翻译方法，使之发挥出最佳效果。当然，它不同于旧的教学方法，而吸收了其他教学方法的优点。学习外语是一个复杂的过程，因为它不仅与语言本身有关，而且与心理有关，随着研究的不断深入，我们发现语言学习越来越复杂，同时随着语言学习和语言学习研究水平的不断提高，由于人们对语言和语言学习的本质有不同的看法，每一种教学策略都有自己的目标和培养重点，而且各种教学方法都有自己的特点。总的来说，每一种外语教学方法都有其独特的优缺点，没有一种适合解决每一个问题的方法，因为所有的教学方法都是某一时代的产物。

随着语言理论的发展，尤其是心理学在教学研究中的广泛应用，研究者对外语教学的认识也越来越深入，教学体系也在不断完善。对外语教学的研究，要求把它的常规教学方法、独特的背景、目标、内容和步骤结合起来，才能得到最佳的、最适合的方法，才能获得最佳的效果。语法翻译法等传统的外语教学方法由于其独特的功能和表现，在漫长的历史长河中已经显示出了它的价值和生命力，如何在新的形势下复兴和更新翻译方法，是当今英语教师面临的一个重要问题。

5.4 翻译教学研究

关于翻译教学的学术论文相对较少，而且大多是专门研究，尤其是关于翻译教学与其他学科的关系。作为一门新兴学科，翻译研究对学科的发展具有重要意义。翻译教学理论的研究具有多样性、现代性和科学性。在多样性方面，学者们从文体学（Malmkjaer, 1993）、语言学（Uwajeh, 1994）、语篇分析（Nord and Christiane, 2012）和语用学（CoTé, 1990）等角度进行了分析，探讨了翻译理论、翻译课程、翻译目标等问题。就现代性而言，翻译教学与现代教育技术和翻译专业发展密切相关。就科学性而言，主要体现为对翻译理论与实践的结合、翻译改革等的研究。

对翻译教学理论的深入研究是社会对人才需求的需要，也是对其他相关学科发展的积极回应。针对翻译教学的理论研究，对翻译教学方法和策略的具体研究也非常丰富。根据不同教学对象的具体教学经验，学者们根据语言学和教育学的相关理论,提出了不同的教学方法和策略。一些学者从技术的角度探讨了计算机辅助翻译教学的策略,他们中的一些人提出了形式功能法和文本对比法(Waddington, 2001),一些人提倡翻译日记、翻译研讨会、合作学习和语料库建设(Fox, 2000)。总的来说,这些研究在一定程度上反映了语言学、现代教育技术和翻译研究的新发展,但缺乏全面系统的综述。与翻译教学策略的研究相比,对翻译评价的研究相对较少。在翻译评价方面,有学者探讨了学生翻译评价的有效性,提出了整体评价和错误分析等方法(Waddington 2004)。一些学者提出了基于数据库的学生翻译评估(Bowker, 2000)。

这些关于翻译教学的著作和论文,基本上能反映国外翻译教学研究的主要趋势。总的来说,外语翻译教学研究呈现出多元化和现代性的趋势。翻译教学方法研究内容丰富,具有一定的实际应用价值。翻译教学评价相对薄弱。这可能与翻译的本质和质性研究传统有关。

随着翻译学科的发展,翻译教学及相关研究越来越受到国内专家学者的关注。它在教科书、论文等内部学术活动中,以及学术组织、研讨会等外部学术交流中都有发展。穆雷(1999)的《中国翻译教学研究》是我国翻译教学宏观研究的重要著作。该书从课程设置、教材建设、师资培训、教学方法、翻译测试、教学研究等方面进行了全面的介绍和分析。许钧(2000)对此书给予了高度评价,他指出,穆雷对我国翻译教学的现状进行了系统深入的分析,从学科的高度着眼于"翻译学科建设"的根本问题,这本书引起学术界对翻译教学的关注,对了解中国翻译教学的发展起到了很大的作用。学术论文中对翻译本体论的研究很多,主要涉及翻译理论和翻译技巧,呈现出多学科的特点,但对翻译教学的研究相对不足。在一定程度上,不同方向的翻译教师逐渐意识到,要结合实际教学工作进行相关的研究。从研究内容来看,包括口译教学现状分析(卢信朝, 2006)、教学任务与目标(李学兵, 2005)、教学模式构建(张蓉, 2006)、教学方法探索(刘和平, 2005)、教学观(罗选民, 2002)、教学改革(许钧, 2000)等,这些研究反映了相关理论的发展和教学观念的改革,具有一定的实践价值。从研究方法的角度来看,研究中存在许多推测性的结果。当然,也有一些实证研究,但相对较少,需要进一步丰富和发展。在翻译教学方面,采用了问卷调查、案例分析等方法,主要涉及翻译系统的应用、教学模式、社会因素、需求分析等方面。然而,关于翻译测试与评价的研究还远远不够。在翻译测试研究层面,一些学者从CET—4翻译测试、CET—6翻译测试和TEM—8翻译测试(陈小慰, 2002)入手,探讨了学生在翻译测试中的错误,分析了翻译测试和翻译测试改革的重要性。一些学者试图从理论的角度分析翻译测试(李欣, 2004),结合语言测试的结构效度理论。翻译测试主要考查翻译理解能力、表达能力和知识水平。然而,与相关测试理论的结合似乎很少,翻译测试体系尚未建立。在分析外部因素和内部结构的基础上,武光军(2006)提出,翻译课程设计范式主要包括以学科为中心的范式和以学习者为中心的范式,并指出后者是未来的发展趋势。

这些观点对我们研究翻译教学的课程设置具有一定的启示意义。虽然不少学者在翻译教学方面做了一些探索,在导论方面也取得了不少成绩,但在课程设置、教学评价、师资培养等方面还有待进一步发展。

5.5 翻译教学与教学翻译

要正确理解翻译,有必要区分两个概念:教学翻译(teaching translation as a device)和翻译教学(teaching translation as a subject)。一些高中教师对翻译的认识模糊不清,很大程度上是因为没有正确区分这两个概念。

作为理论概念,教学翻译和翻译教学的差别首先是由加拿大翻译家 Delisle (1981)明确提出的。他曾为此下了定义:教学翻译是为了学习某种语言或在高水平中运用这种语言和深入了解这种语言的文体而采用的一种方法,是检验所学外语理解的练习,主要目的是学习外语。翻译教学不是为了掌握语言结构和丰富语言知识,也不是为了提高文体水平,纯正意义的翻译目的是要出翻译的自身成果。根据他的定义,教学翻译也称“学校翻译”,是作为一种教学手段来教学生的一些语言点,比如词汇、句型、语法的使用等,或者是检查学生对语言知识的理解,其目的在于发展学生的语言能力。而翻译教学是为外语专业学生设计的一个专业课程,使他们在具体场合进行笔译或口译,或者说翻译教学是为了培养专业的翻译人才。

Klaudy (2007)认为,要讨论翻译教学,首先要区分翻译的两种形式,即教学翻译(pedagogical translation)和真正翻译(real translation)。教学翻译和真正翻译在翻译的功能、翻译的目标和需要的人群三方面存在着不同。在翻译的功能方面,教学翻译是翻译作为一种工具性的使用，译文起到提高外语学习者外语水平的作用；教学翻译是唤起读者语言意识、练习或检测语言知识的一种手段。而真正翻译中，译文不是工具，而是翻译过程的目标。在翻译的目标方面，教学翻译是要了解语言学习者的语言水平相关信息，而真正翻译则是要得到包含在源语文本中的信息。在需要的人群方面，教学翻译是语言教师或语言测试者，他们需要了解语言学习者的语言水平；而真正翻译则是目标语读者，他们希望通过翻译了解原文的信息。

Gile (1995)也做了相似的区分，他将二者分为学校翻译(school translation)和专业翻译(professional translation)。他将学校翻译定义为遵照源语文本的词汇、句法选择而产生的翻译文本，这和专业翻译有明显的不同：专业翻译面向那些主要对源语文本的信息感兴趣的人。学校翻译的重心在语言的结构上，而专业翻译的重心在语言的内容上。专业翻译可以看作翻译的一种水平，在专业翻译中，语言结构问题不是非常重要，它只是一个次要问题。

Schaffner(1998)将翻译区分为教学翻译(translation for foreign language learning)和专业翻译(translation for professional purposes)。前者再现源语的内容，同时注意源语不同的语言结构，这是一种"解码—编码"的翻译；而专业翻译则是为了特定目的的语篇重构。

穆雷(1999)对二者的区别进行了较为详细的论述，她提出，将教学按其目的分成三类，第一类目的在于提高双语能力，重点比较语法和两种语言的基本特点及其在表达方式、习惯用语等方面的异同。它是作为辅助外语教学而进行的翻译教学，即教学翻译。第二类目的在于培养翻译工作者，其重点为培养正确的翻译观和提高翻译能力。它是为培养译员而进行的翻译教学，即真正意义上的翻译教学。第三类目的在于提高双语表达能力、扩大知识面、了解多种文化及其交流的过程与特点，它是为推行素质教育而进行的翻译教学。

张美芳(2001)指出，教学翻译和翻译教学是两种不同性质、不同层次的教学类型，前者的目的是巩固和培养学生的外语语言能力，后者旨在培养学生的双语交际能力。在教学翻译中，翻译附属于英语教学，是教学手段，而非教学目的。翻译教学把翻译作为一门课程进行教学，要具有译的基本能力，译出自身的成果，同时使学生了解一定的翻译理论，学会一些翻译技巧，具备基本的翻译能力。教学翻译中，翻译被认为是外语教学中的手段而非目的；翻译教学则把翻译作为一门专业来教，其目的是要翻译自身的成果。

从以上中外学者的论述可看出，教学翻译和翻译教学二者的概念不同，教学目的也不一致，教学要求和方法也是不同的。教学翻译是教学的策略、资源和手段，是在高中英语教学中帮助学生打好语言能力基本功，围绕教学内容所进行的语言翻译。它突出英语与母语的对比，从而使学生更好地理解、掌握英语，强调英语听、说、读、写、译等各项技能全面平稳地发展以使学生的语言综合能力得到强化和提高。在高中英语教学中尽管存在着教学翻译和翻译教学两种形式，但是高中英语教学主要培养学生的语言综合能力，翻译的运用在英语学习中起到一种工具性的辅助作用，高中教师即使在课堂上讲翻译，也并不是为了培养专业的译员。其对象是高中生，而不是外语专业或翻译专业的学生(张美芳, 2001)。

第6章／高中英语翻译教学

6.1 高中英语翻译教学的发展

高中英语翻译教学，从新中国成立以来，主要可以分为以下三个不同阶段。

第一阶段为20世纪50年代初至80年代中后期，这一阶段的明显特征是语法翻译法在教学方法上占主导地位。在这个阶段，高中英语翻译教学既是目标，又是内容和手段，教师一般采用语法翻译法进行教学，英汉间转换的翻译练习在这一阶段占有很大的比例。

1956年，教育部颁发了《高级中学英语教学大纲(草案)》，该大纲对高中英语教学目的表述如下：教会学生借助词典的帮助，阅读并了解简易英语读物或文章。而对于高中生英语具体的语言知识和技能，大纲规定，在高中3年内学会1 500个单词，获得必要的语法知识，并能运用这些知识进行造句、翻译的练习。这一时期，高中英语教学只强调提高中学生的英语阅读能力，而忽视培养学生听说的能力，忽略了英语是一种交际工具这一重要职能。

1963年，教育部颁发《全日制中学英(俄)语教学大纲(草案)》。与1956年的教学大纲相比，这部大纲扬弃了先前唯独重视阅读能力培养这一片面性问题，提出的教学目标更为全面、明确。这份大纲的一大特点就是第一次提出了英语语言的五技，兼顾听、说、读、写、译五种能力的培养。

1978年，教育部颁布了《全日制十年制中小学英(俄)语教学大纲(试行草案)》。这份大纲将前一部大纲的内容与要求进一步细化，还将学生的英语自学能力纳入培养范畴。

1985年，全国中学英语教学调查与分析小组用大量数据和事实表明，我国中学生英语水平低的原因在于英语教学“重语法规则的讲授、轻实际能力的培养”。这一结论引起了英语教研工作者与英语教师的强烈反响。于是,英语教学改革的中心议题开始变为转变教育观念、改进教学方法,翻译教学开始向第二阶段过渡。

第二阶段为20世纪80年代中期到90年代末。这一时期的翻译教学遭到抵制与排斥,随着直接教学法、听说教学法、交际法相继出现,有着数百年历史的语法翻译法逐渐失去其在高中教学的统治地位。这一时期的关注点与理念,与以往有所不同,即一切从零开始。学生在学习英语时,最好还不会母语。这是由于传统语言学认为,语言错误产生的主要根源之一就在于母语的负迁移,能否学好外语取决于是否能够有效地排除母语的干扰。在这样的背景下,英语课堂上绝对不使用母语教学,即便学生听不懂、跟不上,也丝毫不动摇,因为母语的负迁移是错误的源头。这样一来,翻译就被排斥在教学法与高中英语教学范围以外,而教学大纲也随之做出了调整与改变。《全日制六年制重点中学英(俄)语教学大纲(征求意见稿)》于1982年颁布。该大纲把听、说、读、写、译五会改为听、说、读、写四会。这四项技能的表述从那时起一直沿用至2000年。该教学大纲明确指出:全日制高级中学英语教学的目的是在义务教育初中英语教学的基础上,巩固扩大学生的基础知识,发展听、说、读、写的基本技能,培养在口头上和书面上初步运用英语进行交际的能力。

第三阶段以20世纪90年代末为起点。1998年上海市英语再次启用消失已久的语言技能检测题型,人们对"译"这个综合使用各项技能的语言活动能力有了新的认识。由于高考中翻译题型的出现,高中英语翻译教学在遭到排斥数年后重新回到中学英语课堂中。2003年,国家新课标出台,七级以上的目标均明确提出了"译"的要求。八级的要求为:能进行一般的生活翻译。九级则是带外宾购物或游览等能进行一般性口头翻译、能进行简单的笔头翻译。2004年,上海市新课标也对翻译能力提出了明确的要求,即能进行一般性内容的谈话的口译、能承担一般性内容的演讲和报告等现场的口译任务。翻译教学有了新的要求、目标,教师与学生对英语翻译教学与翻译能力也有了新的认识。

6.2　高中英语翻译教学研究

专家学者对于高中英语翻译教学研究较少。一线英语教师写的相关论文数量也不多,大多基于教学实践。近些年,有一些硕士研究生毕业论文选取了这方面的主题,论述较为深刻。吴晓萍(2003)认为,高中阶段的翻译教学与任务型教学是相结合的。吴忠乾(2006)认为,要加强翻译能力的培养,要关注翻译课程对高中英语教学的积极作用。范晓虹(2008)认为,在农村高中英语教学实践过程中,老师应该注意培养学生学习运用翻译技能的能力。张怡(2010)认为,奈达的功能对等理论适合作为高中生进行翻译实践的指南。张继龙(2010)提出,以奈达的等效理论指导高中英语翻译教学,以达到提高高中英语翻译教学的目标。傅妍(2011)调查了上海高中英语翻译教学现状,发现翻译教学受重视的程度有所欠缺。沈学良(2012)提出,高中英语教学中,宜建立一个语法翻译法与交际法相结合的模式。郭峰(2012)认为,翻译练习是高中英语教学的一种有效教学手段,输入假设理论和输出假设理论对翻译练习在高中英语教学中的运用研究有一定的指导意义。丁惠斌(2012)提出,采取合理、有效的策略培养学生汉译英意识,全面提升学生的汉译英能力。韦健敏(2013)提出,构建一个适合高中实际的运用口译训练提高学生综合应用能力的创新教学模式。张怡(2014)提出,将翻译技巧灵活地运用于高中英语课堂教学。苏华南(2014)提出了英汉互译对比法在高中英语翻译教学中的具体实施方法,以及在高中英语翻译教学中运用"阶梯式"英汉互译盘点法。刘奇(2014)探讨了词块习得与英语教学效果的相互关系,一定程度上揭示了词块习得与英语翻译教学的关系。田文琴(2014)提出,在课堂中教基本的翻译理论,以奈达的功能对等理论指导翻译教学。郑从军(2016)认为,高中生在英文翻译中只能一字一句地翻译,提高学生翻译能力迫在眉睫。吴梦博(2017)认为,在翻译教学中有效运用任务型教学法可以更好地提高学生英语学习的水平和能力。

6.3 高中英语翻译教学模式

"教学模式"是指构成课程的课业、选择教材和提高教师活动的一种范式或设计。在我国,到20世纪80年代中期才开始介绍国外教学模式的理论,并进行研究和实践。"教学模式"是在一定教学思想指导下建立起来的较为稳固的教学程序及其方法的策略体系,包括教学过程中诸要素的组合方式、教学程序及相应的策略。目前高中英语翻译教学的模式主要可以归纳为以下几种。

6.3.1 传统翻译教学模式

传统的翻译教学“以教师为中心”,教师是学生译文的仲裁者,学生把教师的参考译文视为神圣不可侵犯的东西,不敢妄加改动和质疑。这种教学模式严重束缚了学生进行译语表达的积极性和创造性。在传统翻译教学模式下,教师是整个教学过程的主角,教师将事先准备好的教学内容,包括翻译知识、翻译技巧以及翻译练习等,灌输给学生,学生再消化吸收老师所传授的知识。该教学模式可称为“填鸭式”教学。因而,学生思考的空间和积极性必然受到影响。为改变这种“授人以鱼”的方式,教师与学生在教学过程中的角色应进行转换,教与学的观念也应有所转变。

传统翻译教学的教学翻译实践内容单一。传统的翻译课程以翻译练习和课堂讲解为主,教材所提供的或教师所准备的翻译练习基本上是英译汉或汉译英的段落,教师所选的翻译例文或翻译练习,基本上是文学作品中的句子或段落,那么相应地,学生所学到的翻译知识也就成了以文学翻译为主的基本技巧及评价标准。这种单一的翻译实践在教师的反复讲评中,一方面会使翻译课程枯燥无味,打击学生学习翻译的乐趣及积极性。另一方面当学生走向社会,面对纷繁复杂的翻译实践时,会无所适从。在当今社会,文学翻译在整个翻译实践中所占的比例较小,翻译所涉及的领域广阔,包含社会、政治、经济、文化等各个方面,文学翻译实践不能替代其他体裁的作品和文章,从文学翻译中总结出的经验并不一定对其他体裁的文本具有普遍的指导意义。

翻译对比研究欠缺。俗话说:文如其人。不同作者写出的作品各具特色,同样,不同译者在翻译同一文本时所体现的风格也是不一样的。翻译教学中应该涉及不同文本的比较,同时增加学生对译文的鉴赏,但是,传统的英语翻译教学在译者风格对比上存在很大的缺陷,有些翻译教材很少涉及这方面的知识。这样就使翻译课堂上学生重复单调的翻译练习,学生容易感到厌倦,从而失去对翻译的兴趣,进而影响翻译教学的效果。

6.3.2 多媒体网络翻译教学模式

现阶段我国高中英语翻译课教学模式课容量小,缺乏真实语境,课堂效率低,翻译研究往往停留在静态上，忽略了翻译过程的动态研究，制约了学生翻译能力的发展。网络多媒体信息技术与翻译教学的整合，使传统教学手段无法解决的难题迎刃而解。

首先，翻译研究是一个动态的过程，课堂翻译教学不可能把所有的东西都教给学生，而网络能最大限度地延伸和扩展翻译教学内容，学生利用语料库提供的真实翻译语境、电子版的文化背景知识和海量的网络资源获取大量的翻译信息，增强自主翻译的能力。这在很大程度上激发了学生的学习兴趣和学习动机，促进了学生自主探究学习和协作学习能力的发展，其学习方式和过程的改变顺应了新时期对翻译教学的要求，有利于翻译人才的培养和学生的后续教育。

其次，网络教学有助于教师因材施教。翻译是实践性很强的活动，教师对学生翻译实践的个性化指导是提高翻译能力的关键。学生存在翻译水平、翻译能力、认知风格等差异，出现的问题也因人而异，教师只有通过个别指导才能有针对性地解决问题。网络为翻译教学提供了灵活的电子档案袋和修改空间，学生和教师可在电脑上完整地记录翻译过程、评判过程、修改意见和修改结果。可见，网络教学在对翻译过程的跟踪和教师的个性化指导方面，与传统班级授课制相比，有着难以企及的优势。

此外，网络还为师生、生生之间的翻译探讨、翻译评论、作业互评等提供了互动平台，这一过程对促进学生翻译能力的提高有十分重要的意义。在翻译教学中，无论是翻译技巧还是翻译实践课型，教师都可以教学内容为基础，借助现代教育技术，既有生动形象的课堂讲解又有适时插入的多媒体课件，既有课内的理论阐述又有课外的形式多样的翻译操练，既有恰当的文字讲解又有直观的影视画面，既有文学翻译又有非文学翻译，既有一般的形成性评价和终结性评价又有师生和生生互动式评价等。这样的多维信息输入模式要求教师建立多维的翻译教学“资源库”，因而对翻译教师的素质提出了相当高的要求。教师不仅要十分熟悉翻译教材、内容及教法，更要善于利用多媒体、网络，以及各种在线信息、声像材料、影视素材等制作简单实用的教学课件。翻译教师要不断充实自己的语言知识，积极学习科技、经济、外贸、金融、法律、军事、教育、影视、媒体等方面的知识，使自己成为一个名副其实的“杂家”。在给学生提供多维信息输入的过程中，教师只充当协调员、协助者、咨询员的角色，给予学生及时的指点、检查、反馈、诊断、评价、肯定、建议，并随时接受来自学生的挑战。

实践证明,这种形象而多维的信息源可以强化信息刺激,增加信息输入量,还能激活学生学习的主观能动性并激发其学习兴趣,从而提高翻译教学效果。现代教育信息技术具有交互性强、多媒体功能突出以及非人性化特征,非常适合翻译教学的需要,可以有效地克服传统翻译教学的不足,大大提高翻译教学的效率。多媒体网络可以存储大量的信息资源,可以按不同的信息分类建立多媒体教学的素材库。在现代信息技术条件下,翻译教师只要坐在多媒体网络的教师用机前,就可以快捷地检索教学所需的信息。这样,既可保证教学内容的时效性,又可以将课堂与社会有机联系起来。教师还可根据学生不同的兴趣和特质,将多媒体教学素材展现在每个学生的电脑上。

现代信息技术可以让翻译教师充分考虑学生学习中的非智力因素。如对文学感兴趣的学生,教师可以给他们文学方面的材料来进行翻译练习;对科技感兴趣的学生,则可以让他们练习科技翻译,从而实现因材施教。计算机仿真生成的虚拟现实世界,可以创造一种身临其境的真实感。学生通过虚拟的现实情景,能更好地感知客观世界,更快地获取有关技能。利用多媒体网络从事翻译教学和翻译练习,每个学生的译文都在网上发布,这样,翻译者就像在透明的玻璃画板上作画一样,背面的观众可以看得清清楚楚,就构建了一种译者—读者的虚拟现实。学生在翻译过程中,就不能无视其他同学——读者的存在,就会考虑读者的兴趣、爱好、语言习惯以及审美方式等,学生成了真正意义上的译者。

然而,多媒体网络教学模式作为一种单一的教学模式,其缺陷也是存在的。比如,学生对于计算机网络技术的接受程度,学生参与学习的自主性和积极性,教师驾驭课堂的能力,教学活动和教学质量控制与把握等,都是这种教学模式有待完善的地方。而如果学生长期参与这种教学模式,则有可能对计算机网络技术产生适应性和依赖性,网络的虚拟化和开放化很有可能给学生带来思维定式,导致学生今后难以适应实践中英语翻译的各种情境。

6.3.3　人本主义翻译教学模式

人本主义教学模式基于罗杰斯(Rogers,1982)提出的系统的人本主义学习理论,即主张学生中心教育,将学生视为教育的中心;学校为学生而设,教师为学生而教。罗杰斯在《学习的自由》一书中详细阐释了以自由为基础的学习原则，主要有：第一，人皆有天赋的学习潜力。教师应该首先认定，每名学生都各有其天赋的学习潜能。第二，教材符合学生目的才会有意义。教材是否有意义，不在于教材本身，而在于学生对教材的知觉。教材必须符合学生的生活经验，有助于实现他的生活目的。第三，在较少威胁的教育环境下才会产生有效的学习。教师必须充分理解每名学生的条件，尽量在教学要求上使每名学生都能获得成功多于失败的机会，使每名学生都有展现其优点的机会，从而减少学校教育中的威胁气氛，以利于学生的学习。第四，主动自发、全心投入的学习才会产生良好的效果。教师在安排教学活动时，只需提供学习活动的范围，让学生自由选择，决定方向，探索和发现结果。教师只是在一旁协助，以减少阻力和挫折。第五，自评学习结果可养成学生的独立思维和创造力。

人本主义学习理论为实现全人的教育，对教学活动提出了要求：教学环境要对学生的认知形成一定的挑战，但应该保持轻松、愉快、自由、支持的学习氛围，促进学生积极情感的培养和形成，克服消极情感，从而提高认知效果与情感升华，促进学生的全面发展；教学过程中，教师是指导者、组织者、学习合作者，学生自主地选择学习内容、策略和进展，而教学内容具有针对性和个人意义，从而保证学生自由地发挥其认知和情感潜力，提高认识世界和自我认识能力；教学评价不仅是传统的对学生已学知识的检验，不只是教师以考试分数来评价学生。学生应该成为教学评价的主体，通过反思对已学知识进行评价，而且对自己的情感状态进行主观描述、解释和说明。

因此，与传统翻译教学模式的以教师为中心相反，人本主义教学模式强调翻译教学以学生为中心。教师的角色不再以翻译知识的传播者和呈现者为主，而是从“教”变为“导”。学生由原来的被动接受者，转变为主动参与者，成为知识的探究者和意义构建的主体，成为知识的主人。对学生而言，传统模式是教师“要我学”，而人本主义的模式则是“我要学”。有的翻译教师做过试验，在没有教授任何翻译技巧的情况下，让学生做翻译练习。结果证明，仅一次短文翻译实践，传统教科书上所列举的翻译技巧，学生几乎全都无师自通，而且运用自如。这充分说明了学生主观能动性的巨大作用。认知理论认为，教学不是知识的“传递”，而是学生积极主动地“获得”。教师要为学生创造良好的学习条件和环境，激发学生的学习动机，提供合理的学习策略，从而促进学生的学习。由此可见，人本主义的教学模式无论在理论上还是实践上都是可行的。

6.3.4 社会实践翻译教学模式

长期以来，传统翻译教学多以文学翻译为既定的教学内容，教师所选译例及翻译练习，大多是文学名著中的句子和段落，学生所学的也就基本上是文学翻译的基本技巧和评价标准。当学生走向社会面对纷繁复杂的翻译实践时，常常感到无法适应。社会实践型教学观认为，教学应使学习在与现实情境类似的情境中发生，以解决学生在现实生活中遇到的问题为目标。学习的内容要选择真实性的任务，不能对其进行过于简单化的处理，而使其远离现实的问题情境。翻译能力最好在真实的或模拟实际的翻译环境中加以培养，供学生探索的翻译材料应是真实的或模拟真实的材料，所选择或供选择的内容应尽量广泛，不仅应包括文学，还应包括科技、经济、管理、外交、外贸、金融、法律、军事、教育、影视、媒介等社会生活的方方面面。在情境模式下，翻译教学应遵照人才市场需求和人的生存发展需求。否则，翻译教学就是一种封闭教学体系，不能激发学生学习翻译的内部动机。

从目前情况来看，高中阶段所实行的社会实践型教学模式的主要形式为对外交流和课程进修，具备一定条件的学生通过上面两种方式来进行实践型学习。当然，就现有条件而言，该模式还不能全方位、大面积展开，但是这一理念必会在今后的翻译教学模式中得到更大的发展和推动。

以上所列举的是目前常见的几种不同的英语翻译教学模式，几种教学模式各有优势和弊端，只有将不同模式进行有机结合、取长补短，才能进一步提高和优化高中英语翻译教学，帮助学生提高其翻译能力和水平。

6.4 高中英语翻译教学现状

翻译是指将一种语言翻译成另一种语言的行为或过程，是学生掌握一门外语所必需的。高中英语教学作为中学教育的重要组成部分，在语言学习过程中起着重要的作用。在长期的中学英语教学中，为了考试的需要，教学内容常常围绕应试重点讲解词汇，进行阅读、听力和写作能力的强化训练，翻译教学在中学英语课堂长期没有得到重视，或者说从来没有引入过。另外，在中学英语教育中，受考试指挥棒的控制，很多处于中等教育阶段的教师采用传统意义上的英语教学方式，教师们为了片面追求高分，在教学中也只看重语言知识的枯燥学习和机械操练，并不重视语言综合运用能力的培养，使学生英语能力素质下降，一大批双语基础知识差、语言能力低下的学生便由此而生，这在一定程度上阻碍了高中阶段翻译教学的正常开展。

许多高中教师在课堂上普遍采用任务型英语教学。教师根据课程安排，组织贴近学生实际的教学活动，引导学生参与，学生通过思考、调查和讨论来完成学习任务，但长期以来受高考的影响，教师的教学方式和学生的学习方式似乎有点理想化。所以教师不仅要重视学生翻译能力的培养，更要重视学生自身综合能力的提高，以适应翻译在未来教学中的应用，学校应开设与翻译相关的选修课，相关部门应在普通高中英语教学大纲标准中增加翻译能力。因为翻译是其他语言技能的综合运用。翻译练习有助于加强英语学习。通过翻译练习，学生将发现自己的问题，测试和加强其他语言技能的准确性。因此，翻译一方面有助于提高英语和汉语的水平，另一方面可以促进学生的文化意识。

受当前高考考试标准的影响，教师在英语教学中忽视了对学生翻译能力的培养，学校也没有给予足够的重视，提供任何与翻译相关的替代课程，都会导致学生翻译能力的薄弱。众所周知，任何一种语言学习理论和教学方法都会随着时间的推移而改变，这意味着没有一种方法是一致的或固定的，因此，没有一种方法可以与其他方法隔离开来或排斥其他方法。高中英语教学的现状和教学目标对现行的教学模式提出了挑战，在实际的课堂教学中应该采用哪种教学方法，以及如何灵活、恰当地运用不同的教学方法，是英语教师面临的问题。在英语教学中，语法翻译法是一种很有价值的教学方法。正确认识翻译的意义，要摒弃以往认为现代英语教学中的翻译训练等同于传统语法翻译方法的刻板印象，重新审视翻译方法。

6.4.1 翻译教学模式单一

翻译教学缺乏对学生语感能力的培养。普通高中学生英语课一般为每周6个学时，在课堂外大部分学生很少阅读英文图书和报刊等。高中英语翻译教学面临着学生语感较差的突出问题。目前，在对待英语能力考试的问题上，许多学校、教师、学生存在错误认识。教师们在素质教育和应试教育的矛盾冲突中被束缚住了手脚，而学生们更是急功近利，他们错误地认为没有必要学习翻译知识和技能，只要会读会写，自然就会翻译。

传统的英语翻译教学模式有以下特点。

第一，以教师为中心。目前大部分学校的翻译教学仍是采用传统的教学模式，即以教师为中心、知识传播单向地由教师指向学生，注重翻译的终端效果，即学生的译文。因而教学过程中师生之间合作和互动相当有限，学生之间也缺少必要的合作和交流，无法充分发挥学生的主体作用。传统的英语翻译教学方法片面强调语言知识和翻译知识的传授，轻视培养学生的创新精神和翻译实践能力。

第二，"理论无用论"的误导。受传统文化的影响，我国的学术研究一直比较重视实用性，忽略了基础理论的研究，限制了研究视野，也影响了学科建设的发展。作为翻译教师来说，从事任何一类教学，都应了解翻译理论的基本内容，认识翻译理论与翻译实践的密切关系，并能结合理论对自己的翻译实践和翻译教学进行分析研究，这样才能逐步提高自己的认识水平，提高翻译实践和教学能力，真正达到教学目的(穆雷，2006)。

对于以上两方面的不足，如果教师能结合自己的研究，把翻译理论融会贯通，在技巧和知识的传授中，会使学生不仅知道应该怎样译，而且知道为什么要这样译，知其然也知其所以然。掌握了一定的理论基础，学生在翻译实践中才能独立解决问题，通过理论分析克服实践中遇到的困难，尽快提高自己的翻译实践能力。对于喜欢翻译的学生来说，翻译理论是必不可少的学习内容，区别只是不同的年级，翻译理论所占的比重有所不同(穆雷，2006)。学习翻译理论，不仅可以提高学生的理论素养，还可以帮助学生认识翻译活动的基本规律，更快更有效地提高翻译实践的能力，达到事半功倍的效果。另外，学习翻译理论后能认清翻译活动对人类社会文化建设的重要意义，认清翻译学与其他相关学科的关系，了解自己工作的社会文化价值，真正热爱自己的工作。

翻译教学本身很复杂，而且独特灵活，并具有多样性，这必然要求教学方法因地制宜、因材施教。近年来，国内外教育界学者们对教学方法的研究成果显著。但是在实际操作过程中，因为具体的环境、具体的个体、具体的实际情况等因素影响，教学方法的具体使用还相对比较滞后。如何找到一种适合一个群体的教学方法，仍然是个巨大的挑战。

6.4.2 翻译教学理念偏差

如作为指导者的教师群体对翻译教学有误解和认识不充分,必然会导致教学理念上的定位不准,从而产生教学偏差。而就具体的教学理念而言,正如俗话所说的那样:教无定法。近年来,由于国外各种教学流派的引入,中学阶段尤其是高中阶段英语教学的教学方法层出不穷。特别是随着在当今占主流地位的交际法的出现,传统的语法翻译法被当作只讲语法、机械翻译的过时方法而遭到完全的否定和摒弃。同时,交际法所倡导的语言交际能力的培养,也被一些教师片面地理解成一切教学活动都应在单语教学的范围内进行。

因此,教师们为了创造出理想的英语交际环境,培养英语思维习惯,在教学过程中盲目追求纯英语教学和英语操练,排斥母语和翻译训练,使翻译教学在中学英语教学过程中被遗忘。翻译教学最重要的目标之一,是帮助学生对翻译的原则形成健全的意识,并自觉地将其运用于自己的翻译实践。这种健全的翻译原则意识显然只能以某种健全的理论为基础,因为任何一种严谨的翻译教学都应该以中肯而切要的理论为指导。与其他课程相比,翻译是一门实践性很强的课程。它不能局限在教师讲解或学生练习的单方面活动的层面上。通常情况下,教师讲解理论知识、学生实践练习是一种较普遍的做法。

6.4.3 翻译教材匮乏

对于初学者来说,理论知识涉及翻译操作的一些基本知识和技巧,每节课教师讲解的内容不像其他课程那么多,所以有时候教师会感到没什么可讲,将大部分时间留给学生练习。对于这门课来说,练习确实需要很多时间,但如何组织学生练习,调动学生的积极性,激发他们的兴趣和合作精神,让他们主动而不是被动地参与练习,这是教师们正在摸索的课题。学生接受能力的不同、个体的差异、翻译材料的难易等,都会影响教师的课堂组织与管理。而学生在实践过程中,大部分情况下没有或很少将理论运用于实践,或者毫无根据地胡乱翻译。目前,大部分教师教学思想、教学模式、教学方法相对陈旧与单一。在教学思想上,教师过分依赖教学大纲,缺乏灵活性。教学模式与教学方法基本上沿用老一套,讲授多于实践。现在大多数学校虽设有多媒体教室，但外语教学对多媒体的应用常常仅限于听力与口语教学上。翻译教学局限在黑板上，记笔记、做作业、对标准答案。这种教学方法与模式既不利于调动和发挥学生自主学习的积极性，也违背语言学习规律，无异于纸上谈兵，不利于学生英语水平的提高。

教师素质和认识方面也存在很多问题。很多教师理论基础薄弱，授课时感到力不从心，无从下手。与此同时，教师一方面受限于班级大、学生多，课堂活动不易组织操作；另一方面又迫于授课时量大，没有足够的时间和精力进修或自修以提高自身的素质和业务能力。目前的状况是，教师对翻译技巧的讲授缺乏整体的规划，缺乏系统性。

翻译是学生正确理解原文并且创造性地再现的过程。但在当前，随着交际法逐渐成为主流而取代语法翻译教学，教师在课堂较少翻译所学篇章而改为以英语交流为主，注重学生听说和阅读理解能力的培养。一些高中把英语总学时平均分为听说和读写两部分，课堂上用来学习翻译的时间很少，一般是寥寥几个句子的翻译。

21世纪是高度信息化、科技化的新时代，为了适应这种形势，21世纪的人才应符合知识、能力和素质三方面的基本要求。在未来的工作中，学生将更多地接触到与所学内容有关的翻译活动，因而有针对性地进行专业英语知识的学习和翻译技巧的训练显得尤为重要。然而，现行的高中英语教材中所配的翻译练习多侧重于对语法的巩固，针对专业英语翻译方法和技巧介绍与训练的教材极其匮乏。教师所能找到的教材，多为英语专业的教材，其内容庞杂，没有专业针对性，不便用于高中英语翻译教学。目前很多中学使用的英语教材，在翻译部分的设置上，不能满足学生需要，所以上课的时候，老师采用“弃之不用”的原则，教材形同虚设，上课完全靠老师发挥。因此，好的翻译教材实在是很有必要。教材在内容上应该突破老教材的局限，除了一些基础理论之外，还应该介绍一些新的翻译家、翻译思想、翻译理论，这样学生不但会学到基本的翻译知识，也会为以后做相关研究打下基础，为壮大翻译队伍培养后备力量。

学生对翻译课的印象是，只要词汇量大就能学好翻译。而事实并非如此，同一个词在不同语境下意思不同。再加上学生难免会有急于求成的心理，不从最基本的做起，最简单的翻译得不到重视，稍难些的又会让他们失去兴趣。对于初学者来说，没有技巧和技能的指导与制约，便不知道如何翻译，也不知道翻译得好还是不好。

同时，目前中学所使用的教材中大多数举例相对较难，文学类的例子较多，适合初学者的简单的、基本的例子较少。对于学生来说，容易因太难或与他们的生活无关而失去兴趣。

当前国内各高中学校普遍使用的几套教材所设置的内容包含了对学生的听、说、读、写等方面的训练，但是很少涉及对翻译原则、标准、过程和要求等基础翻译理论知识以及常用的翻译方法和技巧的介绍，尽管现在的综合教程每个单元都有几个句子翻译或段落翻译练习，但这些翻译练习重点是复习和巩固课文所涉及的词汇、句型、句法结构等语言知识，所以学生在翻译时重视了对新词汇的使用，而很少琢磨翻译的其他要求。再者，学生本身对翻译方法和技巧不了解，他们不是仔细理解原文的意思，根据译文的特点，利用自己的词汇、语法和翻译方法、技巧自由自在地发挥，而是拘泥于原文句子的结构和词序进行直译。所以翻译教材匮乏的问题在现在的高中英语翻译教学中也是极为突出的一个问题。

第7章／翻译在高中英语教学中的应用

英汉翻译作为一种教学策略，其教学任务和教学质量有别于专业翻译，因为专业翻译课的主要任务是教授学生基本的翻译知识、翻译技巧和翻译理论，然后通过大量的翻译实践练习，让学生体验和总结自己的翻译技巧，目的是使学生具备必要的理论知识和技能，了解翻译的基本规律。这门课程必须以掌握一些基本的英语知识和技巧为基础，适合高水平的学生。汉英翻译作为教师在课堂上的一种教学方法，是提高语言学习者学习基础的有效途径。众所周知，语法是英语学习的基础，输入假说在第二语言教育中也有重要的作用，由此引发的问题值得思考和重视。教什么、怎么教，应该以学习者为本。课堂上的第二语言输入是学生接触目的语的主要途径，对培养学习者的语言能力有重要的作用，因此，对第二语言输入的研究十分必要。传统的研究主要是从教师的角度来研究输入什么和如何输入，认为学习者应该知道如何接受和获取知识，这就产生了教师是否能理解和掌握语言的隐性问题。

7.1 高中英语翻译教学的重要性

由于高考制度和上海特殊的英语教学环境，教师在日常工作中遵循一定的教学方法是不明智的，也是不可能的。为了寻找最合适、最有效的教学方法，教师应以先进的教育理念为指导，开辟与我国语言教学发展相适应的途径。语法翻译法作为一种旧的语言教学方法虽然已经过时，但其优势和作用不容否认、不可忽视，换言之，可以以一种新的方式来恢复这种教学方法。一方面，语法翻译方法是以语法规则为基础的，语法不仅是语言的基础，也是准确表达的前提，对于那些对自己翻译的正确性有困惑的学生来说，充分利用学生的母语进行翻译，可以帮助教师把一些抽象复杂的东西转化为直接清晰的表达。如今,教师面对的是一大群个性和文化背景不同的学生,不容易进行统一的教学,因此,采用新的翻译方法成为教师的一种明智选择。

多做翻译练习有助于培养学生的英语思维习惯,翻译有助于巩固学生所学的英语知识。翻译实际上包括两个过程:理解和表达。学生应该先了解汉语句子的意思,然后找到用英语表达的正确方法。第一个过程是吸收信息,第二个过程是输出信息,在这两个过程中,大多数学生能发现自己没有说清楚的东西,然后把知识点记在心里。翻译有着不可替代的优势,假设老师指定写一篇作文作为作业,学生可能会抱怨写作文费时、麻烦,从而导致对作业的厌倦态度。至于老师,阅读和批改学生的作文也是一项费时的工作;如果老师要求学生做一些听力作业,要保证学生认真、专心是很困难的,甚至是不可能的,因此可以把翻译的方便性和有效性看作学生每天的作业。

教师在日常的试卷分析中也可以适当地运用英语翻译法。参加英语考试的学生中,很少有人能真正用英语思考,大多数人由于时间的限制,会不自觉地使用意译法,但不可能每一道题都采用意译法——这需要日常的翻译训练和实践。无论你在开始翻译时选择略读还是扫描,你首先应该了解问题的内容。在这里,老师应该根据学生的节奏一步一步地推进。不仅在阅读实践中,翻译还可以应用于写作教学中,对于理科学生来说尤其有用。我们经常会发现有的理科学生的文章很糟糕,甚至是空白,这可能是因为他们对语言学习缺乏积极性和热情。我们可以通过翻译来改善这种情况。我们可以列出基本的句型,让他们知道用句型来表达自己的观点,通过句型练习恢复学生的动机和信心。教师应该努力培养学生对翻译的兴趣,这无疑是有益的。

高中生有很强的求知欲和自我表现的欲望,教师可以在课堂上或年级中举办英语翻译比赛,激发学生的学习兴趣,口译与翻译的结合符合高中生的身心特点,高中生需要成就感。英语原著是学生阅读的最佳材料,学生可以从中获得英语的精髓。教师可以安排适当的时间让学生阅读原著的一些摘录,然后在课堂上翻译成不同的语言。学生不仅可以体验语言和文化的美,而且可以获得宝贵的语言技能。

在英语教学中,我们应该尽可能多地提供或获取语言输入,以促进英语学习,但这并不意味着英语教学都应该用英语进行,在英语课上完全不使用母语,我们建议有必要在某一阶段或某一场合使用母语，其目的是更快更好地学习和掌握语言，同时可以克服母语对外语学习的干扰。

在英语学习之前，学生已经能够用母语进行交流，他们的时间、地点和空间的概念已经形成，学生已经学会了如何用母语表达这些概念，因此，借助已建立的概念，我们只需要引入一种新的符号表达系统，使学生有一种新的思维方式对某些概念加以掌握。很明显，对母语的解释能产生更清晰、更深入的效果。恰当地使用母语也有助于学习者更好地理解汉语和英语的不同特点。我们知道，在外语学习过程中，另一种语言系统的影响是导致错误的原因之一。如果能将英语的内容以适当的方式使用母语，并说出两种语言在同一结构中存在的差异和特点，使学习者了解和识别英汉两种语言在使用中的不同特点，就能在用英语进行交际时，有意识地避免母语的干扰，减少错误。

既然不能避免这些问题，如何更好地运用不同的教学方法，成为当今每一位英语教师都要考虑的重要问题。就笔者而言，翻译可以作为一种有效的手段应用于日常课堂，以检验学生是否掌握了教师在课堂上所教知识的核心。在翻译过程中，学生将所学的语言点反馈给老师，老师及时发现错误，指出和纠正，使学生认识到错误，增加正确的知识。在介绍了语法规则、关键词或其他内容后，教师可以要求学生做一些翻译练习，以检查和巩固教学效果，同时，如果学生在翻译过程中出现错误，也可以要求学生做一些翻译练习加以纠正，找到困惑点。可见，翻译作为解决问题的一种切实有效的方法，也可以极大地提高语言教学的效率。

7.2 高中英语翻译与词汇教学

翻译一方面可以促进学生英汉两种语言水平的提高，另一方面还能加强学生对英语和汉语两种文化的认识。翻译还是听、说、读和写四项技能的运用(穆雷，1999)。翻译可以促进学生的英语学习，学生通过做翻译练习，可以对自己所掌握的听、说、读、写四项基本技能进行多方面的检测，查漏补缺，并使这些技能不断得到提高和巩固(冯庆华，2002)。

S. D. Krashen (1985)提出了输入假说：“可理解性输入是语言习得的必要条件

和关键，语言输入的意义必须为学生所理解，而输入的语言形式或功能则应超出现有水平。”根据Krashen的输入理论，教师在课堂上必须确保语言输入的可理解性。然而，学生在课堂上用外语接受语言输入时，有时会遇到一些大大超出其现有知识水平的信息。这些信息会使学生不知所措，从而降低他们的学习效率。在这种情况下，如果教师利用翻译，用母语来解释学生难以理解的信息，即可提高学生理解的质量。

词汇是语言的物质外壳，离开了词汇就谈不上语言的掌握。对于高中阶段的学生而言，入学时的英语词汇量一般在1 800词左右，在3年学习结束后需要达到3 500~4 000个。因此，熟练掌握词汇是理解语言和表达语言的基础，而翻译活动有利于英语词汇的学习和掌握。有经验的英语教师在课堂教学无法用实物、形体语言，或者难以创设情景，或用简洁的英语说明某单词时，往往巧妙地借助翻译来帮助学生掌握英语知识，这样既节约课堂教学时间又便于学生比较记忆。另外，不同学生具有的认知能力及现有认知水平不同，教师输出的英语语言信息可能不足以帮助所有学生理解意义。

首先，翻译能够促进词汇的理解和记忆。特别是复杂单词、科技术语、专有名词或有绝对对应词的词汇，如果直接给学生以中文翻译，不仅简单明了，而且学生掌握起来也容易。翻译可以帮助学生理解和记忆词汇的意义。一个词通常包含很多意思，但是，当我们习得母语时，在使用之前就知道这个词的全部含义。当人们不知道这个词的确切含义时，他们只是凭直觉猜测。对于第二语言学习者来说，这种模糊性至少在某种程度上是不可接受的，因为当他们学习一门外语时，通常不存在与母语完全相同的情况来帮助他们意识到自己在特定的情况下是否恰当地使用了这个词，只有当学生知道确切的意思时，他们才能理解翻译就是实现这个词的过程。一个人在做翻译的时候，会千方百计地寻找母语的对应表达，语言学习者可以通过翻译来理解准确的意思，从而更准确地使用这个词。同时，在词典中查找生词，考虑词与目的语的适当对等，在翻译过程中比较一个词的不同意思，会给学习者留下深刻的印象。当然，通过词汇学习，记忆单词的效果会比单纯的词汇学习更好。尽管教师在英语教学中尽了最大的努力来解释专有名词的含义，但对学生来说，专有名词的解释显得晦涩难懂，这不仅会给学生带来很大的挫败感，给他们的英语学习带来心理障碍，而且会浪费有限的课堂时间。解决这一问题的方法是通过母语来理解这些词的内涵和外延，从而在记忆中留下深刻的印象。

其次，翻译练习是词汇学习中一个非常重要的因素。众所周知，一个词只有在特定的情况下才有特定的意义。正如著名的英国语言学家弗斯所说："在一个新的语境中，每个词都是一个新词。"而翻译练习是学习一个词最好的方法，因为翻译中所有的理解和表达都需要一个具体的语境。因此，在有语境的情况下进行翻译时，要比较两种语言在语义、搭配、情感等方面的差异，使学习者既能理解词义，又能了解词义的用法，从而达到全面理解的目的。翻译练习提供的语境可以帮助学习者更好地记忆单词的意思，将单词与语境联系起来。

在词汇教学中，教师可以通过翻译的方式直接给出复杂难懂的语法规则，减少在两种语言之间转换的麻烦，也让学生清楚地认识到一个词在表达和用法上的差异。在实践中，就每单元第一篇课文的精读而言，翻译似乎是满足学生语法和词汇学习需要和要求的快捷有效的方法，因为短短40分钟的课，根本不可能训练学生的听、说、读、写能力，从理论和实践上全面提高学生的写作和阅读能力，放弃翻译，主张完全用目的语教学，是不现实和不合理的。

7.3　高中英语翻译与语法教学

语法是语言的组织规律，让学生懂得语法规则、结构的重要性是不言而喻的。翻译，尤其是给出一定情景的汉译英，有助于学生了解英汉两种语言在结构上的异同，进而体会英语语法知识的实际用法，降低对艰涩语法的抵触情绪。汉语没有时态，基本上是借助词汇来表示各种时间和动作的，而英语有16种时态。汉语中的动词没有人称和数的变化，而英语中的动词却有。英语通过这些固定的语法手段将动作的进行过程与状况描绘得更准确、更精细，表达说话人的感情色彩。

大多数中国学生认为，语法是语言学习中最具挑战性的部分，因为英语和汉语两种语言系统存在很大的差异，语法教学的成功与否直接影响到整个外语教学，因此语法教学的重要性是有目共睹的。翻译训练，特别是汉译英，要求学生在充分理解原文的基础上用英语表达，在这个过程中，学生有意识地比较两种语言，形成了英语语法的使用意识。翻译练习可以让学生了解一些语法难点，如主谓一致、虚拟语气、非限定动词等，使学生知道语言的形式是基础，语义是关键，目的是如何使用语言。应鼓励学生根据语言本身的性质正确使用语言,引导学生从形式和意义的角度观察和解释语言,翻译训练不仅有助于学生减少拼写、标点符号和语法规则方面的错误,而且有助于提高语言水平,对英语句法的理解和语言水平都有指导作用。

在实践教学中,教师采用演绎的方法,先介绍语法规则,然后要求学生在练习中加以强化,通过母语讲解和分析语法难点和重点,给学生留下深刻而清晰的印象。在这一过程中,学生的学习活动在很大程度上是以翻译为基础的,同时,本族语和目的语之间的互译将使学生对两种语言之间的区别有一个明确的认识,并加强对语法结构和词汇的感知。

例如,有人不屑地说(真实的情境):"她一直扬言要辞职,但到时候总没有行动。"可译为 She is always threatening to resign, but when it comes to the point, she never does。(王晓农、张福勇, 2009)通过本例,可以把always 与现在进行时连用,表示厌烦或不屑。

英语和汉语都有主动句与被动句之分,然而英语和汉语的被动句的结构不同。英语被动句是由助动词加上动词的过去分词构成的,而汉语被动句的构成则没有动词的变化,只需使用"被""受""遭""叫""让"等标志词来表明句子的被动结构即可。与英语相比,汉语被动句的使用范围小得多,常常使用主动。而英语则相反,尤其是科普文章和正式文体,往往大量使用被动句。典型的汉语无主句通常译为英语被动句。

讲解语法规则和理论并进行口译和笔译等练习,同时将语法规则运用到真实的情境中,并侧重对英汉两种语言进行对比,对于英语学习效果明显。任何一种语法都可以通过翻译活动在实践中掌握,并灵活使用。

我们不能否认翻译在语法学习中的有效性和效率,因此可以把它作为教授语法、单词和短语的最佳方法之一,教师应该充分利用翻译进行教学工作。

7.4 高中英语翻译与阅读教学

翻译的过程包括理解、表达和检验三个阶段,其中理解是基础,要求学生正确理解原文。在翻译中,学生会把自己的错误暴露给老师,老师能及时指出问题并给出解释,通过翻译分析难点词汇和复杂的句子结构,通常有助于学生用英语进行逻辑思维,提高联想能力和表达能力;面对长而复杂的句子,翻译终究是为了理解,从而提高阅读能力。在比较两种语言时,需要非常详细地分析语篇,教师要引导学生仔细观察语言,使他们对文章的结构进行推理,同时要承担准备理解文章所需的大量背景知识的任务。汉语和英语在表达方式上是不同的,因此在外语教学中,教师应有意识地培养学生对这些差异的敏感性。对于高中生来说,他们学习语言的本质与低年级的学生不同,因为他们的思维更具逻辑性,能够进行对比,已经有了汉语的母语基础,所以在学习英语的时候,要求其充分理解一些单词的意义和用法,特别是句子的核心和灵魂。通过翻译,学生正确运用英语中的具体表达方式,从而了解英语习得的难点和特点。

阅读教学中适当地利用翻译,一方面可以引导学生有意识地关注阅读材料中词义的变化,如引申义和褒贬及词类的转化等诸多方面,达到词汇的活学活用;另一方面还可以帮助学生学习英语词汇深层次的含义,使他们理解得更加深刻、透彻,从而正确理解原文。翻译是检测学生对文章的理解的最好方式。通过翻译,学生将阅读提高到更深的层次。学生在翻译文章时不仅要掌握词汇和结构意义,还必须理解内涵意义。阅读之后的翻译是一个复杂的分析过程。高超的阅读能力往往在翻译和比较中获得。翻译是英语学习中的一项重要内容,是全面提高英语阅读水平的重要手段之一。

很多学生在阅读时遇到的问题之一是,文章里的单词生词率不超过3%,可就是读不懂,很大原因是学生不具备句式分析的能力。因此,如何用翻译来提高阅读能力是个关键问题。教师如果在课堂中有计划地训练和培养学生的句子翻译能力,尤其是长句和复杂句式的翻译能力,在阅读理解中学生就能更快、更深入地抓住句子的核心,理解句子的含义。在教学生阅读理解时需借助翻译,但要更着重翻译长难句。翻译过程中学生会专注于句子结构,抛弃逐词对译的理解方式,如果坚持下去,学生句式分析能力会逐步提高,在阅读理解中就不会因为句子太长而手足无措,反而能更迅速、更深入地抓住句子的核心。

理解阅读材料中上下文逻辑关系也是非常关键的。翻译可以把学生的语言知识和非语言因素有机地统一起来,进而从一定高度上宏观地把握语篇,提高其对上下文的逻辑判断和推理能力,读出作者的弦外之音,从而明晰句与句之间隐藏的逻辑关系。在阅读不同题材的文章时,学生经常遇到难以理解的内容,如科技类文章中的术语,具有寓意和哲学意义的习语,关于历史传说宗教的谚语和结构复杂的句子等。教师可以利用翻译手段使学生明白其中的寓意和文化内涵,避免引起学生的误解。高中学生的英语阅读涉及对语言材料中反映的跨文化的内容,通过体会、分析及与母语的比较,感受外国文化的熏陶。翻译是跨语言、跨文化的交际活动,其过程不仅是语言的转化过程,而且是反映不同社会特征的文化转换过程。翻译适时地应用于高中英语教学,有助于学生对所学英语文化内涵的深入理解。

不可否认,学生是否真正理解文章所要传达的知识点和信息,是语言学习的核心和最终目标之一。教师可以在教材中选择一段小短文,让学生翻译成汉语,然后尝试将其又翻译成英语,使学生通过这一过程体验英汉语言的异同,从而提高学生对课文的理解,提高学生的翻译能力,教师也可以了解学生对课文的理解。

随着任务型语言教学法在我国英语教育中的不断发展,教师可以遵循教育的客观规律,及时、恰当地分配一些涉及翻译的学习任务,如为学校的外教担任翻译;或者以广播的形式翻译报纸上的时事、趣事,以增加学生对英语学习的热情,同时收获成功的经验。教师的任务是讲解课文的语言要点和知识,同时训练学生的语言技能,不可能保证每一名学生在课堂上都得到充分的练习,因此,教师可以在练习册中指定句子翻译作为学生的作业,并检查学生的作业,每天上课完成教学计划。

教材是学生接触母语、欣赏原汁原味语言的最基本、最有效的阅读材料,教师应在教材的基础上开展工作,越来越多的学生觉得,最常见、最习惯的英语单词、短语和句子都来自课本,这证明了英语课本的经典性和实用性。既然已经获得了这样有用的材料,我们要做的就是不遗余力地充分利用课本和教材,帮助学生对内容有更深刻、更清晰的理解。

另外,由于学生对课文已经很熟悉了,所以从课文中选出的一些较难的句子,要比从原版杂志或报纸中选出的句子容易翻译,因为有语境供他们参考。教师可以从课文中挑出几个可能妨碍学生阅读和理解的句子,并要求学生进行相应的翻译练习,同时提供一些提示或帮助。在此过程中,学生将更清楚地看到两种语言的不同句型,提高分析英语长句的能力。作为一项课堂活动,所有的学生都有一个生动的经历和收获的成就感。

教材中的许多课文和练习包含了一些重要的英语文化背景及其在文学作品中

的设置。如果不了解背景知识,势必会给学生阅读和理解课文带来一定的困难,因此,要适当地介绍文化背景。课堂教学将是教师在外语教学中的一项重要任务。

7.5　高中英语翻译与写作教学

翻译与写作之间息息相通,互相促进。任何人必须具备基本的写作能力,才能用翻译手段表达出来;翻译是写作不可或缺的巩固手段、支撑手段、补足手段和测试手段。明确写、译的互动关系,以"写"带"译",以"译"促"写" 。客观地说,大部分高中生在写作中很少能够真正做到使用英语思维,几乎是用汉语思考,然后将汉语翻译成英语写成文章。但是他们在写作中可以利用翻译手段,练多了,写多了,就可能会离开汉语的依赖,培养起英语思维能力。母语在写作过程中具有三个作用:首先,对作文内容的逻辑推理;其次,对语言形式的分析判断;最后,对相关外语词汇、短语或句子的检索。翻译对写作中的遣词、造句、谋篇布局等方面具有积极的意义。

双语写作可以让我们更深刻地体会到两种语言的对比特点,其中一个重要的原因就是有思维的积极参与和生活的深切体会,在表达的时候就会积极地动用大脑里储存的双语词汇、语法、修辞、语感等各种知识和各种感官表达。较之硬生生地给一个句子翻译,前者的优点在于更能调动主观能动性。学生应该学会把写作中的一些原则和修改文章的一些方法引入翻译中,用写作中修改文章的方法来修改译文,用写作来指导翻译。因此,英语写作原则能够引入汉英翻译实践,写作能力的提高也可以很有效地促进翻译能力提升。

另外,在写英语作文时,教师应加强汉英文章结构差异方面的指导。汉语和英语是两种不同的语言,它们分属不同的语系,在词、句、篇章层次上的表达方式不一样,有时差异还很大。在英语教学中,应有意识地培养学生对这些差异的感受和比较。例如,我们描述事情时,一般从时间和空间两个维度去描述。从时间上来说,中国人一般是按自然顺序安排的,我们描述一个东西时,往往把最重要的放在最后。而英美人则先把最重要的东西说出来,然后再说次要的东西;只有描述悲剧性的事件时,他们才在前面加点铺垫。从空间上来说,英美人的描述总是由内及外、由近及远,而中国人正好相反。还有,对于翻译练习,教师讲解时要注重开发学生的思维和进行启发性讲解。尤其是汉译英,一定要细心研读,分析句子内部主要信息和次要信息的逻辑关系,选择恰当的句法结构。

翻译是学习英语的重要组成部分。翻译教学是为了帮助学习者丰富原语和译语的语法、词汇和短语知识,提高语言理解能力。在翻译课上,教师介绍一些重要的理论、概念和方法,帮助学生了解如何才能做好翻译。通过翻译练习,学生能更好地掌握翻译的内在规则。高中英语课堂的翻译教学能使学生增强英汉两种语言的知识,了解不同文化,学生获得的不仅是双语的实际能力,而且是系统的理论体系和在职业生涯中实现目标的态度品质。对于高中生来说,翻译练习在提高英汉两种语言的综合理解能力的同时,也是测试英语语言技能的一个手段。高中英语考试常用中译英的题型,主要测试学生汉英两种语言对比的知识以及翻译技巧的掌握。

将翻译教学结合英语课堂教学,不仅可以提高学生的翻译技能,还可随着英汉语言和文化对比知识的增加逐渐加强考试中听、说、读、写的能力。这样一举两得,应试和素质教育兼顾。学生通过翻译活动所学到的表达方式一般比较扎实,如果他们能把学到的知识应用到听、说、读、写实践中,就会加深对英汉两种语言的差异的了解,从而提高英语写作水平。在英语写作中,语言包含词汇和语法等,我们可以找到大多数英语单词的汉语对等词来表达我们的想法,此外,一些英语基本句型与汉语句型有相似之处,也为正迁移提供了极大的便利。综上所述,这两种语言在词性方面(如名词、代词、形容词、副词等)有相似之处,有时是一一对应的;另外,正如前面提到的,英汉两种语言在句式和句法两种语言的标点符号和修辞手法上基本相同,差异不大,即当汉语思维与英语习语一致时,学生可以利用这种迁移,回忆所储存的汉语知识,顺利完成写作任务。

7.6 高中英语翻译与文化教学

在英语教学中,文化主要是指英语国家的历史、地理、风土人情、传统习俗、生活方式、文学艺术、行为规范和价值观念等。适当接触英语国家的文化有利于激发学生对英语的学习兴趣,增强对英语的理解能力和运用能力,在加深对本国文化理解的同时拓展自身的文化知识面,从而提高语言交际能力,发挥语言的实际作用。语言是文化的载体，和文化密不可分。教学实践证明，学生理解和使用某种外语的能力不仅取决于他对该种语言的掌握程度，还取决于他对该语言相关联的文化的了解程度。有些东西在一种文化里是不言而喻的，而在另一种文化里却令人费解，同一个词或成语在不同国家中往往有不同的含义。例如“望子成龙”，按中文字面意思可能会译为：To hope one's child will become a dragon. 在中国传统文化中，龙是权势、高贵、尊荣的象征，又是幸运和成功的标志。而在西方文化中，龙是凶猛动物的象征，有不吉的含意，因此比较妥当的翻译应为：To hope that one's child will have a bright future. 在英语教学中，老师不能单纯注意语言教学，还应借助翻译引入语言文化，并教会学生从文化内涵来分析语言，注重不同文化的差异及其语言表达上的不同，只有这样才可能培养出能在不同文化背景之间进行交际的人才。

语言是文化的一部分，也是文化的载体，语言与文化的关系十分复杂，语言直接或间接地反映了文化的方方面面，从而在一定程度上制约和限制了语言的自由使用。外语教学的任务十分艰巨——培养能在不同文化背景下进行交际的人才，使语言成为真正的交际工具。翻译可以教会学生如何从文化和文化差异的角度来分析语言，因为不同的语言有不同的文化背景和不同的表达方式。同样的道理，翻译作为一种跨语言、跨文化的活动，更是离不开文化。事实上，翻译就是两种文化之间的对话，所以只有做到文化对等，才是真正高层次的翻译境界。很多翻译方面出现的问题就是译者对不同的文化理解不够而造成的，如何在不同的文化之间通过翻译达到文化方面的等效，是翻译界一直在努力寻找的答案。高中英语翻译教学是无法避开反映中西文化异同的语句而独自前行的，教师在平常的教学中，要有意识地介绍西方文化，并在可能的情况下，帮助学生找到这些文化在中文里面的相似表达方式。单词携带文化信息是非常普遍的，在进行翻译教学时，教师要引领学生对词汇进行认真的分析，发掘其文化内涵，然后在目标语言中寻求最为自然贴切的对等单词完成翻译。短语作为更高层次的单位，其文化内涵更为丰富。中文、英文都有数量庞大的短语，这些短语有成语（固定搭配）、谚语、习语、俚语等，涉及历史、习俗、政治、经济、社会、人文等方方面面。在翻译这些短语时，任何疏忽和唐突都会让翻译活动与翻译目标大相径庭，无法达到文化等效的目的。在翻译文化成分浓厚的短语时，我们既要再现真实的信息，又要兼顾源语的形象生动性。句子是语言最为重要的单位，也是表达一个国家文化的最基本方式。不可否认，任何文化的生存和发展都离不开语句,不管是口头上还是书面上。高中英语翻译教学主要以语句的方式展开,那么在翻译具有文化沉淀的语句时,我们就应该找到两种文化之间最为自然贴切的对应关系,将信息在语际转换中的流失降到最低,即达到语句翻译间的文化等效。

翻译可以帮助学生提高文化意识和文化交流意识,从以上的论述中可以清楚地看到,翻译方法和翻译练习在语言学习和教学中确实有其益处和意义,我们有必要重新评价它在英语教学中的作用,对它进行公正的判断,承认这种方法的有用性和有效性,努力把它运用到日常教学中。随着我国越来越多地参与国际事务,对翻译的需求越来越大,仅靠大学培养的有限的专业翻译人才远远不能满足日益增加的需要。要解决这个矛盾,就要培养更多的既懂专业又擅长外语的复合型人才,而基础教育阶段的英语教育能为复合型人才的培养打下坚实的基础。因此,在以发展学生个性为特征的素质教育过程中,应配合新的英语课程标准的实施,重视翻译在中学外语教学中的独特作用,加强中学阶段的翻译教学,及早培养学生的跨文化意识与双语沟通能力。

同时,翻译的本质决定了要了解一个国家的政治、经济、文化等方面的知识,文化、历史和风俗习惯都要融于翻译的过程中,背景知识的积累会在很大程度上提高学生的英语水平,拓宽学生的知识面,对学生在考试阅读理解时非常有用。教师应将文化因素与语言因素结合起来,形成对这一问题的新认识。

第8章／汉英翻译能力培养

8.1 翻译能力

在很长一段时间里，人们相信能理解两种语言的人都有翻译的能力。事实上，翻译能力是由许多因素构成的。分析翻译能力的构成要素，对于理解翻译过程，培养译者的翻译能力具有重要意义。

国外对翻译能力的研究发展迅速。英国语言学家Roger (2001)在《翻译与翻译过程：理论与实践》一书中指出，翻译能力是译者从事翻译工作所必须具备和掌握的专业知识和技能。同时，他提出了三种研究译者能力的模式：理想双语模式、交际能力模式和专业知识掌握模式。描述性翻译研究的创始人Toury (2012)在描述性翻译研究及以后的研究中提出，翻译行为必须具有一定的翻译能力。翻译能力是翻译过程中形成的各种关系的总和，是译者在积极寻求解决翻译问题的方法或挖掘自身潜力时所依赖的语言资源。德国学者Wolfram Wilss(2001)在《翻译学：问题与方法》中指出，翻译是在翻译行为与翻译能力的相互作用下形成的一种特殊的语言活动。21世纪初，德国著名翻译理论家Neubert (2000)提出了分析翻译能力的五个参数，即话语能力、文化能力、主题知识能力、语篇分析能力和转换能力。西班牙巴塞罗那自治大学学者对翻译能力进行了专题研究，提出了翻译能力的六个组成部分，分别是：语言能力、交际能力、专业技能、心理生理因素、策略和转换能力。

上述学者都认为，翻译能力是一种综合的语言应用能力。在翻译过程中，译者需要调动自己的语言知识，在分析文本的基础上把握主题，这是一种复杂的语言能力。

国内一些学者探讨了翻译能力的构成及其与翻译教学的关系。姜秋霞、权晓辉(2002)在《翻译能力与翻译行为关系的理论假设》中指出，翻译能力包括四个方面:语言能力、文化能力、转换能力以及审美能力。刘宓庆(2003)在《翻译教学:实务与理论》一书中指出,翻译能力包括五个方面:语言分析与运用、文化表达与辨析、审美与表达、双向转换与表达、逻辑分析与纠错。文军(2004)指出,翻译能力包括语言文字能力、策略能力和译者自我评价能力。苗菊(2007)认为,翻译能力包括:认知能力、语言能力和交际能力,在这三种能力中,认知能力是核心,主要包括分析能力、类比能力和概念能力;语言能力主要包括语法能力、句法能力、词汇能力和语义结构能力;交际能力主要包括技能和客观知识,是指译者准确把握语篇中的指称对象和人称代词,选择恰当的语境,正确地选择句法形式(主要包括正确地使用句子结构和语法)。杨志红、王克非(2010)指出,翻译能力是一种交际能力,它不仅指译者对语言规则和翻译原则等陈述性知识的掌握,也指译者根据交际情境充分调动内部知识完成交际活动的能力。

总的来说,国内外学者对翻译能力的具体构成有不同的看法,但都认为翻译能力是由一系列相关能力构成的一种重要的综合应用能力,其中,语言、文化、交际和转换能力是必不可少的。在翻译的不同阶段和不同方面,对翻译能力有着不同的要求。然而,目前对翻译能力培养的研究主要集中在大学英语或专业英语方面,而对高中生翻译能力培养的研究则稍显不足,亟待完善。

1972年,西方翻译理论界在哥本哈根举行的应用语言学国际会议上首次发表了《翻译研究的名称与性质》,被广泛认为是翻译研究的奠基宣言(Gentzler, 2008)。与描述性理论研究相比,翻译教学研究的数量相对较少,论文大多是基于个别教学经验的可操作性尝试。有三本与翻译教学直接相关的图书或论文,一本有助于培训翻译教师,另两本涉及翻译教学的多维研究和课堂活动。Colina(2003)的《翻译教学:从研究到课堂》主要试图构建一个翻译教学的框架,将翻译理论研究与教学实践相结合,并将此框架作为教师教育和培训的基础,旨在培养翻译教师。Baer and Koby(2003)主编的《超越象牙塔:重新思考翻译教学法》是一部重要的翻译教学论文集,该书共有12篇文章,对翻译过程、翻译评价、文本修改、语料库和翻译教学等问题进行了分析和阐述,注重学科整合、实际应用成果。Davies(2004)所著的《翻译课堂中的多重声音:活动、任务和项目》基于交际、人本主义、社会建构主义的原则来设计活动、任务和项目,活动设计涵盖了词汇、句法、文化差异等方面,包括翻译过程、翻译学习等。

8.2　翻译能力与句法转换

8.2.1 句法转换

句法转换的研究一直是翻译研究中有争议的问题。这一点也不奇怪，因为翻译就是传达意义，而一个表达的意义是由其组成表达的意义决定的，例如词汇，以及用来组合它们的规则——语法。句法是意义的重要组成部分。句子的结构不仅有助于句子的命题意义，而且能将命题意义塑造成符合其语用目的的适当形式。翻译人员和口译员经常面对命题意义相似但结构不同的句子的选择。为了帮助口译员处理句法问题，专业培训材料通常会花大量篇幅讨论如何进行句法选择，以便将句子结构的信息从一种语言传递到另一种语言。

传统的翻译研究方法认为，转换是译者/口译员必须经历的过程。过去几十年发表的关于句法如何转换的实证研究有一个显著的共同特点：句法转换必然是由语言、文化或社会意识形态与源语和目的语之间的对比造成的，排除译者/口译员理解或产生语言时实时运作的认知机制。他们着眼于翻译过程中随时间而发生的明显变化，但对其内在机制不感兴趣。但随着我们进入一个以"描述和解释（笔译/口译）过程"为责任的新时代，情况已经发生了变化（Bell，1991）。我们看到，人们对笔译和口译中双语处理背后的机制越来越感兴趣，从注重结果转向注重过程。最近的技术进步极大地促进了这项事业，这些技术允许以非常精细的时间分辨率跟踪行为，已经被成功和广泛应用于语言处理的研究中。

研究者认为，翻译的主要目的是在源语和译语之间寻求"对等"，他们早就注意到了句法问题。其主要观点是，翻译中的句法重组是一种语言活动。奈达（1964）采用乔姆斯基的深层结构和表层结构来描述一个包含分析、迁移和重构的三逻辑翻译模式。他认为，形式对等是为了在某种程度上反映原文的句法，这对准确性和正确性有影响。在《剑桥英语词典》中，shift的意思是"使某物或某人从一个位置或方向移动或改变到另一个位置或方向"。在20世纪50年代和60年代，有很多人试图用这个术语来分析翻译。当时人们对概述这种翻译转变的分类法很感兴趣。根据韩礼德的量表和范畴语法理论，卡特福德提出了两种翻译转移，即水平转移和范畴转移。范畴转移包括结构转移，这种转移被认为是“最常见的，并且主要涉及语法结构的转移”。

Vinay and Darbelnet（1995）对法语和英语进行了比较文体分析。他们研究了两种语言的文本，注意到两种语言之间的差异，并确定了不同的翻译策略和程序。他们注意到在英语和法语之间，在某些情况下词序倒装是必要的，称之为“文体倒置”。主动语态和被动语态之间也有变化。他们把它看作同一命题实体表达的不同视角，称之为“调制”过程。这种调整是他们七个经典的“操作程序”之一，后来被广泛引用为翻译技巧或策略，成为翻译实践者的规范指南。

之后，许多研究者根据Vinay和Darbelnet对句法理论的偏好，提出转换语法、功能语法（Baker，1992；豪斯，1977，1997）和建构语法。蒙娜·贝克（Baker）是这一领域著名的翻译研究者之一。Baker（1992）认为，句法转换是实现翻译交际目的的必要策略。在她著名的《换言之》一书中，她详细讨论了语序和翻译。贝克以M. A. K. Halliday和布拉格学派的主位和信息结构为基础，着重研究了主位、述位、新旧信息、标记序列和非标记序列等概念。她认为，顺序问题很重要，因为“语言元素的线性排列在文本层次上对信息的组织起着作用”（Baker，1992）。为了最大限度地减少翻译中的线性错位，她提出了四种策略：动词变化、规范化、语态变化和外置。前两种是词汇手段，后两种是句法手段。语态变化涉及动词句法形式的变化，以实现不同的成分序列。她写道：“译者不能总是遵循原文的主题组织。”作为结论，她建议：“如果可能的话，他/她应该努力从与原文相似的角度来呈现译文。”“句法结构的某些特征，如词序限制、尾重原则和目的语的自然措辞，往往意味着必须放弃原文的主题组织。”

Campbell等人（2010）也对笔译和口译中的信息结构管理感兴趣。他们支持Hatim（1997）的观点，认为任何译者“应该知道如何使句子在一个序列中发挥作用，这个序列最终是形成良好的文本、话语和体裁的一部分”。他们结合一项实证研究，以观察阿拉伯语使用者在翻译或口译成英语时是如何处理句子空缺的。阿拉伯语通常以Wa（英语中也是如此）开头，有时主语前面有宾语。在他们的文章中，Campbell等人（2010）观察了英语翻译输出中如何省略开头Wa，第一个名词放在什么地方，长句是否被译成短句，以及如何选择名词作为主语。

在讨论英汉翻译时，Xu（2010）观察了英汉无标记句句法转换的几种模式，它们是主语·话题、非主语·话题、head·话题（包括两种类型：head只接受一个修饰语，head接受多个修饰语）和head·评论。如果这四种模式都被应用，那么输出的文本（中文）在目标上下文中会是流畅的和可接受的。在语言对比的统治下，这个模型基于一个普遍的主张，即英语是一种主语突出的语言，而汉语是一种主题突出的语言。

然而，把讨论放在纯粹的语言范围内就会忽略译者/口译员。人的行为属性意味着翻译中的人不仅是一种语言向另一种语言传递意义的载体，而且是心理上的人。在语言句法和意义的界面上，人们面临着两难的处境，如模棱两可、决策不确定、目的不明、语用目的、有限的认知资源（口译中常见）、有限的语言能力、可用的语言资源枯竭、过去经验的干扰等。

笔译/口译实践者可能确实成功地忽略了学术语言规定。然而，他们仍然设法以自己的方式进行翻译，取得了多样化但令人愉快的语言成果。描述性语言学试图通过一种端到端的双语语言分析，提供一种单一的、简化的程序，旨在普遍适用于所有的翻译过程，但它无法处理或解释译者的自我维持和翻译输出的多样性。Henry（1984）指出，由于译者关注的重点是信息而不是语言描述，语言对比分析无法揭示真实的翻译过程。

移位是翻译中的一个重要命令，拥有较好翻译能力或较丰富经验的译者/口译员比没有经验的译者/口译员更能处理句法移位。在翻译研究中，翻译能力被用来描述为这样一种能力——译者或口译员处理的系统的翻译知识。翻译能力被认为是语言能力的重要组成部分。有研究者认为，翻译能力的主体包括训练有素的“迁移能力”，这是专业翻译人员与普通双语者相比所独有的一项关键技能。在字典里，transfer这个词的意思是“把某物从一个地方移到另一个地方”。在早期版本的翻译能力模型（PACTE，2000）中，迁移能力被定义为“完成从第一语言到第二语言的迁移过程的能力”，包括“理解、去言语化和将第二语言和第三语言保持在不同的区域，重新表达和选择最合适的方法”。这一点很重要，因为它被认为是“整合所有其他能力（如交际能力、语言外能力、工具专业能力和心理生理能力）的核心能力”。Presas（2000）阐明了这一概念，认为新手和专家译者在心理语言学方面的差异在于是否有意识地控制语言干扰和语码转换活动，以及文本迁移是否能保持在词汇水平之上。Presas（2000）认为，专家翻译方法的一个特点是“启发式文本转换过程”。与新手译者相比,专家译者更喜欢和更恰当地使用句法转换,因为句法是在词汇层面上进行处理的。其他支持迁移能力概念的学者包括Hatim and Mason(2005),他们认为,翻译能力除了ST加工和TT加工外,还包括迁移。

Neubert(2000)也提出了转换能力的观点,即"将一语文本转换为二语文本的策略"。假设转换能力可能是指在翻译过程中有意识地处理转换的能力,它可能会通过培训得到加强。认知科学的一些发现似乎支持了受过训练或有经验的专业人员的最高迁移能力。双语者和专业笔译/口译员一直在处理转换——从一种语言到另一种语言的结构、词汇和发音之间的变化。成功的转换需要对注意力进行良好的控制,而这种注意力的习惯性控制反过来又会带来大脑所谓的"执行功能"的认知益处,这是一套由大脑中一个叫作额叶的区域控制的。它包括抑制不想要的反应的能力、适应新信息的能力,以及在不同任务之间切换的能力。与缺乏经验的单语或无口译经验的双语者相比,有口译经验的双语者(Dong and Xie,2014)或专业同声传译者(Henrard and Daele,2015)具有执行功能的优势,甚至受益于某些大脑结构的变化(Becker等人,2016;里恩,2000年)。对于其他翻译学者来说,迁移能力被认为是可以与战略能力互换的。在2003年及以后版本的PACTE中,战略子能力被放在模型的中心位置,以前是"转移能力"的地方。翻译问题需要用策略来解决。例如,译者应该尝试实践与解决方案的可接受性之间的最佳关系,或者判断文本的难度和估计产品可接受性。同样,在笔译/口译中,人们也应该弄清楚词序是应该改变还是保持相同的顺序。

这些问题应该用技术来解决,正如正确的开车方法应该通过在地图上仔细导航来解决一样。这一观点在大量的中英翻译培训教材中得到了应用,如陈宏伟(2011)等人的教材中,解决句法移位问题(如词序移位、结构重组、视角转换、信息顺序转换等)被认为是可教给学生的重要技巧。在汉语教材中,它被称为方法或技法。这一观点也反映在同声传译的讨论中,吉尔(1995)提出了"顺序线性"的假设,即由同声传译员按说话人发出的顺序依次处理语音片段,只是为了便于描述而简化,实际上情况更为复杂。句法差异、词首不清、语言和语义预期可能暗示结构转换。虽然必须遵循"句法线性"的主要原则,"适当调整"的能力(在不改变信息流的情况下对信息的呈现方式进行微小的修改)和应对"非线性"的能力(信息的重新排列)是培养优秀口译员的重要指标(Zhong,2001)。

基于这一观点，一些笔译/口译学者提出，笔译和口译培训的主要目的是提高学生的迁移能力，即训练他们从一种语言转换到另一种语言的技能。

还有一种观点认为，应对翻译转换的能力首先取决于双语能力。Harris and Sherwood（1978）认为，翻译能力与双语能力是处于同一范围的，也就是说，一个孩子（或成年人）可以依靠一套自然的语言技能进行翻译，即使他没有接受过正式的翻译培训。翻译不是一种习得的技能，而是一种在自然和现有基础上发展起来的技能，类似于母语语言能力的发展。人们普遍认为，语言能力是实现语篇句法转换的一个重要方面（EMT，2009；哈蒂姆和梅森，2005；纽伯特，2000；PACTE，2003、2005、2011）。没有足够的双语能力，翻译、句法转换是不可能的。正如Presas（2000）指出的，双语是"翻译能力发展的初级阶段"。如果没有足够的双语能力，任何试图通过教授翻译技巧来提高学生处理句法转换能力的尝试都无异于教孩子"先跑后走"（Schä ffnet，2000年）。因此，"译者必须充分掌握自己的工作语言"（Presas，2000）。在两种工作语言中，第二语言在翻译能力研究中尤其受到重视，尤其是当"转移"向第二语言时。译者只应在母语处工作，二语翻译是一种既不受欢迎（Newmark，1988）又困难的实践（Aline Ferreira，2014）。这导致了将第二语言能力从双语能力中独立出来的建议。

Campbell（1998）提出，译文能力是翻译能力的一个重要因素。Campbell（1998）分析了句法转换与第二语言能力的关系。他对一群打算接受NAATI认证的学生进行了一项调查，这些学生正在将阿拉伯语文本翻译成英语，他们的成果由认证机构评分。然后，他从语法和词汇的角度（文本长度、词汇变化、代词拼写错误、平均字长、直接翻译的单词、移位的单词、省略的单词、更多的动词和内容/虚词）比较了翻译结果，并描述了每一级语篇能力的特点。Campbell还根据英语规范测试了另外两个文本的输出，比较了Biber（1988）文体模型中区分口语和书面文体的五个结构特征（名词化、类型/标记、字长、无代理被动短语和介词短语）。结果表明，译者的这些特性的变化与英语的体裁是平行的。因此，第二语言的语篇能力体现在句法转换的得体性上。恰当的句法转换与二语能力有关，二语能力与学习者在语言学习过程中所处的阶段相对应。Campbell认为，翻译成第二语言的困难不在于对原文的理解，而在于如何产生一个符合目的语规范的听起来自然的文本。在二语翻译中，第二语言中的语用知识使译文自然。因此，一个好的译者应该对第二语言译文的语域差异和自然性有敏锐的认识。

近年来,翻译转换越来越受到翻译学者和教育工作者的关注。不同的技术、设备和方法都指出,句法转换比不转换需要更多的认知努力。翻译和口译员教育者认为,处理翻译转换的能力是翻译能力的一部分。

然而,需要指出的是,迄今为止,很少有关于特定类型结构的句法转换的实证研究是通过一个恰当的、严格设计的实验来完成的。人们可能会觉得,在实践中,翻译需要句法转换的材料可能很困难,但没有实质性的证据来证明这一点。到目前为止,无论是从语料库还是从行为学的角度来讨论翻译研究中的句法转换,都只停留在整体描述的范围内,即把系统(如小说、非小说文体、语言系统)及其属性(如词汇、句法、语篇)作为一个整体来对待,不区分意义和语言知识。在这些语料库分析中,每一位研究者都使用不同的语料库来分析不同语言、不同风格、不同层次的语言特征,检验所谓的翻译普遍性假设。结果,他们得出了支离破碎或相互矛盾的结论。我们需要一种比传统翻译方法更科学、更客观的还原论分析方法,以找到翻译能力的真正含义。

8.2.2 长难句的翻译

英语是一种综合分析语言,起源于古英语,是一种高度曲折的综合语言,至今仍以屈折变化为特征。众所周知,英语屈折变化与时态、语态、性别、数字、体、格、语气、人称、词性和比较程度有关。所以通过曲折,一个英语单词可以表达不同的语法意义。在某种程度上,英语也被称为屈折分析语言。

英语句子严格遵循句法结构,也就是说,句子的语序受语法控制。英语有主谓句,根据结构的不同,英语有五种基本句型:SV、SVO、SVOO、SVOC和SVC。除省略句外,几乎每种句型都有主谓动词的和谐关系,因为只有这种结构,句子的语法才完整。丰富的衔接手段在复杂长句的形成中起着重要作用,通过这些衔接手段,许多短语和从句可以嵌入句子的主谓核心。

短语和从句的长度没有限制,几个从属从句可以相互衔接,从而使整个句子成为一个庞大而复杂的结构。一般来说,英语句子以主谓结构为主干,以谓语动词为中心,通过连接手段将其他成分逐一组合在一起,形成一个"树状结构"。伊斯曼说:"英语句子的可塑性非常强。它几乎可以实现任何程度的扩大、组合、调整,以适应作家的思想。”

英语是一种和谐的、紧凑的语言，两个或两个以上的词在句法关系中的形式在某些范畴上应该是一致的，这一点在主谓一致中可以清楚地看到；主语和动词短语在数量和人称上是一致的，但动词be除外；在基本语法规则中，词汇动词和主要助动词的s形式与现在时的第三人称单数主语连用。

英语的语序受语法控制。在英语中，只要实现语法上的一致，词序就变得相对灵活。在英语中，修饰语可以放在中心词的前面或后面，并且一个中心词可以加载的修饰语的长度和数量没有限制。H.Fowler总结出，英语句子中的倒装句有九种类型：疑问倒装句、祈使倒装句、感叹倒装句、假设倒装句、平衡倒装句、路标倒装句、连接倒装句、否定倒装句和韵律倒装句。后位修饰语和核心句的排列大大增加了英语句子的长度。在核心句的基础上，英语句子被扩展并转化为许多复杂的句子。

长句可以看作基本句型的扩展。英语句子的长度取决于句尾位置修饰语和并列成分的多样性，以及句法结构的复杂性和替代层次。英语长句按结构可分为：只有一个主谓结构的简单长句，其中一个或多个成分是长而复杂的；有两个或两个以上主谓结构的复合长句，它们之间相互协调，长复句由主谓结构组成，主谓结构中有主谓结构，也有从属结构和长复句。这些长句不仅遵循了英语的造句规则，具有英语句子的共同特点，而且还表现出以下几个特点。

1.复杂结构

在英语句子中，主语动词是常用的主要结构。随着屈折变化的应用，英语句子的句法结构趋于严密和紧凑。这种句子的结构常被比喻成一棵树，称为形合，其特点是单词、短语和从句紧密相连的形式化关系。

英语句子也有封闭的开头和开放的结尾（潘文国，1997），英语句子中的中心名词后面可以跟数量不限的定语从句。林语堂在《开明英语语法》中谈到英语中限制性定语从句的翻译时说：“汉语完全依赖词序来表示修饰语和修饰词之间的关系，后名词位置在汉语中是不可能的。我们可以用英语说修饰词，但汉语不能。因此，汉语在这方面就失去了灵活性，而将这些英语修饰短语翻译成汉语往往又麻烦又尴尬。”（张振宇，1992）

英语长句注重结构，句子的各个部分通过适当的连词或其他语法手段连接在一起，因此英语句子结构复杂，形式严谨。但是每一个英语句子都有一个主谓结构作为主干，而其他成分如分支则被各种连接手段所依附。因此，英语句子的结构被称为“一干多支”的结构。

2.丰富的连接词

长而复杂的句子的另一个特点是使用了各种各样的连接手段，而且对于某些代词，很难识别它们所指的是什么。大量的连词、介词和发达的连词系统可以通过从属关系将多个从句组合成一个复杂的长句。常用的连接手段有连词，主要为并列连词和从属连词（包括关系代词、关系副词、连词代词、连词副词、介词和介词短语、不定式、动名词、现在分词和过去分词）。

由于连词丰富，使用率高，许多短语和从句可以附着在英语句子的主谓核上，把主干和其他分支连接起来，形成一个长句。此外，短语和从句的长度没有限制，几个从属从句可以相互衔接，从而使整个句子成为一个庞大而复杂的结构。

3.灵活语序

英语从句的排列没有时间顺序，而是按照信息的关键点或说话人的兴趣和情绪而定。在英语中，动词发生的时间顺序和从句的顺序没有对应关系。英语的句法顺序比较灵活。此外，随着事件的叙述，说话人的立场或观点先被表达出来。

在用英语表达因果关系时，我们可以把原因放在结果之前或之后。把表原因或目的的状语短语或从句放在后面是很正常的。而且强调放在前面，中心句法的意义在于后置主句，这往往带来所谓的尾重，用“as”或“since”来表示明显的原因。

汉语是一种意合语言，汉语句子的内部成分总是一个接一个地排列在一起，形成并列结构，没有表现出外部形式的主从差异，也没有表现出层次之间的明显逻辑标记。句子由几个并列的从句组成，是在合并的基础上发展起来的。在汉语中，这些衔接关系很少使用。中国人不喜欢用很多虚词，把句子的各个部分按顺序排列，让听者去理解意思。汉语的特点是语序的非屈折性和功能性，通过语序表达各种句法和语义关系。也就是说，一个汉语长句可能由许多短句组成，一个短句伴随着另一个短句，信息像竹竿一样展开，没有任何不必要的重复。因此，汉语句子的结构被形象地称为“竹竿”结构，与话题评论结构有关。

汉语句子中，状语总是放在谓语之前，定语总是放在中心词之前。在英语中，一些介词短语充当定语或状语表达特定的语义，可以放在动词或形容词的前面或后面。英语介词短语用来修饰中心名词、动词或形容词。由于连词数量多，使用率高，不同的部分连接起来形成英语长句。主成分(主谓成分)总是很短,许多短句相互联系。在丰富的连词中,“that”常用作引导定语从句修饰名词的代词,或作为引导名词从句的连词,或作为引导状语从句修饰动词的连词。因此,区分“that”在长句中的作用至关重要。在英语长句中,一些从属成分,如从句或其他修饰语、括号等嵌入主句结构中,使它们以图式形式分支,这是一种常见的现象。在英语句子中,不同的成分被同一个连词连接在一起、在同一个结构中,这使得整个结构混淆不清。有些英语搭配过于复杂,难以识别,有些单词在特定语境中没有通常意义,更糟糕的是,有些被分成两部分,分开放置。

很好地翻译长句,不仅可以为语篇的翻译打下良好的基础,也是一名合格的翻译者的基本技能。有鉴于此,不同学者的各种文章都探讨了长句的翻译技巧。

张培基(1983)在《英汉翻译教程(修订本)》中介绍了十几种不同的翻译技巧,包括转换、放大、省略、重复、倒装以及被动句、名词从句、状语从句和定语从句的处理等。

顾金明(1997)的《英汉翻译课程》,有五个单元是关于英语长句的翻译,每个单元都侧重于一个方面,即分割、整合、保持原序和改变原序,特别是不同从句的复句。最后,在改变原序时,必须从汉语的时间、空间、衔接、语气、句子平衡、概念关系、修饰语以及不同于英语的语法功能等方面入手。为了改变原有的语序,可以采用介词、倒装、连接词的变化、用语的变化、标点符号的添加和正确使用等手段。

冯庆华(2002)在《实用翻译教程》中讨论了长句翻译的七个一般原则,即变序、分段、结构转换、整合、收缩、语音转换和否定。孟庆生(2003)在《新编英汉翻译教程》中指出,对英语长句的翻译部分涉及正确的顺序、颠倒、分裂和重铸,这与前面讨论的传统方法类似。

连淑能(2007)在《英汉翻译教程》中向学习者介绍了翻译的理论、技巧,如用词、转换、加法、省略、重复、倒装、否定、除法、浓缩等,以及被动句、长句、专有名词、文化负载表达和技术术语等的翻译。

词序处理是一个不容忽视的重要问题。一些长句是按照动词的时间顺序或内在逻辑来组织的,在这种情况下,通常首选顺序翻译的方法。译文保持与原文相同的语序,以最大限度地达到意义和形式的动态对等,避免混淆。然而,这并不意味着这些句子应该被逐字翻译。在英语中，主句或重要信息通常放在句首。因此，一般认为结果放在原因之前，结论放在前提或条件之前，前景放在背景之前。在描述空间概念时，英语习惯性地从小到大，从远到近。而在中文里，则完全是另一回事。长句和复句在英语中很常见，而汉语喜欢短句，因为短句结构清晰、连贯、合乎逻辑。

韩礼德把主位概念化为一个小句首，把述位概念化为主位的发展。在句子中，首先出现的词被认为是一个小句的主题和出发点；其余部分被视为述位，这是一个关于主题的发展内容。有时，主题也可以是从句。每个句子都由主位和述位组成。当句子单独出现时，它的主位和述位是具体一致，因为没有语境，它们是孤立的，没有发展。在语篇方面，大多数语篇是由一个以上的句子组成的，句子的主位和述位之间存在着一定的联系和变化，称之为“递进”（朱永胜，1995）。这种主位模式被称为主位结构（Halliday，1985）、主位推进（Danes，1974）或发展方法（Fries，1981）。

马西修斯提出了主位和给定的概念，引起了人们对在小句层面上进行语篇分析的兴趣。学者们通常认为，主位+述位结构只存在于小句层面。但后来人们逐渐认识到，对小句的有限操作不足以超越一种语言的话语。布拉格学派语言学家丹尼斯随着主位的推进，将从句的视角转换为语篇。他认为，话语是以主位和述位为基础排列的，但没有区分主位和给定的概念。

韩礼德认为，在整个语言系统中，主位组织以不同的形式出现，既有从句上的表现，也有从句下的表现。从句以上的主位推进模式是将语篇组织成信息的一种方式，使听者/读者了解说话者/作者想要达到的目的。

国内外语言学家对主位推进进行了研究，发现了主位推进的规律，提出了几种主位推进模式。

Danes（1974）提出了三种主位模式：简单线性主位模式（或线性主位模式）、连续主位模式（或恒定主位模式）和派生主位模式。恩克维斯特（1973）提出了四种模式，其中，述位交互作用和述位回归与流变元素有着特殊的关系，另外两种模式——主位推进和主位迭代分别与丹麦人的简单线性主位推进模式和常量主位推进模式相同。

徐盛桓（1982）提出了四种模式，黄岩（1985）提出了七种模式，黄国文（1985）提出了六种模式，胡壮林(1994)提出了三种模式，朱永生(1995)提出了四种模式，张进、张克定(1998)提出了六种模式，瞿宗德(2007)提出了六种模式。

主位推进是信息传递和扩展的必由之路，是组织文本的重要结构形式，是翻译的有效机制。任何类型出版物的作者至少有一个目的——以一种在许多情况下有助于读者理解主题领域的方式呈现信息。语篇是一个结构完整、功能明确的语义单位。这样做可以通过与之前阅读的内容相联系来呈现信息，从而建立一个清晰的参照系，在这种情况下，文本中呈现的历史经验是"在同等条件下，当新信息呈现在述位位置时，阅读更容易"(Bloor and Bloor，2001)。

Danes(1974)认为，每一个文本都可以看作一系列的主题，语篇翻译体现了语篇的结构。Ventola and Mauranen(1991)也指出，主题发展对于文本的可读性和清晰性很重要。在格式良好的语篇中，主位模式应反映语篇内容的组织，有利于阅读过程。Vande Kopple(1991)指出，首先给定的信息是有意义的，因为与接收新信息、存储新信息，然后了解它所连接的内容相比，先与所知道的内容建立联系，然后向其中添加新信息更容易。Richards(1993)提出，主位推进是作者可以使用的一种材料，以使其文本更容易被读者理解。正如Bloor and Bloor(2001)所表达的那样："如何在面对面交流中，在没有意义协商的可能性的情况下，将读者和作者关于什么是共享信息和什么不是共享信息的假设一起携带。"这样，主位推进作为组织语篇不可缺少的手段所起的作用就显而易见了。

恰当的主位推进是实现语篇连贯的一种建设性方法。Danes和Fries将语篇连贯与语篇的主位推进联系起来，认为语篇连贯的程度取决于主位推进的连贯性，主位推进的不连贯性会导致连贯的中断(张德禄，2000)。Baker(2000)还通过一个语法正确但其他方面有错误的例子说明了主位结构与语言可接受性之间的关系。主位结构及其递进是影响语篇连贯的重要因素。

首先，它形成了前后之间的联系。第二主位作为整个句子的出发点，会影响整个篇章结构的安排。因此，要理解和组织原文与译文的平等意义，就必须充分实现这一衔接的环节——主位推进。好的语篇要发挥良好的交际功能，必须建立在良好的主位推进结构之上。主位推进模式实现了不同的信息分布。主位推进最能表达作者的思维脉络，体现独特文本结构的逻辑性和说服力。在每一篇文章中，主位推进的安排都不是随机的，而是有一定的目的和风格。无论是作为作者，还是作为读者,当能很好地操纵文本的主位推进时,我们都可以对文本的产生和解读有一个完整的理解。因此,恰当的主位推进可以作为翻译的一种手段。

8.3 翻译练习

翻译练习(translation exercises),即有关于翻译方面的练习。掌握英语语言技能的最有效手段之一是运用,通过大量的、不同形式的翻译练习来掌握英语知识。有研究者认为,学生在中学阶段进行翻译练习时,思考的过程实际上包括两个方面:其一是把所得到的信息进行加工处理;其二是避开母语的干扰,并把自己所熟悉的汉语文化环境放到英语的语言文化环境中重新进行整理。从这种意义上来说,翻译练习能够很好地帮助学生认识汉语和英语的特点,从而提高分析和综合运用语言的能力。

有研究者指出,新课程标准实施后,虽然学校和教师对课程处理的自由度有了较大提高,但是在课程资源的开发上,现行的英语教材仍存在一定的不足,特别是在翻译练习这一环节上,它既没有指导也没有明确的翻译示范,只是在每单元的课后练习中配备几道汉英翻译练习。这种翻译练习的实质就是课文词汇、语法、句型的简单重复和操练。

翻译练习是一种教学手段,应用它的目的就是更好地培养学生的英语能力,而目前在高中英语教学中,翻译练习不是很多,学生在汉译英练习中出现的错误五花八门,如句型的选择、主谓一致、名词的单复数、拼写等。目前许多教材中的汉英翻译练习设计存在一些问题,主要表现为两点,一是把翻译练习仅仅作为复习词汇结构的途径,没有把它视作认识汉语句模的途径;二是在设计句子时有对英语句型进行预选,使汉语句型与英语句型相对应的倾向。目前虽然实施新课改,但高中英语翻译练习题型极为单一,很难满足和适应新形势下高中生的实际需要,急需改革和发展。

语言是思维的载体,即人的语言表达受思维方式支配。同时,翻译是对语言输入能力和语言输出能力的综合考查,不仅考查学生遣词造句的能力,还要考查其逻辑、修辞等方面的语言功底。翻译的本质包含认知过程,翻译发生的心智基础是意识。翻译是在不同语言、不同种族的人之间架起的一座相互学习、相互了解的桥梁。翻译本身就是一种复杂的交际行为,翻译的过程也是提高学习者交际能力的过程。但在实际翻译中,学习者往往一味刻意地追求忠实于原文,却轻视甚至忽略了不同语言客观存在的差异,使语言特别生硬,违背了翻译的宗旨。而翻译实践对语言的掌握,须通过具体实例的讲解和分析,培养学生翻译的大局观和总体把握能力。

8.3.1　翻译练习的理论基础

8.3.1.1　输入假设(Input Hypothesis)

20世纪70年代末、80年代初,美国语言学教授Krashen提出了语言监察模式。后来Krashen(1985)对这一模式作了进一步的扩充和修订。这一模式包括五个相互联系的假设:习得-学得假设(the Acquisition-Learning Hypothesis);自然顺序假设(the Natural Order Hypothesis);监察假设(the Monitor Hypothesis);语言输入假设(the Input Hypothesis);情感过滤假设(the Affective Filter Hypothesis)。该模式认为,习得和学得是两种相互区别、相互独立的方式,同时,它们有一定的联系,第二语言只有先习得,然后才能学得;语言习得有一定的自然顺序;有意识地学习仅起监察作用;可理解的语言输入会自然形成语言习得;充满自信、轻松、愉快的情感便于语言习得。要指出的是,语言输入假设是该监察理论的核心部分,它解释了语言怎样才能习得。语言输入假设的主要观点有以下几个。

1.输入是语言习得的首要条件

只有学习者有机会接受目标语输入,语言习得才可能发生,离开输入语言,习得就无从谈起。

2."可理解性"是语言习得的必要条件

Krashen认为,学习者只有接触到能够理解的语言材料,语言习得才有可能发生。这就要求输入的语言从形式到内容必须是学习者能够理解的,且难度要稍高于学习者目前所掌握的知识,即"i+1"原则。其中,"i"是学习者目前的知识水平,"1"是稍高于学习者现有语言知识的部分。

3.输入要既关联又足量

输入的语言应该与学习者相关、对学习者有意义,输入的量要大于学习者当前的语言能力。外语语言知识(语音、词汇、句法)是输入的核心内容,它是运用语言进行交际的基本材料。提高学生的写作能力需要在词汇、句子、段落等方面增加可理解输入量和输入频率，强化学生对词汇、句子以及段落等方面的知识吸收、积累，为翻译打好基础。

输入是指二语学习者所接触的目标语材料，是二语习得中的一个重要因素。只有当学习者有机会接受目标语输入时习得才会发生，因此可以说，没有输入就没有习得。不同的理论对输入在二语习得中的作用有不同的解释。行为主义理论语言研究者认为，输入是模仿的基础，也是创造语言的基础，输入和输出有直接关系，学生通过模仿将他们接受的刺激和反馈内化，学生的输入是否与目的语相似是决定继续强化刺激还是进行改正的标准。而心灵主义者认为，输入触发学习者内在的普遍语法系统，使习得发生。互动主义者对二语习得的理论解释则分为两种：认知互动理论与社会互动理论。认知互动理论强调语言环境和学生内在机制的共同作用，认为学习者的心理能力与语言输入的互动导致习得的发生。输入在二语习得中起决定作用，前提是有内在机制强加的制约。社会互动理论认为，学习者之间的交流导致习得的发生，口头互动对语言学习至关重要。

输入频率是否决定习得是许多研究者感兴趣的一个问题。有的学者提出了频率假说，指出不同语言项在输入中出现的频率决定习得顺序。越是频繁出现的项目在学生输出中出现得越早。但实际上，该假说探讨的是输入与准确的关系而不是其与习得的关系，其理论依据是准确性顺序反映习得顺序，关于输入频率与准确性关系的研究结果不一致。支持频率影响习得的观点有两类：对不合语法的输入的影响的研究和对学习者产出程式化语言的研究。如有的学者研究发现，不合语法的输入对习得有直接影响，输入中的无主语句的出现和学生的输入之间有惊人的相关，但遗憾的是学生的母语允许无主语句的存在，因此只能说输入与迁移共同影响中介语的发展。另外，输入中某些句式和套语出现的频率反映学生对程式化话语的习得上。简言之，还不能说频率是唯一影响习得的因素，只能说输入的频率是影响习得的因素之一，而且是经常与其他因素结合在一起而起作用的。

输入是在上下文和语言外因素（如图片、手势等）的作用下得到简单化，而变得可理解的。输入与加工有关，加工有一定的复杂性。而对输入进行修正是为了使输入语言可理解。一些研究者把可理解输入看作二语习得的一个主导因素。Krashen的输入假设是其中最有代表性的，他强调，人类只通过理解信息或接受可理解输入习得语言。他认为，理想的输入应具有四个特点：第一，可理解性，即理解输入的语言是习得的必要条件，不可理解的语言无用；第二，趣味和关联性，即输入的语言既要有趣又要与学习者有关；第三，非语法程序安排，即按语法程序安排教学是不必要的；第四，要有足够的输入量，即输入量要大于学习者当前的语言能力。输入假设受到许多质疑，对于这些质疑和批评，Krashen进行了回应并引用了一些新的证据。他指出，输入假设是通过理解语言学习语言的假说，更准确地说，理解是语言习得的必要条件，但不是充分条件，还有一些条件必须满足：开放的态度、低情感过滤以及输入中习得者还没有习得但已准备好习得的语言方面的存在或出现。

8.3.1.2　输出假设（Output Hypothesis）

过去受Krashen的输入假设的影响，人们一直认为输入是习得外语的最重要因素，而输出的作用却被忽略。Swain（1985）以加拿大沉浸式语言教学项目中的儿童为研究对象，根据自己的观察提出了输出假设。他指出，“该假设的思想概括起来，即通过产出语言，无论是口头的还是书面的，语言习得可以发生”。语言学习是输入、输出的过程，在输入的基础上进行输出训练（口头、书面）是掌握语言知识和技能的基本途径。在学生理解语言知识的基础上开展形式多样的输出训练既检验了学生的输入效果，又锻炼了学生的表达能力。在中学英语课堂上进行英汉互译、组词造句、组句成段等多种层次的练习既能修正和内化学生的语言知识，又能提高学生的语言表达能力。

在Krashen的二语习得理论中，输出只是第二语言习得发生的一个标志，是学习者学习语言进行自我输入的资源。但许多研究者不同意这一观点，他们普遍认为，输出有助于中介语的发展，输出的作用应该得到人们的充分重视。从认知论的角度看，输出对学习的重要性在于能够推动学习者对语言进行深加工。学习者控制输出、关注输出，可以更加积极、更负责任地学习。学生可以通过说或写发展自己的中介语来满足交际的需求，使用自己内化的知识解决语言局限性问题，或提示自己在未来输入中寻求解决问题的办法。Swain（1985）针对Krashen的“可理解输入”在二语习得中的主要作用和基于自己多年对沉浸式教学的调查研究，提出了“可理解输出假设”。该假设强调语言输出对语言习得的重要性，认为口头的或书面的语言输出，能够习得语言。

Swain and Lapkin认为,在某种条件下,输出可以促进二语习得;其方式不同于输入,却可以增强输入对二语习得的作用。Swain (1995)将语言输出对语言习得的作用归纳为三点:第一,注意功能,即语言输出的过程能促使学习者关注表达意义的语言形式;第二,假设验证功能,即在目标语产出过程中,学习者把输出作为尝试新的语言形式与结构的一种方式,并把输出作为验证假设的一种手段;第三,元语言功能,即学习者通过琢磨和分析语言所得到的关于语言的形式、结构及其他方面的知识被称作元语言,当学习者反思其目标语用法时输出即起着元语言功能,输出能使学习者控制和内化语言知识。

8.3.2 理论的启示

语言是文化的载体,语言沟通的过程也是彼此间文化传递、信息交流的过程。Krashen的输入假设理论认为,输入是语言习得的基础,在可理解性的基础上,一定量的语言输入会使学生获得目标语的思维方式,并逐渐掌握目标语结构和学习方式,最终掌握目标语。因此,没有足够的理解,只是简单输入,就没有吸收和认知,也不会出现语言的输出。传统的教学活动以填鸭式为主,多注重输入,最大限度地灌输给学生知识,忽略了学生的语言输出。众所周知,衡量是否掌握一门语言的关键,就是语言的交际性有没有得到体现,语言只有在交际中才能体现其价值,才能真正掌握。

Swain的输出假设理论认为,二语习得者只有在进行语言交际的过程中,才会意识并检测到自己语言知识能力的具体程度,也就是说,在学习语言知识的过程中,应该在掌握其使用规则的基础上,进行实际的操作和应用,只有这样才能真正地掌握和巩固目标语。因此,教师应该在进行英语教学的过程中,在学生现有程度的基础上设计相应的语言环境和练习活动,让学生意识到自己本身存在的问题,提高其语言能力。学生在一定量的语言知识输入下,已经具备了应用目标语的意识,通过不断的输出练习,输入知识不断得到强化,进而巩固目标语。在一定条件下,相应的语言输出对语言的学习有着促进作用,可以提高学生的语言输入积极性,而且更有效果。

二语习得是一个复杂的、非线性的、动态的系统。在这个系统中,众多因素的相互作用决定了二语习得的发展过程和水平。二语习得中的Krashen的输入理论和

Swain的输出理论各有优缺点，有效的输出是建立在一定的输入基础之上，但是没有输出，再多的输入也没意义。因此，在实际运用中，要紧密结合二者，使其浑然成为一体，取其长处，切不可偏废一方。

输入研究及输入假说在相当程度上对外语教学产生了不小的影响，对高中英语教学中翻译练习的研究具有很大的启发意义。在以英语为外语的课堂环境中，学生接触到的输入量有限，主要接触教材中出现的内容，这对于有效地习得英语显然不够。因此，教师应在课堂内外为学生创造接触大量可理解输入的机会。另外，Krashen二语习得理论中提到的情感过滤假说考虑到了学习者的个人因素，认为可理解输入只有在情感过滤较低时才能见效。这一假说对高中英语教学中翻译练习研究的启示是，教师要积极创建宽松、友好、融洽的课堂学习氛围，调动学生的学习积极性和创造性，增强学生的自信心，降低学生的情感焦虑，使学生的语言习得有效进行。

国内外对输出在二语习得中的作用的研究给外语教学提供了一些有益启示。首先，教师要转变观念，重视输出，提高师生的语言输出意识。培养学生的交际能力不能是一句空话，应当首先从意识上予以肯定，同时课程标准、课程设计以及课程评估应都体现这一点。其次，教师在课堂上应当强调输出的重要性并利用各种任务和活动为学生多创造输出的机会。过去的教学过多强调输入的作用，学生只是被动地学，接受输入，使用语言的积极性未能充分调动起来，造成了“高分低能”“哑巴英语”。而强调输出、鼓励输出则可以引起学习者对自身语言的注意，帮助学生了解到自身的中介语与目的语之间的差异，修正自己的输出，在未来的学习中寻找解决问题、减少差异的办法，最后能自动运用目的语。最后，教师对学生的输出要提供恰当的反馈，不要过于在意学生所犯的语言错误，错误是中介语发展过程中的必然因素，过多地纠错，会使学生的自我形象受损，焦虑感增强，自信心缺乏。随着学生语言水平的提高，他们的语言精确度与流利度都会提高。

8.3.3 翻译练习的应用

翻译练习是高中英语教学中的有效手段之一，也是高中英语教学的一个有机组成部分。必须使高中英语教师和学生认识到翻译练习的重要性，重视翻译练习的有效性和进行翻译练习的必要性。可以从以下三个方面入手：第一，要使学生懂得翻译练习在高中英语教学中的重要性；第二，要使学生意识到自己在做高中英语翻译练习时水平的相对不足；第三，教师要了解学生在做高中英语翻译练习时遇到的最主要困惑。

在英语教学中适当利用翻译练习，有意识地指导学生进行英语和汉语宏观结构的对比，可以成功地减少或消除负迁移，增加和完善正迁移，全面提高双语水平和转码能力。因此，高中英语教师应结合教学实际和高中生的心理特点，以例证为主、理论阐述为辅，向学生展示翻译练习的重要性和必要性。但是也不能过分夸大翻译练习的重要性。

提高高中生翻译能力的一个首要前提，是要了解学生做翻译练习的过程和本质，找出症结所在，比如学生翻译时习惯按照原句顺序来进行，但有些英语句子的表达次序与汉语表达习惯不同，甚至完全相反，然后根据具体情况，采取相应的策略。学习策略是提高学习效率、发展自主学习能力的先决条件。学习策略包含观念和方法两个层次，而每个层次又包含学习与管理两项内容。学习方法和管理方法的交点是学生对学好英语采取的措施。科学的策略会使学生学习英语和老师教授英语轻松而事半功倍，这就要求中学一线英语教师根据教学实际情况和学生身心发展的特点，灵活运用教学手段，充分挖掘课程资源，不断为学生创造“最近发展区”。

原创性是好的翻译练习的关键。一道较为精彩的题目，设计者往往要煞费苦心，冥思苦想数天或数周。设计翻译练习是一个探索和创新的过程。能设计好的翻译练习是一个英语教师综合素养的展示。这就要求一线教师深入学生实际，改变教学观念，敢于挑战难题，勇于探索和创新，多角度深入剖析课程资源。新课标强调“形成积极主动的学习态度，使获得基础知识与基本技能的过程同时成为学会学习和形成正确价值观的过程”，这一特点要求翻译练习注重在掌握知识的过程中培养学生的情感、态度、价值观。因此，翻译练习的设计首先要体现和践行课程的理念，注重题目本身的思想性，使学生在做翻译练习的过程中，既掌握知识，又受到情感的熏陶，获得道德的升华和洗礼，使思想和能力都得到长足的发展。只有在平衡中适度，在平衡中突破，在平衡中深化，才能保证练习效益的最大化。作为一线教师，我们要充分发挥行动研究者和参与者的作用，以完善教材教学中的问题为素材，以学生学习过程中出现的问题为着眼点，以接受处理提炼新科技新信息为契机，充分凸显新课程教科书自主学习、探究学习、合作学习等学习方式的特点，充分发挥翻译练习应有的作用，灵活设计和应用翻译练习，从而使英语教学科学而又高效，使学生翻译能力得到长足发展。

教师在指导学生进行翻译时,应循序渐进地运用翻译练习,每一项任务的设计都要有针对性,要得体。如果翻译过于复杂,学生往往会放弃;如果给学生太多的练习,他们可能会感到困惑,所以翻译应该在高中英语教学中逐步应用。

8.4 翻译纠错反馈

过去二十年来,关于第二语言教学中书面纠错反馈(written corrective feedback)的研究激增,但大多数研究集中于语法教学或第二语言写作中的书面纠错反馈(Ellis Loewen and Erlam, 2006;Hyland and Hyland, 2006;Lee, 2008;Li, 2010;Zheng and Yu, 2018)。很少有研究探讨在翻译等第二语言技能的教与学中与反馈有关的问题。尽管大学和研究生阶段的翻译教育项目在很多英语教学环境下激增,但关于书面纠错反馈在高中英语翻译教学方面的作用以及如何在翻译课堂上使用和实施书面纠错反馈的信息有限。鉴于反馈在翻译课堂上司空见惯,而翻译学习者能力的一个重要组成部分是提供反馈并根据反馈采取策略性的行动(Alfayyadh, 2016;Bruton, 2007;Washbourne, 2014),因此有必要探讨书面纠错反馈在翻译教学中的性质和作用。具体来说,需要更多的知识来了解英语教师如何在翻译课堂上提供书面纠错反馈,书面纠错反馈是否以及在多大程度上影响学生翻译准确性的提高。

书面纠错反馈可告诉学习者在第二语言的口头和书面表达中所犯的语言错误,在第二语言教学过程中起着至关重要的作用。书面纠错反馈因其便利性而得到认知互动论和社会文化理论的理论支持:促进内部学习过程和促进学习者的自我纠正(Aljaafreh and Lantolf, 1994)。Truscott (1996)则认为,书面纠错反馈的价值有限,因为它对学生的二语习得没有影响。这一观点受到了二语写作学者(Bruton, 2007;Ferris, 1999)和一线教师的质疑。

自Truscott-Ferris辩论以来,书面纠错反馈的研究激增,两种常见的研究类型已经评估了书面纠错反馈在该领域的有效性。许多实证研究使用实验或准实验设计(Bitchener and Knoch, 2008;Ellis, 2006)调查了书面纠错反馈对特定语言特征的获取价值。这些研究反映了二语习得的取向,典型地解决了形式教学的课堂焦点问题，并发现在一定条件下，不同类型的书面纠错反馈，如间接的和集中的书面纠错反馈，可以促进预选错误类型的长期习得，如与简单过去时和冠词相关的错误类型。

书面纠错反馈研究也包括了二语写作，并试图了解书面纠错反馈是否以及如何帮助学生提高作文的整体有效性。这部分工作遵循了一个方法——修订研究设计，并在单一和多个草稿教室的背景下检查了书面纠错反馈的影响——也就是说，对同一篇论文和新的写作作品的影响（Ferris, 2010）。一些研究比较了不同类型的书面纠错反馈（例如，直接反馈与间接反馈、内容反馈与形式反馈）对文本修订的影响。例如，Ferris and Roberts (2001)报告说，低水平的学生从教师的直接批改中受益更多，而经验证据表明，间接的书面纠错反馈更有可能对学生提高语法准确性产生长期影响（Li, 2010）。由于不同的校正模式和不一致的研究设计，很难得出书面纠错反馈效果的具体结论。换言之，个体差异（如年龄、教师和学习者的信念、动机）和语境变量，如特定的机构、课堂和任务情境（Ellis, 2009），会影响学生使用教师书面纠错反馈进行文本修订。因此，有必要扩大对基于课堂的书面纠错反馈的研究，以包括其他日常学生工作，如翻译任务。翻译与听、读、写、说一起，被认为是培养学生学术素养的重要途径（Ross, 2000）。在教学上，从体裁、组织和衔接以及语言学习的角度来看，翻译任务对于培养学生的写作能力是可行的（Bruton, 2007）。正如之前的一些研究，如Washbourne(2014)所述，为学生的翻译作业提供反馈是翻译教学中一种有效的教学方法。

研究教师对学生翻译学习影响的理论基础不仅在于上述意义，还在于单语和双语的差异。其中一个差异源于这样一个事实，即学生在完成翻译工作时，为了语言的准确性，必须运用他们的词汇和语法知识，同时借助他们的工作记忆系统、文化能力和认知能力进行处理（Washbourne, 2014）。

英语教师在应对这类工作时面临着不同于其他语言教师的困难，因为学生的问题可能不仅仅是语言错误，还包括检索和组织信息的其他问题。因此，英语教师的书面纠错反馈策略可能与其他语言课程的教师有所不同。然而，关于翻译反馈的有限研究表明，在词典使用的支持下，外语学习者在获得新的词汇知识时可以从错误纠正中获益（Bruton, 2007）。

虽然书面纠错反馈在翻译课堂上是一种常见的实践，但很少有实证研究探讨书面纠错反馈在翻译教学中的应用问题。关于书面纠错反馈和翻译的有限研究本质上是描述性的，侧重于理论和概念讨论，认为译者培训反馈可以支持和扩展学习目标，促使译者作为对话者（读者或用户）阅读其作品，构建一个认知复杂的任务并促进反思实践（Alfayyadh, 2016; Washbourne, 2014）。例如，Washbourne (2014)研究了翻译纠正反馈的定性性质，认为书面纠错反馈可用于译者培训中的对话教学法。其他一些研究者强调了书面纠错反馈在培养学生成为更好的译者方面的重要性。Diamond and Shreve (2017)认为，从学生译者到专家译者的转变可以通过对翻译的信息反馈和纠正来实现。Alfayyadh (2016) 认为，建设性反馈是新手译者成为熟练译者的基本条件。

然而，对翻译培训的有限研究也发现了教师反馈的不足，尽管学生认为这种反馈对于提高翻译技能是必要的（Al-Faifi, 2000; Alsahli, 2012）。在Alsahli (2012) 的研究中，学生参与者认为，教师的反馈对提高学生的翻译能力至关重要，但一些学生从未收到反馈或部分反馈是无用的。

总之，很少有研究探讨书面纠错反馈策略在翻译课堂中的应用，尤其是缺乏以课堂为基础的关于教师书面纠错反馈策略对学生翻译修改影响的研究。值得注意的是，Ellis (2009)提出了一种改进的分类法，用于在外语学习者的书面作品中编码书面纠错反馈类型。他的分类包括关于教师使用反馈策略和学生对教师书面纠错反馈的反应的选项。

具体而言，教师为学生提供正确答案（直接书面纠错反馈）或指出错误而不进行实际纠正（间接书面纠错反馈）。例如，直接书面纠错反馈可能需要划掉错误的语言形式并插入正确的语言形式，而间接书面纠错反馈可以通过多种方式传递，例如“在错误下画下划线，或使用光标显示遗漏，或在包含错误的行旁边的边距处放置十字”（Ellis, 2009）。元语言书面纠错反馈指的是对学习者错误本质的明确解释。教师可以使用错误代码，如“art”代表“article”，而“prep”代表“Prepose”，也可以在翻译空白处对错误进行简短的元语言描述。直接书面纠错反馈可提供明确的指导，帮助学生纠正错误，间接和元语言书面纠错反馈让学生对自己的写作进行更深入的处理和自我编辑（Ellis, 2010）。

除了提供正确答案的明确程度外，教师还面临着对所有错误类型（非聚焦书面纠错反馈）或聚焦的选择。有重点和无重点的反馈各有利弊。从长远来看，不集中的书面纠错反馈有助于目标语言项目的二语习得（Ellis, 2009），但也有可能使学生对由此产生的“信息工作量”感到沮丧(Bitchener and Knoch, 2008)。相比之下,集中的书面纠错反馈在引导学生注意特定的语言特征和短期内提高写作准确性方面具有优势(Sheen, 2007)。根据Beuningen (2010)的研究,解决单一的错误类型与外语学生所需要的语言教学法背道而驰——他们需要纠正写作中的各种错误类型。

教师也可以选择使用两种书面纠错反馈策略:电子反馈(通过软件程序获得的反馈信息)和改写(教师对学生的翻译进行改写)。Ellis (2009)将不同的书面纠错反馈策略对外语学生书面错误的不同修改进行了分类。

正如Washbourne (2014)所言,“尽管用于语言学习,但Ellis的纠正反馈策略类别适用于翻译,因为它们提供了不同程度的纠正和责任分配”。

8.5 词语翻译

高中生普遍进入了词汇使用的瓶颈期。尤其是在翻译课堂上,多数学生还停留在规避语法错误的层面,甚至会认为学了语法就掌握了句法,从而就可以创造出任意想表达的语句。然而,语法正确的安全性远没有“说法”的准确性重要。“词块”是形式与功能相对应的组合,并且具有语言生成能力及相对稳定的语用功能和较强的语境制约作用。在英语教学的翻译练习中,从分拆练习到语序整合,最后再落实到搭配找寻,也即分拆、语序和搭配。实质上,从“词块”的角度对翻译进行准备,看似繁杂,反而是最简单有效的学习方法。若只知道语法的体系,相当于将已经了解的知识又重复了一遍,翻译的速度就很难提高。在英语教学中,转换能力通常被认为是学生应当掌握的一项基本技能。拥有足够量和质的词汇储备对于任何一个语言学习者来说都是必要的。

语言比其他任何东西都更能代表传达符号内容的手段(Teubert, 2015)。如果没有清晰的词汇,包括单词和短语、惯用表达和艺术术语,语言将毫无意义。因此,人们越来越认识到词语在跨文化交际中的重要性,词语的准确使用越来越受到人们的重视。然而,在翻译研究中,对词汇和短语的探索性研究并不多见。正如Newmark (1988)所指出的:“文本中最大的翻译量是在单词、词汇单位、搭配、组、从句和句子的层次上完成的……很少是段落,从来没有文本……可能是按照这个顺序。”

对中国知网(CNKI)数据库的检索表明,在中国,只有两篇文章对政治词语进行了实证研究。首先,Dou and Zhu(2009)通过问卷调查和对51名以英语为母语的人的跟踪访谈,研究了36个中国官方口号的现有译文的有效性。随后,Fan and Yu(2015)使用问卷调查了125名美国本土英语读者对10个具有代表性的当代中国政治口号的官方英语翻译的反应,并对部分研究对象进行了跟踪采访。Schäffner(2012)观察到,翻译学界对翻译中政治话语的研究一直处于探索阶段。事实上,Jing Li and Li (2015)引用了从翻译研究的角度对意识形态和语言基本问题研究的贡献。然而,一些相关的研究主要致力于确定适当的翻译策略,以提高政治翻译的有效性,如Liu(2015)。此外,现在的重点是社会、文化和交流实践、翻译和翻译的文化和意识形态意义、翻译的外部政治、翻译行为与社会文化因素之间的关系以及社会因果关系和人类能动性。此外,Romagnuolo(2009)指出,一些学者强调了由政治语言的特定特征引起的翻译问题,如概念术语的历史制约意义、特定文化的文本类型和语境限制的语用功能。

成语(谚语)是日常生活中常用的表达形式,它们增强了语言的色彩,丰富了语言的表达力。从2003年起,成语(谚语)成为高考翻译题的常设考点。成语(谚语)的翻译难度往往较大,其主要原因是中文里的成语(谚语)往往在英语里很难找到固定的表达式,有些成语(谚语)在表达形式上还有文言文色彩。这就要求考生在翻译前吃透原文中成语(谚语)的确切含义,并将其转化成为普通语言的表达方式,如果是文言文色彩的成语(谚语),先要将其转换成现代文的表达形式,在此基础上再把中文成语(谚语)灵活地翻译成相对应的英语表达形式。有关成语(谚语)的考核,在翻译题的4分题及5分题中得到充分体现。汇总历年的上海高考英语试题(含春考、秋考)不难发现,“四字格”在翻译题中均有广泛考查。有些词语尽管不是成语,但是以四字格出现,形式既包含“耳熟能详” “翘首以盼”等成语,也涉及常用固定表达,例如,“挨家挨户”“欣喜万分”“远非如此”等。翻译四字格的方法有很多,只有正确领会汉语表述的原意,选对合适的单词和翻译方式,才能翻译出符合英语读者语用习惯的句子。

8.5.1 “词块”的翻译

随着语料库语言学的发展,学者们发现,英语自然语言中存在着大量的兼有句法和词汇双重特征的固定或者半固定的语言结构。语言学习者可以提取这些模式化的语言结构（“词块”）。通过“词块”的学习，加快双语存取和转换速度。

翻译是很讲究实践的学科，如果想要实践，方法和思维方式很重要。“词块”习得也正是通过融合语法、语义和语境的途径，最大化确保译文表达的流利和地道，是英语教学中非常重要的一种基础单位。以整体“词块”形式出现的语言输入也正是语言习得模仿的语料。在语法体系的帮助下，学生会根据“词块”的输入快速分析产出译文，通过迅速调整获得语言的规则，以保证译文的正确性和准确性。“词块”是语法规则、语义和语用语境的统一体（吴晶、王瑞东，2002）。由于“词块”在实际交际中是相对较大的语言单位，在结构上更为固定，因此“词块”在翻译教学中具有优势。“词块”作为词的一种组合形式，经常被固定使用。组合有其特定的结构和相对稳定的意义（罗凤文，2002）。“词块”是一组有预谋的连贯或杂乱的词，它们作为一个整体存储在记忆中，以便直接使用“词块”而不需要分析和生成语法（Wray，2002）。

Nattinger（1992）认为，“词块”是一种存在于传统词汇和句法两极之间的多词词汇现象，是一种比每次组合在一起的语言出现频率更高、意义更习惯化的功能组合。语言中有许多固定的表达方式。在20世纪初，受结构语言学和形式语言学的影响，许多语言学家倾向于研究语言，而不考虑具体的语境。他们认为，语言是一个以规则为基础的系统，句子的构建首先要以符合语法的结构为基础，然后在结构中按一定的间隔填充单词。这种语言观支持语言的创造性和灵活性，但夸大了语法的功能。事实上，语法不能解释一些不规则的词块，如习语、俚语、短语等。更重要的是，并非所有以语法为指导的语言结构都能在人类日常表达中以相同的频率使用。Pawley and Syder（1983）认为，只有小部分以语法为指导的句子是以英语为母语的人所说的真实语言，其他句子虽然符合英语语法，但听起来很奇怪。因此，语法导向的英语教学受到批评。

20世纪70年代末，语言学家将注意力从语法转向词汇。传统的词汇教学方法提倡学生死记硬背，结果事倍功半，作用不大。有些学生可以毫无障碍地与同学交流，但当他们与以英语为母语的人交谈时却失败了，因为他们所说的不是真实的英语，所学的是违背语言学习本质的。

从20世纪80年代末开始，什么样的词汇在语言学习中最有价值成为英语教学的重点。“词块”的概念应运而生。“词块”是语言使用中的一个重要单位。Lewis

(1994)指出,要获得语言知识,提高语言能力,需要提高学生学习更多的“词块”和搭配的能力,需要学生有效地掌握基本的词汇和语言结构。

“词块”的理论基础是词汇通达机制理论,主要是激活扩散和抑制控制理论。根据主动传播理论,言语产生的词汇获取可以看作众多相关概念节点之间的竞争过程(Kroll and De Groot,2005)。词汇在人的头脑中就像一个由许多概念节点连接起来的网络。在语音产生过程中,语义系统不仅激活目标词汇,还激活其他与语义相关的概念节点,导致这些激活的概念节点在提取词汇时与目标词汇竞争。激活的程度取决于节点之间的距离和连接之间的强度。距离越长,强度越弱,节点被激活和扩散的可能性越小。根据激活扩散理论,目标语言的词汇选择是一种决策机制,决定在多个激活的词汇(概念)节点中选择哪个节点或哪个语义概念。概念节点机制的激活假说是以双语或多语非特定激活思想为理论基础的。

根据抑制控制理论,非目标词汇或非目标记忆的激活受抑制机制的控制和限制(Anderson and Spellman,1995)。抑制作为一种执行控制器,对工作记忆或短时记忆的最佳运作产生影响(Hasher and Zack,1988)。同时,为了保证目标词汇提取的准确性,对没有词汇节点的竞争对手进行了抑制。

8.5.2 “词块”的文献研究

“词块”有许多不同的分类,研究者分别从不同的角度对词块进行分类研究。Nattinger和De Carrico(1992)从语篇语用功能的角度,将“词块”分为三类:社会互动语块、话题“词块”和语篇“词块”。Lewis(1997)将“词块”分为四类:第一类是单词和复合词,如“例如”“一行”“现在和那时”等;第二类是高频搭配,如“看一眼” “上学”,它们是自然语言中使用频率较高的词的组合;第三类是固定的表达方式,或者制度化的话语,比如“怎么样”,具有固定的语用功能;第四类是半固定的表达方式,或句子框架和标题。作为组织段落的一种手段,它们在形式和功能上是固定的或半固定的,例如“一方面……另一方面……”。

Wray(1999)认为,从功能的角度看,“词块”有两种作用:一是降低了语言处理的复杂性;二是完成社交功能。Nattinger和De Carrieo(2000)提出了四个“词块”划分标准:一是长度和语法状态;二是形态正常或不正常;三是是否可更改;四是是否不间断。根据这四个标准,“词块”可以分为:复合词、制度化表达、短语限制和造句者。

综上所述,“词块”的概念已经超越了传统词汇和词汇概念的界限,“词块”的功能已经超越了搭配的功能。这些“词块”具有一定的特点:有的具有灵活性和可替换性;其他的则是不间断的、更固定、更不易变。笔者认为,“词块”有三种类型:一是不可改变的词块,即“词块”不可分离,每个词在每个词块中的位置不可改变,具有一个词的功能,如“从子宫到坟墓” “从头开始”“亚当的苹果”等。二是松散的“词块”,意味着它们经常被使用,有一定的固定结构,但是,如果结构中的一些词是受结构控制的,那么它们就可以被替换,例如“给它一个镜头”,单词“镜头”可以被替换为另一个单词“桃子”。三是过渡语“词块”,这是指句子框架,具有固定的语用功能,如“不可能……”“不能代替……”。

Cowie(1992)认为,语言的记忆、储存、输出和使用不是以单个词为单位的,而是以固定或半固定的模式化词汇结构为最小交际单位的。Nattinger and De Carrico(1992)认为,语言的流利使用并不取决于学习者大脑中储存了多少语法规则,而是取决于他们储存了多少词块。Pawley and Syder(1983)还指出,一个以英语为母语的普通人经常掌握成千上万的词汇化句子。这样,母语者就可以用词汇化的句子进行交流,而不必绞尽脑汁。这些研究表明了“词块”的意义。一般来说,学习者可以首先以“词块”的形式接受英语,然后将其永久地储存起来。在具备分析句子和文本的能力之前,学习者可以对词块的内部进行总结或重组,从而达到创造性地使用“词块”的水平。

Pawley and Syder(1983)认为,“本族语者的流利性”是指一个本族语者有能力说出一组句子而不承担编码和解码的负担。流利性是指第二语言学习者能够流利地用外语进行交际,包括语言的流利性和内在性。众所周知,流利性一直是外语教学的明确目标,也是学习者的一项艰巨任务。教师要想帮助学生克服这一困难,就必须考虑到语言的特点。语言是一套受一定规则支配的符号系统,在输出过程中有复杂的编码过程。语法可以帮助学习者创造无限的语法句子,但是在说出句子之前需要计算大量的资源。交际者需要更多地关注句子的结构,以便事先对句子进行分析或组织,这势必会忽视交际的内容,甚至对表达的流畅性产生负面影响。这些都不符合语言信息处理的经济性原则。“词块”作为记忆库中不可或缺的一部分,在编码或解码之前就已经准备好了。学习者可以提取并使用“词块”进行交际,而不必关注语法的内部结构,这样可以节省大量的时间和计算资源来重组信息。因此,利用“词块”可以释放句子组合的压力,将说话人的注意力转移到言语表达的深层次,如言语的相对性,甚至可以提高流利性。

“词块”是由两个以上的词,甚至一个完整的句子组成的组合。因此,记住一个“词块”意味着记住几个单词。然而,由于“词块”与特定的语境相联系,记忆的难度并没有增加,这使得“词块”比脱离语境的单个词更容易记忆。此外,在上下文中记住单词也有助于保持较高的准确性。由于“词块”的每一部分都受到语法和语义搭配的影响,因此“词块”很容易从记忆库中获取。即使是句子框架,替代部分也不难预测。最重要的是,通过学习词块,句子的准确性和真实性得到了明显的提高。同时,根据这种学习方法,学生可以避免产生一些不地道的句子。

掌握“词块”将大大减轻交际压力,有效降低第二语言学习的难度。“词块”作为一种最佳的学习单元,有两个突出的特点:第一,“词块”在语言交际中使用频繁,学习者可以把模块化的“词块”作为一个整体来记忆,以便在语言交际中方便地获取,当学习者将所学运用到实践中时,他们希望享受成果,形成良性循环;第二,这些形式块和模型块与语境有联系,经常链接到特定的上下文,以便让学习者根据特定的情况检索和提取信息。总之,高频率和依赖性降低了词汇学习的难度。同时,学生可以在词汇形式—语境—功能之间建立联系,而不必过分关注语法内部规则的解析,有利于提高学生的自信心。

在外语教学方法上,存在着两种不同的激进倾向。结构教学法强调的不是培养学生的语言交际能力,而是给学生灌输语言知识。交际法强调把交际活动引入课堂,忽视了系统的语言知识的传授。在过去的几十年中,我国的外语教学大多采用结构教学法,主要培养学生的刺激反应,机械地练习语法。随后,交际法被引入中国,过分强调交际的流畅性。为了避免走极端,学习系统的语言点应该与培养沟通技巧有机地联系起来。显然,“词块”是克服这两种方法的缺点,协调提高学生语法水平和语言运用能力的最佳选择。

在国外,“词块”的重要性一直受到重视。随着“词块”理论体系的发展,研究者们开始关注“词块”的应用,尤其是词汇教学法方面的研究。Widdowson(1990)指出,规则系统可以帮助人们表达新的想法和潜台词。然而,语言的规则被过分强调了。事实上,语言交际是以各种长度的词汇为基础的。日常琐事所涉及的大部分沟通是可以预见的,人们所说的语言大多是被别人重复或使用过的,因此语言不是很有创造性。Lewis(1997)认为,语言不是由传统的语法和词汇组成的,而是由多个语言块和几个单词组成的。Nattinger and Decarrico(1992)指出,语言习得和文本输出的词汇短语是理想的教学单元。这些多"词块"存在于传统的词汇和句法中。"词块"通常是简短或相对固定的短语。这些预制"词块"在语言习得和言语行为中起着重要的作用。

在国内,对"词块"的研究还处于起步阶段,大部分研究还停留在对"词块"理论的介绍、引入、验证和描述阶段,通过强调"词块"在第二语言学习中的重要性,让学习者重视"词块"在第二语言学习中的价值。后面需要进一步研究探讨"词块"理论的应用,如对学生掌握多少"词块"的研究。浦建中(2003)主张,英语词汇教学应重视"词块",以提高中介语的质量,使学习者使用更准确、更真实的语言输出。刁琳琳(2004)对英语专业大学生的"词块"能力进行了实证调查,结果表明,英语专业大学生的"词块"能力与学生的语言水平密切相关。苗海燕、孙兰(2005)研究了中国学习者如何使用非词汇化高频动词和名词搭配,研究结果表明,"词块"效应在语言学习中,尤其是在第二语言习得中具有非常重要的意义。丁彦仁(2005)研究了"词块"的应用与英语口语和写作技能之间的相关性,结果表明,"词块"对口语的预测能力强于语法。马光辉(2009)的研究结果表明,目的语"词块"的出现率与第二语言学习者的写作产出率有明显的关系。

8.5.3 "词块"类型

1.不变"词块"

与其他类型的"词块"相比,不变的"词块"具有固定的形式和意义,在使用时都是不可加、不可减、不可替换、不可分解的,如"熬夜""习惯做""听说",这些众所周知的"词块"应该通过大量的练习被牢记。

不变的"词块"不能根据英语语法改变,也不能按字面翻译成中文。这些"词块"预先储存在学习者的大脑中。学习者只要从记忆库中提取两个或两个以上的词块,就可以轻松地造句。如"我曾经熬夜",只要你能检索到"曾经做过"和"熬夜"的数据,那么"我曾经熬夜"这句话就会尽快生成。因此,这类"词块"具有良好的习得效果。

然而,在一些不可改变的"词块"中,如"昨晚"、"副作用"、"吃饭"、"听从建议"和"休息时间",这些"词块"的一部分,如"晚上""效果"、"晚餐"、"建议"和"时间"可以按字面意思翻译，于是，学习者想当然地认为另一个词也可以按字面翻译，从而导致母语的负迁移。教师应及时纠正不恰当的表达方式，以防学生将其演变成“洋泾浜”英语，对学生产生负面影响。

一般来说，“词块”需要背诵，因为它们有一些传统意义，不能通过直译或语法规则来解释。且学习者容易将“词块”整合成句子，从而获得良好的习得效果。

2.松散“词块”

由于松散“词块”在形式上并不是100%固定的，因此在应用时有一定的灵活性。“词块”被提取出来后，要经过精确的加工，生成一个句子（在“词块”中增加、减少或改变一个词）。然而，“词块”的生成并不是没有限制的。内部“词块”的添加、删除和替换是由“词块”的常规性决定的，例如“commit”这个词总是与暗示消极行为（自杀/犯罪）的词搭配在一起；“挣”一词通常与暗示积极行为和良好表现（赢得尊重/声誉）的词语搭配。因此，“词块”内部的常规性可以解释为，典型搭配、内部句法、文化内涵、风格和语用是“词块”教学的关键。

松散“词块”在一定程度上没有固定的形式，在使用时具有一定的灵活性。“词块”中的某个词可以加或减，也可以用限定词代替。“词块”的常规性决定了“词块”的增减和替换。学习者要灵活运用词块，就需要参照传统。因此，“词块”的常规性，即代表性搭配、内部句法、文化内涵、风格或语用，是教学的重点。

3. 过渡“词块”

过渡“词块”包括含有大量文化信息的句型、习语和句法的句子或句子框架。它们能最大限度地体现不同文化的不同思维方式，是英语的精髓。与母语文化有着巨大差异的过渡“词块”是学习的难点。过渡“词块”从大脑中提取出来后，需要立即生成一个从句。这意味着需要同时生成两个句子，例如“我恐怕……对不起……”。学习者对词块的应用要求较高，这也是过渡“词块”习得效果不佳的原因之一。

在英语课堂上，过渡“词块”很少被使用，即使在课堂上使用，也存在着大量的不规范表达。在过渡“词块”教学中，教师只是讲解其含义，给当时的学生留下了深刻的印象，但一般缺乏互动的应用环节。这一事实导致过渡“词块”教学因缺乏努力而未能取得成功。如“不要拉我的腿”，当学习者不把自己置身于目的语的情境中时，往往不能正确使用具有文化内涵的习语，这也是习语难以习得的原因之一。这些与母语差异较大的过渡“词块”是外语学习的难点，学习者需要更多地将它们应用到实践中。

8.5.4 “词块”学习与翻译教学

不同类型“词块”的属性决定了教师处理的重点和难点。不变的“词块”有各自固定的形式,其用法总是简单易学。掌握不变的“词块”主要需要学生课后的认知。松散“词块”和过渡“词块”的使用具有较大的灵活性。学习者能否理解“词块”的常规性是应用“词块”的重点和难点,要求教师系统、科学地解释传统。

教师需要分析松散的、过渡的“词块”。语法分析不仅有助于学生对“词块”的透彻理解,而且有助于准确地记忆和运用“词块”。同时,学生可以根据“词块”的内部句法,创造新的“词块”。教师应创造自然语境,引导学生用“词块”或变化后的“词块”表达自己的意思。

在解释“词块”的过程中,如果教师使用同义词来解释,“词块”的网络就会一团糟。因此,学生在检索“词块”时会采取回避策略,过度使用简单、低水平的词汇。因此,高水平和新学习的“词块”很少被应用。这也是高中生词汇学习进入“高原现象”阶段的原因之一。

培养学生的“词块”意识是词汇教学过程中最基本的阶段。如果教师能在这一阶段帮助学生建立“词块”意识,帮助学生理解“词块”习得在英语学习中的重要性,那么以下步骤就可以顺利进行。为了培养高中生的“词块”意识,教师应努力做到以下几点。

1.传统的教学观念亟待转变

教师不应走极端,要么过分强调语言结构能力的培养,要么过分强调语言的实际交际和使用。老师们应该找到平衡。

2.教师应重视学生对“词块”的识别能力

教师在课堂上应注重对“词块”的形式和意义的解释,并有能力区分“词块”中哪些部分是固定的,以指导学生如何创造性地运用不固定的“词块”。

3.输入与反馈

在输入过程中,要求教师以“词块”为基本单位对文章进行解释,同时,根据“词块”知识训练学生对输入材料的理解能力。随后,教师应及时给予学生反馈,以验证或纠正学生的训练效果,让学生在重复练习中自我纠正。这个过程可以不断加深学生对“词块”的印象。学生不自觉地受到这一实践的影响,形成词汇意识。当学生养成以“词块”为阅读单位的习惯时,他们会在阅读时有意识地寻找词块,并将其存入记忆库。

受课时限制的影响,词汇在英语教学中的价值越来越受到重视。什么样的词汇最有价值? 毫无疑问,频繁使用的词汇完全值得列在词汇表上。那么,如何选择词汇作为教学内容是一个值得思考的问题。如何选择词汇, Lewis(2000)提出以下原则:一是应重视基本动词的派生;二是学习者应将真意名词与常用动词、形容词作为整体“词块”联系起来进行练习;三是链接词应单独选取作为专门训练;四是学习者应该更加重视句子开头的结构,例如“如果……你介意吗?”。

教师应尽最大努力为学生提供足够的机会,让学生复习“词块”,以便存储、检索、提取和应用。最终,学习者可以建立自己的“词块”库。教师应注意的是,这些常用词的选择应符合学习者的英语水平。根据克拉申的输入假设理论,在语言学习过程中,要有足够的“可理解的输入”,这是输入的基础。维果茨基的最新发展区理论也坚持,语言输入既不能太难也不能太容易。语言输入的水平应该是学生能够达到的。语言输入包括阅读和听力。众所周知,阅读是写作的基础之一。高中教师应以讲解阅读为契机,将重点和常用“词块”写在黑板上,以吸引学习者的注意力。在复习“词块”时,应鼓励学生根据黑板上的提示进行复述,并鼓励学生用“词块”写作文。

教师要营造良好的输出氛围。例如,教师应该创造机会让学生在课堂上进行“词块”的输出练习。输出练习不仅包括写作,还包括口语。教师应鼓励学生运用新学的“词块”,并复习“词块”在不同语境中的不同用法,以巩固所学的“词块”。选择什么样的话题是“词块”输出练习的重要组成部分。题目的类型和难度应根据不同的教育程度加以区分。在开始阶段,为了建立学生的自信心,可以降低“词块”的难度。在高级阶段,一些与课文有关的热门话题可以作为补充知识。当学生被要求举行辩论比赛时,如果他们想表达一些更难的东西,他们显然会觉得所储存的“词块”不够,很难立刻检索到适当的信息。对知识的渴求能刺激学生放学后阅读课外图书。在讨论中,老师应该比学生更积极,应引导学生,设计循序渐进的练习计划,以提高学生的“词块”习得能力。与单个词相比,“词块”在记忆和输出方面具有许多优势。然而,根据遗忘曲线法则,如果没有复习和巩固,“词块”会随着时间的推移而被遗忘。因此,复习和巩固过程对保持“词块”的长时记忆起着重要的作用。

巩固“词块”的方法很多。教师应因材施教,对学生进行有针对性的建议和指导,使学生能更好地复习词块。常用的方法主要有“词块”翻译、按“词块”聚类记忆范文和阅读重复“词块”。“词块”翻译是指学生在教师的指导下将汉语词块翻译成英语“词块”的方法。按“词块”聚类记忆范文代替传统的作文记忆,能最大限度地集中学生对“词块”的注意力,抑制干扰。阅读重复“词块”需要花费更多的时间才能产生明显的效果,但从长远来看确实有效。如果学习者想保持可持续发展,第三种方法是必要的。只有教师创造机会让学生尽可能多地学习地道的语言,学生才能有更多的机会复习熟悉的“词块”,从而发展语感。

8.6 汉英对比教学

8.6.1 汉英对比教学的重要性

上海高中的翻译教学,其本质仍然是字词对应和语句对应,并没有展开中英比较教学,也就是对对答案,讲讲心得,未能上升到中英比较的高度。在这样的思想指导下,学生很难明了翻译的本质,更不用说掌握先进的翻译方法。从奈达的翻译理论来看,这些方法其实就是两种语言之间的转化过程。因此,缺少分析、转换、重构这样一个完整的过程。在实际的教学当中,很多错误并不是转换方面的,而是根本没有看懂汉语的意思、结构、语用,就匆匆下笔翻译,因而不可避免出错了。在高中阶段进行比较教学,并不是引领高中生对中英语言规律的异同进行深刻的探讨和研究,更不是培养中英比较语言学的专业人才,而是向学生强化这样一种思维方法,那就是中文和英语是不同的,但又有着一定的联系,不能根据中文的语言组织习惯和规则去构建英语语句,但在翻译的时候,又不能不考虑汉语的表达方式和信息。所以,只有通过中英比较研究,明确其异同和联系,才能做好同一信息在不同语际之间的转换。

语言离不开文化,语言本身就是文化的重要组成部分。所以不同的文化必然在其相应的语言当中留下非常明显的痕迹。学习英语而不了解英语语言文化,那就不能算真正的英语学习,缺失了文化的语言是苍白的、是没有生命力的。但是现行的高中翻译教学有意地避免了文化色彩突出的翻译训练,将翻译技能的培养划归到词汇、语法和句型学习的范畴中,这就明显地造成了学生在实际的跨文化交流中对于涉及文化习俗的不了解和无所适从。

高中学生在汉译英时犯错误主要是因为缺乏英汉比较意识和知识，总是习惯以汉语的语言结构来组织英语词汇，造出很多中文式的英语。学生在进行翻译练习时，并没有意识到英汉是两种不同的语言体系，即使有个别同学注意到这个问题，也是很少了解这两种语言之间的比较知识。如中国学生习惯用逗号连接英语分句而很少用到恰当的连接词，主要是因为缺乏英汉比较意识，缺乏英汉比较知识。

英语和汉语分别属于两种截然不同的语系——印欧语系和汉藏语系，它们在语法规则、句法结构、表达方式以及文化等方面有着非常大的差异。由于高中学生对此没有概念，平时又很少了解这两种语言之间的比较知识，缺乏对这两种语言的比较意识，不可避免地会用熟悉的汉语的语言结构和语言习惯来组织和表达英语，因而译出了很多中式英语(Chinglish)。由此可见，开展英汉两种语言的比较研究是十分重要的，教师在翻译教学中一定要进行这两种语言的比较教学。

8.6.2 形合与意合

英汉两种语言的形成和发展历程各异，各具特点，语言本身丰富多彩，正因如此，也给外语学习者造成了障碍。学生在做翻译练习时，经常不用连词或用逗号代替连词或用错连词。他们不了解，英语是从属关系(hypotaxis)的，注重形合；而汉语是平行并列结构(parataxis)的，讲究意合。所谓形合，是指借助语言形式手段(包括词汇手段和形态手段)实现词语或句子的连接。也就是说，句中的词语和分句之间用语言形式手段(如连词)连接起来，由众多的连接词组合而成的主句和从句之间的树状结构，语句之间相互依赖相互附属，表达语法意义和逻辑关系。英语句子的树状结构里，主句为主干，可以附生出连词众多、结构复杂、相互依赖的从句。所谓意合，是指不借助语言形式手段而借助词语或句子所含意义的逻辑联系来实现它们之间的连接。

一般认为汉译英时，应该首先梳理出原文中最重要的信息，将其放入目的语的主句，而将原文中的次要信息放入目的语的从句，并添加形式标记或连接词。这是一个从意合到形合的过程：注重语言形式上的接应(cohesion)，要求结构完整，逻辑一致和连贯，句子以形寓意，以法摄神。这样有助于实现英语高度的形式化和严密的逻辑性。常用的连词有：and、but、so、or、that、which、when、why、where、how、however、therefore和otherwise等。

而在做英译汉时就应采用相反的手法。汉语以意合为特征，注重各分句意义上的连贯(coherence)，不求结构完整，句子以意役形，以神统法，其衔接手段通常是隐性的。通常少用甚至不用这类连接词，直接按照语句各部分的顺序和意思来表达其中的语法和逻辑等关系。

形合与意合是英汉语言的基本区别，形合的语言模式反映了西方重形式逻辑、重实证的思维模式，意合的语言模式反映了中国重内省和体悟、表达简约、意义多重而丰富的思维模式。形合与意合是语言表现法，对形合与意合的把握有益于汉英互译的操作。译者应仔细揣摩源语和目的语的“形”“意”差异，既要忠于原作，又要兼顾读者，这样才能令译文取得同原文尽可能相近的效果。

8.6.3 紧凑与松散

英语句子有严谨的主谓结构，主语通常由名词性短语充当，谓语则是动词性短语，两者缺一不可。充当谓语的动词构成句子核心，主谓必须一致，整个句子分为主谓两部分，层次清晰、泾渭分明、结构紧凑。而汉语则正好相反，没有主谓形式协调一致的关系，主谓结构具有多样性、复杂性和灵活性，因而句式呈流散型。汉语注重内在的意念而不强调句子外在的形式，所以汉语的句型就很难以像英语那样以谓语动词为中心从形式上进行划分。英语的陈述句常见句型只有五个，而针对汉语的句型研究表明，其句型不仅量大繁杂，而且很难概括齐全。

翻译不出地道的译文是因为不了解英语和汉语在句子结构上的区别。英语句子为主谓结构，这个结构通常由名词性短语(NP)和动词性短语(VP)(谓语动词)构成。谓语动词是句子的中心，主语和谓语必须协调一致。句与句之间的结构紧凑，由连词、分词、介词等表明其逻辑关系，有时虽然看上去错综复杂、富于变化，其实各句非常有序地组织在一起，形成一个含义丰富的统一整体。相比之下，汉语因不受形态约束，没有主谓一致的形式，句式灵活、复杂多样，喜欢使用短句，所以往往显得比较松散。

因此在做汉译英时，要从汉语松散的结构中厘清句与句之间的关系，把语义上的联系通过连接词和介词等的运用表达清楚。而在进行英译汉时，应该尽量把英语的紧凑结构译为汉语的松散结构，如把并列句或从句译成汉语中的单句，通过句子本身的意义和顺序来表示它们之间的逻辑关系。

8.6.4 静态与动态

英语倾向于多用名词，而汉语则偏向多用动词。英语是屈折语，英语动词必须遵守严格的形态规则的限制，一个句子只能有一个谓语或几个并列谓语。所以大量的应该用动词表达的概念必须借助于非谓语、名词、介词、形容词、副词等动词以外的方式来表达。这种词类上的使用优势既降低了动词出现的频率，又削弱了动词所表达的意义，由此产生了动词的虚化和弱化，这就是英语表达呈静态的根本原因。与此相反，汉语中的动词没有形态变化的约束，没有谓语动词和非谓语动词之分，动词可在句子中充当各种成分，不受形态、时态、语态、人称等方面的限制，可以重复、重叠、合成等，构成丰富多彩、生动活泼的动词结构。汉译英时，如果能有意识地学习并采用静态句，译出来的英语就会地道很多。

8.6.5 物称与人称

英语中的书面语，如公文、新闻、科技论著以及散文、小说等文学作品，为了让表达显得客观公正、结构严谨、语气委婉，常常使用物称(impersonal)，即把事物以客观的口气呈现出来，有英语写作论著称之为“The writer and the reader are out of the picture，hiding themselves behind impersonal language”。G. Leech 和 J. Svartvik 在《英语交际语法》一书中指出：“Formal written language often goes with an impersonal style：i.e. one in which the speaker does not refer directly to himself or his readers, but avoids the pronouns I, you, we. Some of the common features of impersonal language are passives, sentences beginning with introductory it, and abstract nouns.”大量的被动语句增加了物称的使用，物称的频繁运用促成了被动语句的流行。而汉语受“万物皆备于我”的思维模式的影响，往往从自我出发用人称(personal)来叙述客观事物。当人称不言自喻时，则常常隐含人称或省略人称。因此在汉英转换中，用“物称”代替“人称”常常是一种有效的手段。根据中国人的思维习惯，人的行为应该是由人而不是事或物来完成的，所以汉语中习惯用主动的表达。虽然也有被动句的使用，但因其有“遭受”的意思，常常用来表达“不如意、不企望”(unpleasant、undesirable)等概念，故很少使用。如需表达被动的语气，则首选无主句、主语省略句、主语泛称句以及其他句式。

第9章／基于语料库的高中英语翻译教学

9.1 语料库在英语翻译教学中的运用研究

当前,随着语料库规模的壮大,基于语料库的研究也从词汇学、语法学、词典学扩展到语言教学、二语习得、文体学、话语分析、对比语言学、翻译、普通语言学等较广的领域,对外语教学起到了积极的促进作用。

随着语料库语言学技术和方法的发展,语料库在理论和描写两个方面对翻译研究产生了直接的影响(Baker,1993)。传统的语料库是一个庞大的、结构化的数字文本集合,它是通过计算机输入或扫描,复制或转录书面或口头翻译产品而形成的。通过语料库分析,我们在"翻译的普遍特征"框架下确定了句法转换的认知机制,这可以看作"翻译过程本身固有的制约因素的产物"。这类特征可能存在几种类型,例如,明确化(与特定的原文和一般的原文相比,出现在明确的层次上)、消歧和简化(歧义代词被更精确的形式取代,难理解的语法变得更容易)和语法性(将未完成或不符合语法的表达取整的趋势)。受检句子的结构因对通用翻译的具体特征的定义不同而不同。

其中一种实证研究是通过对翻译文本和非翻译文本的语内比较来进行的。例如,Malamatidou(2013)和Xiao(2012)试图捕捉翻译的普遍特征在不同语体的主动语态和被动语态结构中的体现。值得一提的是,胡开宝(2016)通过计算梁实秋和朱生豪将莎士比亚作品翻译成中文时从主动语态到被动语态的转换次数,来研究译者的风格。《胡适语料库》收录了莎士比亚的23部作品(528 774个英文单词)及其两个中文译本(1 314 258个中文单词在梁,1 389 195个中文单词在朱)。胡开宝首先在译文中寻找汉语被动被字句,追溯到英语中被动被字句的来源。他发现朱使用的被动式远比梁少(617对1 049)。此外,从英语主动语态句翻译过来的被字句在朱语中所占的比例要高于梁语。胡总结说,正是朱生豪个人的偏好决定了他对英语被动语态的蔑视,并将其翻译成一种更容易接受的没有被动的结构。他认为,不同的句法选择是出于对受众可接受性的考虑。

另一种类型的研究尝试了语际比较,描述了源语和目标语的句子结构。陈丽丽(2008)的语料库是中英文《水浒传》的平行集锦。她分析了汉语被动句是如何翻译成英语的。通过对小说中几章的抽样研究,发现只有少数(26%)的汉语被译成be+ved结构。

Fredriksson(2016)进行了一项类似研究,这是关于英语和瑞典语对比的研究,采用可比平行语料库。他发现,在英语被动句中,非小说类(73%)比小说类(62%)更频繁。非一致性翻译(句法转换)被翻译成各种各样的选择,包括非被动结构。

运用语料库的方法,一些研究者试图通过描述不同翻译任务产生的句子结构来了解不同翻译任务的认知需求。liang(2017)计算了交替传译、同声传译和朗读译语语料库中句子的依存距离。依存距离是句子复杂度的一个指标,表示句子中两个句法相关词之间的线性距离,由每个依存词与其直接调控词之间的距离的平均值来计算。这是人们第一次在语料库分析中量化文本中不同的语法结构。它是一种相对有效的描述语篇的方法,而上述语料库的语法描述依赖于词法或词汇标记。他们发现,交替传译的输出具有最低的依赖距离。他们得出结论,交替传译比其他两项任务带来了更大的认知需求。他们使用了不同来源文本的翻译输出,从这个意义上说,这项研究的设计缺乏刚性,但有两个意义值得一提:一方面,他们试图在数量语言学的背景下,从句法的层次关系和线性关系两个方面来量化句子的复杂性;另一方面,他们试图将句子的复杂性与任务的认知需求联系起来,并试图回答有关翻译/口译认知的问题。

传统语料库的方法可以反映出翻译前后语言对比的一些事实,但这里有三个关键的局限性。其一,它没有直接解决过程中实际发生的问题。只有语料库两端的数据,但是中间的过程数据是不存在的。这一问题是由传统语料库的技术局限性造成的:语料库的收集不能包含笔译/口译活动中发生的行为数据。补救办法是收集更详细的用户活动数据,这些数据由在线键记录器和带有时间线的眼动跟踪器数据组成。

语料库方法的第二个局限性在于它没有解释这些变化应该如何发生以及为什

么发生。语料库中没有显示文本产生的社会语境。因此,语料库本身就是一种“静态抽象”,一种“非文本化语言”;它只是“部分真实的,它只能分析意义实现过程的文本痕迹”。无法解释“语言因素和语境因素之间的相互作用,从而形成话语”的复杂性。有人认为语料库语言学与地质学是平行的,可以回答其形成过程的问题。但地质学观察的是那些演化完全是自然的,没有受到人类活动影响的岩石。然而,翻译是一种人类活动,容易受到社会语用变量的影响。语料库研究中对翻译普遍性的追求往往是零散的、变化无常的,无法揭示真实的认知机制。

语料库研究的第三个局限是,它们的材料仅限于那些容易在翻译出版物中获得的材料,这些出版物是现成的,例如莎士比亚作品的翻译。在大多数情况下,这些翻译是由专业人员而不是由译者或口译员学习者制作的。这使得对不同程度的训练或语言能力感兴趣的研究者很难从这些语料库中获得有用的信息。

然而,传统语料库仍然可以在笔译/口译处理领域发挥作用:一个重要的用途是作为标准或参考,从中可以开发实验室实验材料。从心理语言学的角度来看,在许多认知过程中,频率可能是影响语言过程的一个重要因素。因此,当心理语言学家设计一个实验时,他应该有足够的信息,如果他想探索这样的领域,应确定频率,以便材料的选择和分析不会漫无目的地进行。抽样语料库可以提供可靠而具体的频率信息,如时间数、特定类型词的比率或句法移位等。语料库的另一个重要用途是作为实验室结果比较的重要参考。传统的语料库,如由已发表的文本组成的语料库,作为翻译的成品,可能会留下一些不被注意到的脑力劳动的痕迹。

语料库在翻译教学中的价值,得到了专家学者极大的重视。王克非、秦洪武(2006)论证了语料库翻译学的范式理据与体系,拓展了语料库翻译学的研究范围,并深化了语料库翻译学的应用研究。杨晓军(2007)认为,基于语料库的翻译研究已成为当今描写翻译研究领域中新的研究范式。刘泽全(2011)结合近年基于语料库的翻译教学实践,探讨学习者翻译语料库的建设与应用,并尝试建立一套基于语料库的翻译教学路线与使用语料库工具对学习者译本进行评价模式。朱晓敏(2011)认为,在课堂上使用可以免费获取的美国杨百翰大学的英语单语语料库(COCA语料库)和北京大学汉语语言学研究中心的汉语单语语料库(CCL语料库)能改变传统翻译教学模式,为翻译教学的改革提供借鉴。王克非(2015)认为,平行语料库在课堂环境下使用的主要方式是呈现数据,让学习者面对充足、易筛选的双语数据,使翻译技巧和特定语言项目翻译的讲授相对集中，重点突出。熊兵(2015)讨论了适用翻译教学的英汉双语平行语料库构建，分析了建库中的语料标注问题，主要涉及词性标注、语言特征信息标注、翻译方法与技巧标注，进而论述了基于英汉双语平行语料库的翻译教学模式构建及其运作，解析了翻译教学模式的教学内容编排、实施原则及操作方式等相关方面的应用。

有关语料库在中学英语教学方面的研究，目前还比较少。王英娜(2011)在硕士论文中探讨了基于东北师范大学外国语学院建立的中学话语课堂话语语料库，研究重点高中和普通高中英语教师课堂提问的形式、提问策略，指出重点高中英语教师在课堂提问形式、提问功能、提问内容、提问应答方式、提问策略五个方面都与普通中学教师存在明显差异。王蕾(2011)基于语料库探讨城乡高中英语课堂话语量、教师的课堂提问类型、师生之间的交互方式及教师反馈四个方面的对比，提出城乡高中英语教师在课堂上都有需要改进的地方。马英博(2016)认为，语料库辅助英语词汇教学的新模式增加了自主学习和合作活动，使学生增加了学习内驱力。目前，国内基于语料库的高中英语翻译教学研究还处于空白阶段。

9.2　语料库

9.2.1　自建语料库

要想将语料库运用到英语翻译教学中，首先需要构建科学、有效的语料库。语料的选择需要考虑英语翻译教学的可行性、实用性，为了提升学生英语翻译能力，可以设想将语料库分为两个子库:英语翻译题库和英语翻译词汇库。同时，将英语翻译知识整合，将英语翻译知识归纳到语料库中，为学生提供英语翻译学习平台，使学生借助互联网平台，随时随地学习语料库，进而提升学生英语翻译水平。

语料库的核心是集约化的具有代表性的语料，语料的质量和标注方式最终服务于建库目的。高中英语翻译教学语料库是以翻译教学为目的而建构的语料库。与用于研究等用途的语料库不同，教学语料库的语料须遵循翻译教学规律，语料的难度梯度须符合学生的翻译能力习得规律。其中课题负责人要了解翻译教学与翻译能力和知识的习得规律,具有一定程度的翻译能力。

在语料选择上,尤其强调突出主题知识。语料选择特别强调真实的翻译素材,以上海高考和近年来各区高三一模考的翻译真题为依托,语料库规模将充分考虑翻译教学的反馈,在初步运行语料库后,随着教学的需求加以完善。

结合翻译教师的备课方式和技术条件,语料库的语料采集方式为电子文档和扫描输入两种方式,以电子文档输入方式为主。无论使用哪种输入方式,都须有专人审核语料质量,确保文本在入库前没有乱码、空格等现象。

语料对齐可以增强翻译学习的直观性和有效性,也是发现双语文本关系的过程(Yang and Li,2004),学习者可以从对齐的语料中深度分析翻译现象,发现并体会翻译策略。高中英语翻译教学语料库采取句级为主要对齐方式,辅以词语对齐的方式。但由于英汉语言谱系关系不亲密,在英汉语对转换时,译文在语句层面上与原文并非一一对应的关系,常会出现一句原文对应多句译文或多句原文对应一句译文的情况。因此,要在后期进行人工对齐。语段对齐,以意群表达意义完整为标准。除了句级对齐+语段对齐的入库方式,语料库建设还应充分考虑学生在翻译训练中的语篇意识,帮助教师讲评和学生练习时兼顾文本整体语境提示与译文展示,便于教学讲解细化,又不失文本语境考量。

从信息类型看,语料中结构化的信息是描述信息源和指定信息源位置的元信息,是对语料库添加的所有信息。元信息包括文本外部结构信息,如文本类型、来源、语言方向等,还包括文本内部信息的标注。翻译教学语料库中主要是对学生容易产生的翻译问题进行标注,作为教师讲评的要点。建库过程中,依据德国功能学派提出的翻译纲要(Brief)对语料进行标注和标记。从技术的角度来看,语料库包括四类模块:高考真题模块;高考模拟题、练习题模块;翻译讲义模块;高考词汇模块。四个模块中的每一个模块相互关联、对应,并链接其他模块,保证搜索和提取数据时,各模块都能调取。库文本组织结构中的原文库、参考译文库和典型案例库分别以上述四个技术模块的形式呈现,便于课堂展示、教学和训练操作。

此外,借助互联网平台,实现教师与学生英语翻译信息的快速传递、共享,一方面,可以激发学生自主学习的动力,使学生借助语料库更好地学习英语翻译。另一方面,便于教师更好地了解学生,对学生学习动态进行指导、监督,掌握学生学习情况,教师根据学生学习情况,调整翻译教学内容,进而实现英语翻译教学线上线下学习模式。

9.2.2 COCA美国当代英语语料库

美国当代英语语料库COCA全称为Corpus of Contemporary American English，是由美国Brigham Young University的Mark Davies教授开发的美国最新当代英语语料库，是当今世界上最大的英语平衡语料库。与其他同类语料库不同的是，它是一个免费的在线语料库。COCA美国当代英语语料库具备一个好语料库的三项最基本条件：规模、速度以及词性标注。截至2018年，COCA语料库的规模超过了4亿词量。COCA语料库每年至少更新两次，保证了该语料库的新鲜程度。COCA包含口语、小说、流行杂志、报纸和学术期刊五大类型的语料，能为研究者提供全面的查询。COCA美国当代英语语料库相对于普通的搜索引擎而言，可以限定所要查询的字符的词性，可以限定查询结果中语料的类型，可以限定查询语料在某段时间内的使用情况，可以比较词汇的用法差异。

登录界面包括以下信息：上方是基本信息显示区，显示的是当前语料库的名称和当前语料库所包含的词汇量以及语料库所包含的语料时间；左侧为显示及查询条件界定区；右上方是查询结果数据显示区；右下方为例句显示区。

查询条件界定区分为四部分，分别为显示方式区（DISPLAY）、字符串查询区（SEARCH STRING）、语料库分类区（SECTION）和查询结果排列方式区（CHECK TO SEE OPTIONS）。

以查询“study”为例。在字符串输入区输入“study”，其他选择默认之后，点击“SEARCH”，链接出的就是所查询到的例句。

9.2.3 CCL语料库

CCL语料库全称为Center for Chinese Linguistics PKU，是北京大学汉语语言学研究中心所做的包含现代汉语和古代汉语两种类型的语料库。CCL语料库超过4.77亿字规模，语料分布包括现代、古代及英汉双语语料。

CCL语料库的建设得到教育部所设立的“教育振兴专项资助项目”——现代汉语句子结构规则研究及其辅助软件环境的开发（200110），以及北京大学中文系211工程子项目“中国语言文学教学和基础理论及应用研究”的资助。这些年以来，北京大学在语料库建设方面做了很多的努力,使得CCL语料库功能越来越完善,也越来越成为一个成熟的语料库。CCL语料库近几年的建设情况大致如下。

(1)面向汉语研究和教学使用的大规模语料库及其基于Web-Lucene的在线检索系统:PKU-CCL-Corpus。如今PKU-CCL-Corpus总共收集了约2亿字的语料,其中现代、古代汉语各占一半。目前,其中的汉语语料还未经分词处理,所有的词也并没有经过切词处理,但这并不妨碍CCL语料库提供有效查询服务。

(2)人民日报切分和标注语料库的开发与应用:PKU-ICL-PD-Corpus。北京大学计算语言所对1998年和2000年两年的人民日报的语料进行了切分和词性标注加工。研究者以此查询和制定了高频汉语词汇表并定量研究了词语的语法功能。

(3)现代汉语树库的加工:PKU-CTB-Corpus。现在的规模达到了27万词、2万多句。很多中文处理软件也使用在该研究中,包括句法结构分析、词性标注等软件。这些软件可以完成诸如树结构的查找、短语结构的分析等。这些功能有助于对汉语句法结构系统的研究和教学,既可以让人们很方便快捷地查找例子,也可以用于做定量分析的研究。

(4)汉英句子对齐语料库的加工:PKU-ICL-CE-Corpus。此项语料库被用来进行汉英的机器翻译,在此基础上也可以展开成为双语词典,提高编撰词典的效率和水平。

CCL语料库所含的语料基本内容信息都可以在"高级搜索"这一页面上进行查看。高级检索页面包含的信息包括:"作者列表",列出语料库中所包含文件的作者;"篇名列表",列出语料库中所包含的篇目名;"类型列表",列出语料库中文章的分类信息;"路径列表",列出语料库中各文件在计算机中存放的目录;"模式列表",列出语料库中可以查询的模式。每次查询,网页上最多列出5 000条结果,分页列出,每页50条。

用户可以把查询到的输出结果保存到本地的计算机上。在查询结果的显示网页中,用户可以根据自己的需要指定下载结果的条数(缺省为500条),点击"下载"按钮,查询结果会以txt文本形式保存到本地电脑上。每句之后在[ ]内注明了该句的作者、出处、路径等信息。查询结果的显示长度也可以由用户指定,查询结果均标亮显示,而且根据搜索条件的要求也会以中心词进行"定位"。用户可按照"中心词"左边字符串排序,或者按照"中心词"右边字符串排序。

9.3 语料库在英语翻译教学中的运用

将语料库运用到英语翻译教学中，是对传统教学的一种补充，有助于培养学生的翻译能力。对此，笔者所在的课题组以英语翻译教学为研究对象，构建语料英语翻译教学模式，进而促进语料库在英语翻译教学中的合理运用。

1.课前教学

在课堂教学之前，教师应做好备课准备工作，明确教学目标，根据学生实际情况，为学生设置语料库教学模式，让学生通过语料库对英语翻译知识有所掌握，之后根据学生对英语翻译知识掌握情况，设置英语课堂教学活动。

2.学生方面

在课堂教学之前，学生应根据教师指引，在语料库中学习相关知识内容，翻译相关的英语材料；之后，将翻译文件保存，上传到互联网平台上，教师观看学生翻译文件，给予学生针对性的评价，使学生完成课前准备工作；此后，教师在众多翻译文件中，选取典型案例，调整教学活动，进而为课堂教学开展做好准备工作。

3.课堂教学

在英语翻译课堂教学中，教师为学生展示语料库，让学生观看语料库，加强学生对翻译知识的掌握；之后，教师为学生展示典型的翻译资源，将学生分成小组合作模式，引导学生发现问题，让学生结合英语知识水平，与他人探讨语料库，锻炼学生英语口语能力，让学生在小组合作中进行思维的碰撞，对英语翻译知识生成新的想法。此后，教师让学生翻译英语文本，引导小组成员将英语文本合理分配，使每一名学生手中都有任务，进而促进语料英语翻译教学的有序开展。

4.课后教学

小组成员翻译完英语文本之后，各个小组派一名代表阐述小组讨论成果与翻译成果，教师在一旁认真听，等学生阐述完小组想法之后，教师给予针对性的建议，将翻译技巧、理论知识传达给学生，引导学生进行教学反思，使学生在课下借助语料库，再次学习知识，并且在语料库中再次开展讨论活动，增强学生对英语翻译知识的进一步掌握，进而实现语料库在英语翻译教学中的运用价值。

9.4 基于语料库的高中英语翻译教学实践

笔者开设基于语料库的高中英语翻译教学选修课程,实践在翻译教学中如何运用美国杨百翰大学的英语单语语料库(COCA语料库)和北京大学汉语语言学研究中心的汉语单语语料库(CCL语料库),以及自建的高中翻译语料库。

9.4.1 课程简介

基于语料库的高中英语翻译教学是一门选修课,以培养英汉双语翻译技能为主线,通过系统的翻译专门技能的单项及综合训练,培养学生的双语翻译、英语写作等能力。

学生入学时英语水平参差不齐,英语翻译没有经过专门训练。本选修课程面向对翻译感兴趣的同学,目标是通过本课程,使学生能对翻译有一定的了解,具有一定的双语翻译能力。

翻译是语言交际的重要方面,在对外交往中,翻译的水平直接影响着沟通效率。随着国际交流的日渐频繁和电信技术的迅猛发展,提高英汉翻译的能力显得尤为重要。翻译课的教学任务是系统地训练和培养学生的双语转换能力,通过组织学生练习大量精选的各种题材和体裁的材料,培养他们翻译英语时的快速反应能力和理解能力。根据学生的特点,突出学生的语言应用能力,在教学中注重培养学生英汉互译时的快速反应能力和理解能力,从而提高学生的阅读理解和书面表达能力,加深学生对英语国家的政治、经济、社会、文化方面等的认识和了解。

本课程主要选择语料库内的经典短语、句子与篇章,每周1课时,布置部分课外练习。但是提高翻译水平仅靠练习经典句型是远远不够的,还应针对学生的实际情况,有计划地指导并组织好课外练习及其他相关的学习活动。只有精与泛、质与量的科学结合才能实现双语翻译的飞跃。

本课程的教学重点为:在语言理解方面通过多种形式的训练,使学生能够在一般社交场合进行交谈和翻译相当于中等难度的材料,能理解大意、抓住主要论点或情节,能根据材料进行分析、领会说话人的态度、感情和真实意图。

在英语口头表达能力方面,要求学生达到:①能利用已掌握的英语比较清楚地表达自己的思想,在遇到想不起的单词或没有把握的结构时能运用交际策略绕过难点达到交际的目的;②能准确掌握诸如询问、请示、建议、忠告等交际功能,在不同的场合,对不同的人用恰当、得体的语言形式去实现不同的交际功能;③树立主动开口翻译英语的信心,培养讲英语的热情和兴趣;④逐步达到在英语口头表达方面准确与流利的结合。

各种教学方法都是一定历史背景和社会环境下的产物,翻译赏析课的教学方法,要立足于学校实际(包括教学的实际需要、客观的教学条件和师生的实际水平),博采众长,积极探索出适合学校的能完成教学任务的教学方法体系。不论采取何种方法,都必须有利于充分调动学生的学习积极性、主动性和培养学生的独立工作能力。

以学生为中心,教师导学、启发和组织,加强师生互动。课内外学习相结合。借助多媒体教学软件制作课件,配以图片和视听资料。鼓励学生多上网查询,收听、收看、阅读英语新闻,启发学生独立思考,提高分析问题解决问题的能力。授课方式有讲授式、启发式、讨论式、研究式、提问式等。

课程总成绩评价方式为:课程总成绩(100%)= 形成性考核(40%)+ 课程终结考查(60%)。

形成性考核,即对学生学习过程和阶段性学习效果的综合评价,包括学生课堂出勤(20%),参与各项教学活动和自主学习活动的情况(40%),以及课外作业(40%)。满分100分,占课程总成绩的40%。形成性考核侧重对学生学习过程的监控和管理,帮助学生养成良好的学习习惯。

课程终结考查,包括大纲规定掌握的基本语言知识和技能,考查形式为笔试,闭卷,考试时间为40分钟,满分100分,占课程总成绩的60%。课程终结考查侧重考查学生对翻译技巧的掌握情况。考试题型为两篇短文的翻译。

本课程上课时间为每周三第七节课。第一周选修课报名,第八周考察。

本选修课程使用教材为教师自行收集整理的材料,每周仅1课时,每周布置部分翻译题目作为课外练习。

9.4.2 教学实践

语料库是通过先进的互联网技术,以因学而学的学习方式,提升学习者的自主学习能力。因此，在英语翻译教学中，合理地运用语料库，根据学生发展需要，结合英语翻译内容，构建英语翻译语料库，培养学生运用语料库意识，进而提升英语翻译教学质量。

对学生进行的调查显示，91%的学生对这一学习翻译的方法表示满意，认为高中英语翻译语料库的语料来源可靠，分类清晰，讲解细致；通过语料库学习，能更加深入地了解英汉双语的特点，培养对翻译的兴趣，提高英语翻译的能力。

对于教师来说，语料库提供了大量教学资源，有效解决了翻译素材不足、不成体系的问题。便捷的检索方式也让教师节约了大量的时间与劳动力。

9.5 结果与讨论

课堂是高中生接受英语知识最重要的场所。教师应该充分利用课堂上的教材，根据英语教材的内容，教给学生一些相关的翻译技巧。同时，要安排相关练习，让学生课后巩固和消化。以下的建议将对学生翻译能力的发展大有裨益。

第一，提倡教师指导下的以学生为中心的学习。在一定的情境下，学生通过意义建构获得必要的学习材料。它强调学习者的作用而不忽视教师的指导作用。教师不再是知识的灌输者，而是意义建构的帮助者和促进者。学生也从被动接受外界刺激和灌输对象转变为信息加工和意义的积极建构者。调查结果表明，教师和学生对翻译持积极的态度，但理解不够深入和全面，尤其是在实践中，对翻译还缺乏全面、准确的认识。

高考作为高中英语学习的指挥棒，对教师的教与学生的学起着重要的指导作用。近年来，除上海地区外，大部分省份的英语高考取消了翻译测试，新的英语教学大纲对学生的翻译能力没有具体要求。在英语教学中，许多教师不重视学生翻译能力的培养，导致学生翻译能力普遍薄弱。如果继续沿用传统的英语评价模式来评价学生的英语水平，就会产生大量的问题。当学生离开考场或教室时，他们不能与以英语为母语的人交流。

因此，为了使评价更全面，目前的英语试题也应该体现在对学生听、说、读、译能力的测试上，翻译试题能体现学生的翻译能力和英语知识。教师首先要树立正确的翻译教学观,这就要求教师利用课余时间多阅读相关图书,互相讨论学习,提高自己的教学水平,进而帮助学生树立正确的翻译学习观。

开学时,教师要有完整的教学大纲和教学计划。除了正常课时的内容,教师还可以利用选修时间,引导学生欣赏好的翻译作品,并向学生讲述语言背后的文化。只有在了解翻译是什么、如何学习、如何评价翻译质量的基础上,才能产生良好的翻译效果。

第二,英汉语言之间存在着本质的差异,其表现在逻辑差异、动态差异和静态差异上。许多学生不知道英汉结构的差异,对英语的从属结构关注不够,导致了句子结构和翻译逻辑上的错误。英语强调静态,汉语强调动态。许多学生不知道动态和静态的差异,所以在汉语到英语的翻译中,使用了很多动词,产生了许多语法错误。

第三,当前的英语翻译课堂教学不是一个系统。教师首先要在学期初有一个全面的计划,具体到每一课时。传统的翻译教学是以教师的教为基础的,要提高英语翻译课堂教学水平,可以从丰富课堂教学形式入手。

除了老师的讲解,可以鼓励学有余力的学生进行讲解,也可以以小组为单位进行讨论。教师应转变应试解释方式,激发学生思考,发散思维,引导学生。学习是一个获取知识的过程,英语学习是学生在一定的英语语境下,借助他人的人际写作活动和多媒体实现意义建构的过程。“语境”“协作”“对话”“意义建构”是学习环境的四个要素,多媒体技术的功能和特点有利于这四个要素的体现。利用多媒体课件进行教学,可以激发学生的学习兴趣和好奇心,吸引学生的注意力。多媒体技术应用的动态演示,可以激发学生思考,同时让知识难点直观化,提高学生的认知能力。充分利用学生的好奇心,引导学生学习,培养学生的创新意识和创新能力。这可以改变中学生认为教师教学方法过于有限的调查结果。

作为一名教师,要选择正确的教学方法,首先必须正确认识自己的素质和教学风格。其次要根据自身特点,扬长避短。教学方法的调整还应考虑学生的年龄特点和思维能力。

例如,对低年级学生来说,发现和讨论的方法往往达不到预期的教学目标,角色扮演对年轻学生来说更能激发他们的学习动机和兴趣。学生的个性也会影响他们对不同方法的好恶和适应性,有的学生一定要在老师讲解后才能清晰地掌握知识,有的学生要自己动手操作才能留下深刻印象,还有的学生对经过充分的讨论或自己发现的知识记忆深刻。

另外,无论选择哪种教学方法,都要考虑如何调动学生的积极性,使教学方法行之有效。同时,教学方法在选择时不能只考虑学生的年龄特点,不能脱离学生原有的基础。总之,方法的选择必须体现学生的学科要求,结合学生的学习主体性和学习特点。随着信息时代的不断发展,多媒体网络已经成为现代课堂教学中越来越重要的教学手段。它不仅为教师提供了丰富的语料库,而且具有信息共享和交流平台的作用。教师可以向学生推荐一些翻译网站,鼓励学生课后自主探索和学习。同时,教师还可以引导学生找到翻译所需的各种背景知识和资料,帮助学生进行一些翻译实践,鼓励学生相互交流。

第四,大部分学生对翻译有浓厚的兴趣,但由于考试制度的影响,学生翻译能力的培养没有得到足够的重视,学校也没有开设相关的翻译选修课。因此,学生在进行翻译时,不可避免地会犯许多错误。笔者建议在高中英语教学中开设翻译选修课以帮助对翻译有兴趣的学生。

要改变现行的英语翻译教学方法,必须从教师的素质出发。不同的教师,基于教师人格的心理特征、对不同课堂气氛的好恶以及与学生的亲密程度,会形成不同的教学风格。例如,在使用"游戏"或"角色扮演"方法时,一个表情严肃的老师可能不如一个面容和蔼可亲的老师有效。教师素质的差异也制约着教学方法的选择。教师如果善于根据自身特点,选择一种教学方法来弥补自身素质的不足,就会收到意想不到的效果。口译需要掌握良好的语言表达和准确的发音,缺乏口语表达能力的英语教师,可以使用录音机等视听设备,弥补缺陷,取得良好的教学效果。

参考文献

Uncategorized References

Al-Faifi, A. S. A. (2000). Teaching translation at the undergraduate level in saudi arabia: the case of imam muhammad ibn saud islamic university. (Dissertation/Thesis)

Al Sahli, F. S. (2012). Learning and self-regulation in translation studies: the experience of students in three contrasting undergraduate courses in saudi arabia. (Dissertation/Thesis)

Alderson, J. C., Clapham, C. M., and Wall, D. M. (2000). Language Test Construction and Evaluation. Beijing: Foreign Language Teaching and Research Press.

Alderson, J. C., and Hamp-Lyons, L. (1996). TOEFL preparation courses: a study of washback. Language testing, 13(3), 280-297.

Alderson, J. C., and Wall, D. (1993). Does washback exist? Applied linguistics, 14(2), 115-129.

Alfayyadh, H. M. (2016). The feedback culture in translator education: A comparative exploration of two distinct university translation programs. (Dissertation/Thesis)

Ali, M. M., and Hamid, M. O. (2020). Teaching English to the Test: Why Does Negative Washback Exist within Secondary Education in Bangladesh? Language Assessment Quarterly, 17(2), 129-146.

Aljaafreh, A., and Lantolf, J. P. (1994). Negative Feedback as Regulation and Second Language Learning in the Zone of Proximal Development. The Modern language journal (Boulder, Colo.), 78(4), 465-483.

Andrews, S., Fullilove, J., and Wong, Y. (2002). Targeting washback - a case study. System (Linköping), 30(2), 207-223.

Bachman, L., and Palmer, A. S. (1996). Language testing in practice: designing and developing useful language tests. Oxford: Oxford University Press.

Bachman, L. F. (1999). Fundamental Considerations in Language Testing. Shanghai: Shanghai Foreign Languages Education Press.

Baer, B. J., and Koby, G. S. (2003). Beyond the Ivory Tower: Rethinking Translation Pedagogy.

Bailey, K. M. (1996). Working for washback: a review of the washback concept in language testing. In (Vol. 13, pp. 257–279). Thousand Oaks, CA: Sage Publications.

Beuningen, C. V. (2010). Corrective Feedback in L2 Writing: Theoretical Perspectives, Empirical Insights, and Future Directions. International Journal of English Studies, 10(2), 1–27.

Bitchener, J., and Knoch, U. (2008). The value of written corrective feedback for migrant and international students. Language teaching research : LTR, 12(3), 409–431.

Bowker, L. (2000). A Corpus-Based Approach to Evaluating Student Translations. Translator (Manchester, England), 6(2), 183–210.

Bronfenbrenner, U. (1976). The Experimental Ecology of Education. Educational researcher, 5(9), 5–15. doi:10.2307/1174755.

Brown, H. D., and Abeywickrama, P. (2013). Language Assessment: Principles and Classroom Practices. Beijing: Tsinghua University Press.

Bruno, C. (2012). The public life of contemporary Chinese poetry in English translation. Target : international journal of translation studies, 24(2), 253–285.

Bruton, A. (2007). Vocabulary learning from dictionary referencing and language feedback in EFL translational writing. Language teaching research : LTR, 11(4), 413–431.

Burrows, C. (2004). Washback in classroom-based assessment: A study of the washback effect in the Australian Adult Migrant English Program.

Canale, M., and Swain, M. (1980). Theoretical Bases of Communicative Approaches to Second Language Teaching and Testing. Applied linguistics, 1(1), 1–47. doi: 10.1093/applin/I.1.1.

Chen, B., Zhou, H., Gao, Y., and Dunlap, S. (2014). Cross-Language Translation Priming Asymmetry with Chinese-English Bilinguals: A Test of the Sense Model. Journal of psycholinguistic research, 43(3), 225-240.

Chen, G. (2020). A Study of English-Chinese Translation of Commercial Advertisements under the Background of "Internet +". Journal of physics. Conference series, 1544(1), 12041.

Chen, H.-C., and Ng, M.-L. (1989). Semantic facilitation and translation priming effects in Chinese-English bilinguals. Memory and cognition, 17(4), 454-462.

Chen, Y.-C. (2013). Translation procedures adopted for translating Chinese empty words into english a corpus-based study. Babel (Frankfurt), 59(3), 332-359.

Chen, Y. J. (2011). Research on several key issues of Chinese-English machine translation. (Dissertation/Thesis)

Cheng, L. (1997). How Does Washback Influence Teaching? Implications for Hong Kong. Language and education, 11(1), 38-54.

Cheng, L. (1998a). Impact of a public english examination change on students' perceptions and attitudes toward their English learning. Studies in educational evaluation, 24(3), 279-301.

Cheng, L. (1998b). Washback effect of public examination change on classroom teaching: an impact study of the 1996 Hong Kong Certificate of Education in English on the classroom teaching of English in Hong Kong secondary schools. (Doctor of Philosophy). University of Hong Kong, Hong Kong.

Cheng, L. (1999). Changing assessment: Washback on teacher perceptions and actions. Teaching and teacher education, 15(3), 253-271.

Cheng, L. (2005). Changing language teaching through language testing : a washback study: Cambridge University Press.

Cheng, L., Andrews, S., and Yu, Y. (2011). Impact and consequences of school-based assessment (SBA) : Students' and parents' views of SBA in Hong Kong. Language testing, 28(2), 221-249.

Cheng, L., Watanabe, Y., and Curtis, A. (2004). Washback in Language Testing: Research Contexts and Methods. In. Mahwah: Taylor and Francis.

Chuanmao, T. (2009). On Composite Interrelationship in Literary Translation: A Chinese-English Translation Perspective. Perspectives, studies in translatology, 16 (3-4), 143-154.

Colina, S. (2003). Translation Teaching: From Research to the Classroom. MC-GRAW-HILL.

Coombe, C., Vafadar, H., and Mohebbi, H. (2020). Language Assessment Literacy: What Do We Need to Learn, Unlearn, and Relearn? Language Testing in Asia, 10(1), 1-16.

CoTé, P. R. (1990). From Principles to Pragmatics: Teaching Translation in the Classroom. French Review, 63(3), 433-443.

Cox, T. L., and Malone, M. E. (2018). A validity argument to support the ACTFL Assessment of Performance toward Proficiency in Languages (AAPPL). Foreign language annals, 51(3), 548-574.

Cox, T. L., Malone, M. E., and Winke, P. (2018). Future directions in assessment: Influences of standards and implications for language learning. Foreign language annals, 51(1), 104-115.

Cui, Y. (2017). The transference of poetic quality in the translation of English-Chinese advertisements. Perspectives, studies in translatology, 25(1), 82-97.

Cui, Y. (2019). Transference of brand personality in brand name translation: A case study on the Chinese-English translation of men' s clothing brands. Semiotica (230), 475-493.

Davies, M. G. (2004). Multiple Voices in the Translation Classroom: Multiple Voices in the Translation Classroom.

Deng, D., and Xue, N. (2017). Translation Divergences in Chinese-English Machine Translation: An Empirical Investigation. Computational linguistics-Association for Computational Linguistics, 43(3), 521-565.

Diamond, B. J., and Shreve, G. M. (2017). Deliberate Practice and Neurocognitive Optimization of Translation Expertise. In J. W. Schwieter and A. Ferreira (Eds.), (pp. 476-495). Hoboken, NJ, USA: John Wiley and Sons, Inc.

Dong, D., and Yang, M.-L. (2018). The application of ergative verbs to avoid accusations in the translation of Chinese editorials into English. Lingua Posnaniensis, 60 (1), 17-32.

Dong, M. (2020). Structural relationship between learners' perceptions of a test, learning practices, and learning outcomes: A study on the washback mechanism of a high-stakes test. Studies in educational evaluation, 64, 100824.

East, M. (2015). Coming to terms with innovative high-stakes assessment practice: Teachers' viewpoints on assessment reform. Language testing, 32(1), 101-120.

Echevarria, J., Short, D., and Powers, K. (2006). School Reform and Standards-Based Education: A Model for English-Language Learners. The Journal of educational research (Washington, D.C.), 99(4), 195-211.

Elder, C., and Wigglesworth, G. (1996). Perspectives on the testing cycle: From inception to washback. Australian Review of Applied Linguistics, 13, 1-12.

Ellis, R. (2009). A typology of written corrective feedback types. ELT journal, 63(2), 97-107.

Ellis, R. (2010). EPILOGUE: A Framework for Investigating Oral and Written Corrective Feedback. Studies in Second Language Acquisition, 32(2), 335-349.

Ellis, R., Loewen, S., and Erlam, R. (2006). Implicit and explicit corrective feedback and the acquisition of L2 grammar. Studies in Second Language Acquisition, 28 (2), 339-368.

Elshawa, N. R. M., Heng, C. S., Abdullah, A. N., and Rashid, S. M. (2016). Teachers' assessment literacy and washback effect of assessment. International journal of applied linguistics and English literature, 5(4), 135-141.

Fan, J., Ji, P., and Song, X. (2014). Washback of university-based English language tests on students' learning: A case study. The Asian Journal of Applied Linguistics, 1(2), 178-191.

Fan, J., and Yu, L. (2009). An Empirical Investigation of the Washback of IIT (Phase Ⅱ) to College and University Students' English Learning. Teaching English in China: CELEA Journal, 32(1), 89.

Fan, W. (2014). On the aesthetic ablation of fuzziness in Chinese expressions in Chinese-English translation. Babel (Frankfurt), 56(2), 139-167.

Ferman, I. (2004). The washback of an EFL national oral matriculation test to teaching and learning. In L. Y. Cheng, Watanabe, and A. Curtis (Eds.), Washback in language testing: Research contexts and methods (pp. 191-210). New Jersey: Lawrence Erlbaum Associates.

Ferris, D. (1999). The case for grammar correction in L2 writing classes: A response to truscott (1996). Journal of second language writing, 8(1), 1-11.

Ferris, D., and Roberts, B. (2001). Error feedback in L2 writing classes: How explicit does it need to be? Journal of second language writing, 10(3), 161-184.

Ferris, D. R. (2010). Second language writing research and written corrective feedback in sla: Intersections and Practical Applications. Studies in Second Language Acquisition, 32(2), 181-201.

Fortune, T. W., and Tedick, D. J. (2015). Oral Proficiency Assessment of English-Proficient K-8 Spanish Immersion Students: The Modern Language Journal. The Modern language journal (Boulder, Colo.), 99(4), 637-655.

Fox, O. (2000). The Use of Translation Diaries in a Process-Oriented Translation Teaching Methodology: Developing Translation Competence.

Fujishiro, K., Gong, F., Baron, S., Jacobson Jr, C. J., DeLaney, S., Flynn, M., and Eggerth, D. E. (2010). Translating questionnaire items for a multi-lingual worker population: The iterative process of translation and cognitive interviews with English-, Spanish-, and Chinese-speaking workers. American journal of industrial medicine, 53(2), 194-203.

Fulcher, G. (2012). Assessment Literacy for the Language Classroom. Language Assessment Quarterly, 9(2), 113-132.

Gardner, H. (1983). Frames of mind: The theory of multiple intelligence. New York: Basic Books.

Gardner, H. (1999). Intelligence Reframed: Multiple Intelligences for the 21st Century. New York: Basic Books.

Ge, Z.-G. (2019). Exploring the effect of video feedback from unknown peers on e-learners' English-Chinese translation performance. Computer assisted language learning, 1-21.

Gentzler, E. (2008). Contemporary Translation Studies.

German, H. Discourse in Eugene Nida's translation theory. (Dissertation/Thesis)

Gile, D. (1995). Critical analysis of translatology. Meta (Montréal), 40(1), 5-14.

Gokturk Saglam, A. L. (2018). Can exams change how and what teachers teach? Investigating the washback effect of a university English language proficiency test in the Turkish context. 4(2), 155-176.

Goleman, D. (1995). Emotional intelligence. New York: Bantam Books.

Gosa, C. M. C. (2004). Investigating washback: A case study using student diaries. (doctoral). Lancaster University, UK.

Graves, S. (2011). School and child level predictors of academic success for African American children in third grade: implications for No Child Left Behind. Race, ethnicity and education, 14(5), 675-697.

Green, A. (2007a). IELTS Washback in Context.

Green, A. (2007b). Washback to learning outcomes: a comparative study of IELTS preparation and university pre-sessional language courses. Assessment in education : principles, policy and practice, 14(1), 75-97.

Gu, P. Y. (2014). The unbearable lightness of the curriculum: what drives the assessment practices of a teacher of English as a Foreign Language in a Chinese secondary school? Assessment in education : principles, policy and practice, 21(3), 286-305.

Guan, X. (2012). The formalization of English structures with "on" and their Chinese translations. Theory and practice in language studies, 2(3), 613-618.

Han, L. (2011). Imagery in Chinese-English poetic translation. (Dissertation/Thesis)

Hardin, B. J., Lower, J. K., Smallwood, G. R., Chakravarthi, S., Li, L., and Jordan, C. (2010). Teachers, Families, and Communities Supporting English Language Learners in Inclusive Pre-Kindergartens: An Evaluation of a Professional Development

Model. Journal of early childhood teacher education, 31(1), 20–36.

Hawkey, R. (2006). Impact Theory and Practice: Studies of the IELTS Test and Progetto Lingue 2000.

Hayes, B., and Read, J. (2004). IELTS test preparation on New Zealand: Preparing students for the IELTS academic module. In L. Cheng, Y. Watanabe, and A. Curtis (Eds.), Washback in language testing: research contexts and methods (pp. 97–111). New Jersey: Lawrence Erlbaum Associates.

He, W., and Wolfe, E. W. (2010). Item Equivalence in English and Chinese Translation of a Cognitive Development Test for Preschoolers. International journal of testing, 10(1), 80–94.

Heaton, J. B. (2000). Writing English language tests. Beijing:Foreign Language Teaching and Research Press.

Hughes, A. (1988). Testing for Language Teachers. In. Cambridge: Cambridge University Press.

Hughes, A. (1989). Testing for Language Teachers. In: Cambridge University Press.

Huijuan, M. (2007). Exploring the differences between Jin Di's translation theory and Eugene A. Nida's translation theory. Babel (Frankfurt), 53(2), 98–111.

Hung, S.–T. A., and Huang, H.–T. D. (2019). Standardized Proficiency Tests in a Campus–Wide English Curriculum: A Washback Study. Language Testing in Asia, 9(1), 1–17.

Hung, S. T. A., and Huang, H. T. D. (2019). Standardized proficiency tests in a campus–wide English curriculum: a washback study. Language Testing in Asia, 9(1), 21.

Hungerland, R. (2004). The Role of contextual factors in mediating the washback of high–stakes language assessments on learners. (Unpublished doctoral dissertation). Carleton University, Canada.

Hyland, K., and Hyland, F. (2006). Feedback in Second Language Writing: Contexts and Issues. TESL–EJ(2).

Jia, Y., Carl, M., and Wang, X. (2019). Post–editing neural machine translation versus phrase-based machine translation for English-Chinese. Machine translation, 33(1), 9-29.

Jiang, J., Jiang, L., and Lu, X. (2018). Automated Scoring of Students' English-to-Chinese Translations of Three Text Types. Journal of quantitative linguistics, 25(3), 238-255.

Jin, Y., and Yang, H. (2006). The English Proficiency of College and University Students in China: As Reflected in the CET. Language Culture and Curriculum, 19(1), 21-36.

Ke, X. (2014). Context and Chinese Translation of English Titles: A Commentary on the Chinese Title of the '09 English Text of Han Suyin Award for Young Translators. Theory and practice in language studies, 4(12), 2522.

Kearney, E. (2015). A High-Leverage Language Teaching Practice: Leading an Open-Ended Group Discussion. Foreign language annals, 48(1), 100-123.

Kiany, G. R., and u.a. (2013). High-rank stakeholders' perspectives on high-stakes university entrance examinations reform: Priorities and problems. Higher education, 65(3), 325-340.

Kissau, S., and Adams, M. J. (2016). Instructional Decision Making and IPAs: Assessing the Modes of Communication. Foreign language annals, 49(1), 105-123.

Klaudy, K. (2007). Sociolinguistics of translation. Studia slavica Academiae Scientiarum Hungaricae, 52(1-2), 229-234.

Ko, L. (2012). Information loss and change of appellative effect in Chinese-English public sign translation. Babel (Frankfurt), 58(3), 309-326.

Krashen, S. D. (1985). The Input Hypothesis: Issues and Implications. Language.

Krashen, S. D. (1999a). Condemned without a Trial: Bogus Arguments against Bilingual Education: Heinemann.

Krashen, S. D. (1999b). Three Arguments against Whole Language and Why They Are Wrong: Heinemann.

Krashen, S. D., and Terrell, T. D. (1983). The Natural Approach: Language Acquisition in the Classroom. The Alemany Press.

Kum, D., Lee, Y. H., and Qiu, C. (2011). Testing to prevent bad translation: Brand name conversions in Chinese-English contexts. Journal of business research, 64(6), 594-600.

Kun, S. (2019). Teaching English-Chinese textual translation strategies A topic-chain approach. Babel (Frankfurt), 65(2), 286-315.

Kunnan, A. J. (Ed.) (2004). Test fairness. Cambridge: Cambridge University Press.

Lai, X. L. (2011). An analysis of grammatical metaphor in Chinese to English translation. (Dissertation/Thesis)

Lam, H. P. (1993). Washback: can it be quantified? A study on the impact of English examinations in Hongkong. (master). University of Leeds, UK.

Lam, H. P. (1994). Methodology washback: An insider's view. Paper presented at the Bring about change in language education, Hongkong.

Lee, I. (2008). Understanding teachers' written feedback practices in Hong Kong secondary classrooms. Journal of second language writing, 17(2), 69-85.

Li, C. (2010). The Complementarity of Chinese Translation Methods of English Metrical Poetry. The international journal of translation and interpreting research, 2(2), 66-80.

Li, C., and Zhang, H. (2020). The Application of Computer Aided Translation in Practice-Taking the Chinese-English Translation of Tourism Texts in Hetao Region as an Example. Journal of physics. Conference series, 1693(1), 12005.

Li, J. (2011). Xinghe vs. yihe in English-Chinese translation - analysis from the perspective of syntactic construction. Perspectives, studies in translatology, 19(3), 189-203.

Li, J., and Li, S. (2015). New trends of Chinese political translation in the age of globalisation. Perspectives, studies in translatology, 23(3), 424-439.

Li, S. (2010). The Effectiveness of Corrective Feedback in SLA: A Meta-Analysis. Language learning, 60(2), 309-365.

Li, X. (1990). How powerful can a language test be? The met in China. Journal of multilingual and multicultural development, 11(5), 393-404.

Li, X. (2010). E.A. Nida's translation theory in China (1980–2000). Perspectives, studies in translatology, 18(4), 287–295.

Li, X., and Yu, H. (2021). Parataxis or hypotaxis? Choices of taxis in Chinese–English translation. Lingua, 251, 103026.

Li, Y., and Ren, Y. (2016). Database design on corpus system for Chinese–English translation of scientific papers. International journal of simulation systems, science and technology, 17(13), 15.11–15.17.

Liang, P., and Xu, D. (2018). An empirical study of EFL learners' dictionary use in Chinese–English translation. Lexikos, 28(1), 221–244.

Lim, L., and Loi, K. Y. (2015). Evaluating slogan translation from the readers' perspective: A case study of Macao. Babel (Frankfurt), 61(2), 283–303.

Linn, R. L. (1997). Evaluating the Validity of Assessments: The Consequences of Use. Educational Measurement: Issues and Practice, 16(2).

Linxin, L., and Mingwu, X. (2019). An exploratory study of Chinese words and phrases A survey based on corpus to observe Chinese–English translation methods and international usage variability. Babel (Frankfurt), 65(1), 96–113.

Liu, J. (2019). A Comparative Study on Chinese and English Animals Idioms and Translation Strategies. Theory and practice in language studies, 9(2), 231–238.

Liu, K. (2020). On Chinese Translation of English Proverbs: A Dynamic Equivalence Perspective. Theory and practice in language studies, 10(11), 1442–1446.

Liu, X., and Yu, J. (2021). Relationships between learning motivations and practices as influenced by a high–stakes language test: The mechanism of washback on learning. Studies in educational evaluation, 68.

Lopez, A. (2005). Examining the potential washback of a new large –scale English proficiency test: Aligning tests, teaching and learning. ProQuest Dissertations Publishing. (Dissertation/Thesis)

Lumley, T., and Stoneman, B. (2000). Conflicting Perspectives on the Role of Test Preparation in Relation To Learning? Hong Kong Journal of Applied Linguistics, 5(1), 11–13.

Lutfiana, and Suwartono, T. (2020). Online EFL Teaching and Learning: Advanced Grammar Class and Washback Effect in Test. Technium Social Sciences Journal, 11, 23-35.

Malmkjaer, K. (1993). Underpinning Translation Theory. Target, 5(2), 133-148.

Martel, J., and Bailey, K. M. (2016). Exploring the Trajectory of an Educational Innovation: Instructors' Attitudes toward IPA Implementation in a Postsecondary Intensive Summer Language Program. Foreign language annals, 49(3), 530-543.

Mavis Ho, N.-K. (2021). Transcreation in marketing: a corpus-based study of persuasion in optional shifts from English to Chinese. Perspectives, studies in translatology, 29(3), 426-438.

Maxwell-Reid, C., and Coniam, D. (2015). Ideological and linguistic values in EFL examination scripts: The selection and execution of story genres. Assessing Writing, 23, 19-34.

Mccarthy, B. Tutoring Translation Skills: Reflections on a Computer-Managed Teaching-Learning-Research Triangle.

Messick, S. (1996). Validity and washback in language testing. Language testing, 13(3), 241-256.

Mushangwe, H. (2014). Translation as a mathematical problem: An analysis of Chinese-English and English-Chinese word equivalents. The international journal of translation and interpreting research, 6(2), 55-66.

Nattinger, J. R., and Decarrico, J. S. (1992). Lexical Phrases and Language Teaching. Oxford: Oxford University Press.

Newmark, P. (1973). An Approach to Translation. 19(1), 3.

Newmark, P. (1976). The Theory and the Craft of Translation. Language teaching and linguistics. Abstracts, 9(1), 5-26.

Newmark, P. (1977). Communicative and Semantic Translation. 23(4), 163.

Newmark, P. (1978). Thought, Speech and Translation. 24(3), 127.

Newmark, P. (1982). A further note on communicative and semantic translation. Babel (Frankfurt), 28(1), 18-20.

Newmark, P. (1988). A Textbook of Translation. Prentice-Hall International.

Newmark, P. (1989). Modern Translation Theory. Lebende Sprachen, 34(1), 6-8.

Newmark, P. (2015). Translation in a Globalised World. 8(2).

Ni, H. (2013). An empirical research on negative transfer in college non-English majors' Chinese-English sentence translation. Theory and practice in language studies, 3(6), 995-1004.

Nida, E. A. (1957). Meaning and Translation. The Bible translator, 8(3), 97-108.

Nida, E. A. (1969). Science of Translation. Language (Baltimore),45(3), 483-498.

Nida, E. A. (1970). Formal Correspondence in Translation. The Bible translator, 21(3), 105-113.

Nida, E. A. (1972). Communication and Translation. The Bible translator, 23(3), 309-316.

Nida, E. A. (1978). The setting of communication: A largely overlooked factor in translation. Babel (Frankfurt), 24(3-4), 114-117.

Nida, E. A. (1979a). Translating Means Communicating: A Sociolinguistic Theory of Translation Ⅱ. The Bible translator, 30(3), 318-325.

Nida, E. A. (1979b). Translations and Translators. 25(4), 214.

Nida, E. A. (1980). The Selection of a Translation Team. The Bible translator, 31(4), 434-437.

Nida, E. A. (1982). Quality in Translation. The Bible translator, 33(3), 329-332.

Nida, E. A. (1991). The Paradoxes of Translation. The Bible translator, 42(2A), 5-27.

Nida, E. A. (2004). Toward a science of translating. Shanghai Foreign Language.

Nord, and Christiane. (2012). Text analysis in translation: Text analysis in translation.

Norris, J. M. (2016). Language Program Evaluation. The Modern language journal (Boulder, Colo.), 100(S1), 169-189.

Oller, J. W. (1979). Language Tests at School. London: Longman.

Pan, X., Chen, X., and Liu, H. (2018). Harmony in diversity: The language codes in English-Chinese poetry translation. Digital Scholarship in the Humanities, 33(1), 128-142.

Peter Newmark, P. N. (1995). Truth and Culture in Translation. Lebende Sprachen, 40(2), 49-51.

Poehner, M. E. (2008). Dynamic Assessment: A Vygotskian Approach to Understanding and Promoting L2 Development (1. Aufl. ed.). New York, NY: Springer-Verlag.

Porter, S. E. (2005). Eugene Nida and Translation. The Bible translator, 56(1), 8-19.

Prodromou, L. (1995). The backwash effect: from testing to teaching. ELT journal, 49(1), 13-25.

Purpura, J. E. (2016). Second and Foreign Language Assessment. The Modern language journal (Boulder, Colo.), 100(S1), 190-208.

Qi, L. (2004a). Has a high-stakes test produced the intended changes? In L. Cheng, Y. Watanabe, and A. Curtis (Eds.), Washback in language testing: Research contexts and methods (pp. 171-190). New Jersey: Lawrence Erlbaum Associates.

Qi, L. (2004b). Intended washback effect of the national matriculation English test in China: Foreign Language Teaching and Research press.

Qi, L. (2005). Stakeholders' conflicting aims undermine the washback function of a high-stakes test. Language testing, 22(2), 142-173.

Qi, L. (2007). Is testing an efficient agent for pedagogical change? Examining the intended washback of the writing task in a high-stakes English test in China. Assessment in education: principles, policy and practice, 14(1), 51-74.

Qian, D. D., and Cumming, A. (2017). Researching English Language Assessment in China: Focusing on High-Stakes Testing. Language Assessment Quarterly An International Journal, 14(2), 97-100.

Qian, X. X. (2011). On the selection of predicates in Chinese-English translation. (Dissertation/Thesis)

Qin, X. (2010). China English in Chinese-English translation. (Dissertation/Thesis)

Read, J., and Hayes, B. (2003). The impact of the IELTS test on preparation for academic study in New Zealand.

Ren, F., Zhu, J., and Wang, H. (2010). Web assistance based Chinese-English organization name translation. Journal of computational information systems, 6 (5) , 1483-1494.

Richards, J. C. (1976). The Role of Vocabulary Teaching. TESOL quarterly, 10 (1), 77-89.

Roger, T. B. (2001). Translation and translating : theory and practice. New York: Longman Inc.

Rojas, E. D., and Avitia, M. J. (2017). System approach to pedagogical discourse: CLD learners. Psychology in the schools, 54(10), 1267-1278.

Ross, N. J. (2000). Interference and intervention. Modern English Teacher, 9, 61-66.

Salehi, M., and Tarjoman, M. (2017). An investigation of a nationwide exam from a critical language testing perspective. Cogent social sciences.

Scarino, A. (2010). Assessing Intercultural Capability in Learning Languages: A Renewed Understanding of Language, Culture, Learning, and the Nature of Assessment. The Modern language journal (Boulder, Colo.), 94(2), 324-329.

Scarino, A. (2013). Language assessment literacy as self-awareness: Understanding the role of interpretation in assessment and in teacher learning. Language testing, 30 (3), 309-327.

Schäffner, C. (1993). Peter newmark about translation. Target : international journal of translation studies, 5(2), 246-250. doi:10.1075/target.5.2.11sch.

Seliger, H., and Shohamy, E. (1989). Second Language Research Methods. Oxford: Oxford University Press.

Shayeste Far, P. (2020). A model of interplay between student English achievement and the joint affective factors in a high-stakes test change context: model construction and validity. Educational assessment, evaluation and accountability, 32 (3) , 335-371.

Sheen, Y. (2007). The effect of focused written corrective feedback and language aptitude on ESL learners' acquisition of articles. TESOL quarterly, 41(2), 255–283.

Shen, X.–H. (2012). On the loss of aesthetic value and its compensation in Chinese–English translation of Huangdi Neijing. Zhongguo Zhongxiyi jiehe zazhi, 32(5), 704.

Shi, J. (2018). An exploration of the legal translator's subjectivity: Analysis of explicitation and implication of connectives in the English–Chinese translation of TRIPS. Linguistics and the Human Sciences, 12(2–3), 243–261.

Shih, C.–M. (2007). A new washback model of students' learning. Canadian modern language review, 64(1), 135–162.

Shih, C.–M. (2009). How tests change teaching: A model for reference. English teaching :practice and critique, 8(2), 188–206.

Shih, Y. C., and Reynolds, B. L. (2018). The effects of integrating goal setting and reading strategy instruction on English reading proficiency and learning motivation: A quasi–experimental study. Applied Linguistics Review, 9.

Shohamy, E. (1993). The Power of Test: The Impact of language testing on teaching and learning. NFLC Occasional Papers. The National Foreign Language Center, Washington D.C.

Shohamy, E. (1997). Testing methods, testing consequences: are they ethical? are they fair? Language testing, 14(3), 340–349.

Shohamy, E., Donitsa–Schmidt, S., and Ferman, I. (1996). Test impact revisited: washback effect over time. Language testing, 13(3), 298–317.

Short, D. J. (2000). The ESL Standards: Bridging the Academic Gap for English Language Learners. ERIC Digest.

Shureteh, H. (2015). Venuti versus Nida a representational conflict in translation theory. Babel (Frankfurt), 61(1), 78–92.

Spolsky, B. (1999). Measured words. Shanghai: Shanghai Foreign Languages Education Press.

Stenberg, J. (2018). Multiplicity in lieu of authority Translations of classical Chinese poetry online. Babel (Frankfurt), 64(4), 579-593.

Stern, H. H. (1999). Fundamental concepts of language teaching. Shanghai: Shanghai Foreign Languages Education Press.

Sternberg, R. J. (1988). The Triarchic Mind: A New Theory of Human Intelligence. New York: Viking Press.

Sternberg, R. J. (1997). Thinking styles. Cambridge: Cambridge University Press.

Stoneman, B. W. H. (2006). The impact of an exit English test on Hong Kong undergraduates : a study investigating the effects of test status on students' test preparation behaviours. (doctoral). Hong Kong Polytechnic University.

Su, W., and Li, D. (2016). Corpus-Based Studies of Translational Chinese in English-Chinese Translation (2015). Richard Xiao and Xianyao Hu. Digital Scholarship in the Humanities, 31(3), 516-519.

Sun, Y. (2016). Context, construct, and consequences: Washback of the college English test in China. ProQuest Dissertations Publishing, (Dissertation/Thesis)

Surong, Y. (2016). The functional approach to the teaching of translation: a case study on Beiying and its English translations. Chinese journal of applied linguistics, 39 (3), 304-315.

Tajeddin, Z., and Dabbagh, A. (2015). Interlanguage pragmatic test tasks: Does a low-stakes test have washback to L2 teachers and learners? Journal of Asia TEFL, 12 (4), 129-158.

Tan, M., and Turner, C. E. (2015). The Impact of Communication and Collaboration Between Test Developers and Teachers on a High-Stakes ESL Exam: Aligning External Assessment and Classroom Practices. Language Assessment Quarterly, 12 (1), 29-49.

Taylor, L. (2013). Communicating the theory, practice and principles of language testing to test stakeholders: Some reflections. Language testing, 30(3), 403-412.

Teubert, W. (2015). The Zhuangzi, hermeneutics and (philological) corpus linguistics. International journal of corpus linguistics, 20(4), 421-444.

Tou, J. T. (2000). An intelligent full-text Chinese-English translation system. Information sciences, 125(1), 1–18.

Toury, G. (2012). Descriptive Translation Studies–and Beyond: Revised Edition. Amsterdam/Philadelphia: John Benjamins Publishing Company.

Truscott, J. (1996). The case against grammar correction in L2 writing classes. Language learning, 46(2), 327–369.

Tsagari, D. (2009). Revisiting the concept of test washback: Investigating FCE in Greek language school. Cambridge ESOL: Research Notes(35), 5–10.

Tytler, A. F. (2007). Essay on the principles of translation.

Von Kowallis, J. E. (2015). Collisions of the Past with the Present: Translation, Texts, and History. Frontiers of literary studies in China, 9(4), 581–615.

Vyn, R. (2019). Promoting Curricular Innovation through Language Performance Assessment: Leveraging AAPPL Washback in a K–12 World Languages Program. (Ph. D.). The University of Iowa, Ann Arbor.

Vyn, R., Wesely, P. M., and Neubauer, D. (2019). Exploring the effects of foreign language instructional practices on student proficiency development. Foreign language annals, 52(1), 45–65.

Waddington, C. (2001). Different Methods of Evaluating Student Translations: The Question of Validity. Meta, 46(2), 311.

Wall, D. (1999). The impact of high–stakes examinations on classroom teaching : a case study using insights from testing and innovation theory. (Dissertation)

Wall, D. (2000). The impact of high–stakes testing on teaching and learning: can this be predicted or controlled? System (Linköping), 28(4), 499–509.

Wall, D. (2005). The impact of high–stakes examinations on classroom teaching: A case study using insights from testing and innovation theory. Cambridge: Cambridge University Press.

Wall, D., and Alderson, J. C. (1993). Examining washback: the Sri Lankan Impact Study. Language testing, 10(1), 41–69.

Wall, D., and Horák, T. (2011). The Impact of Changes in the TOEFL Exam on Teaching in a Sample of Countries in Europe: Phase 3, The Role of the Coursebook.

Phase 4, Describing Change.

Wang, F. (2017). Different Associations of Animal Words in English and Chinese and the Relevant Translation Strategies. Theory and practice in language studies, 7(11), 1085–1090.

Wang, F. (2021). Impact of translation difficulty and working memory capacity on processing of translation units: evidence from Chinese–to–English translation. Perspectives, studies in translatology, 1–17.

Wang, H. (2018). An analysis of English–Chinese translation based on schema theory for non–quantitative Numbers. Journal of advanced oxidation technologies, 21(2).

Wang, K. (2012). North America, English Translation, and Contemporary Chinese Literature. Frontiers of literary studies in China, 6(4), 570–581.

Wang, P. (2018). Based on the corpus of Chinese–English machine translation research. Journal of advanced oxidation technologies, 21(2).

Washbourne, K. (2014). Beyond error marking: Written corrective feedback for a dialogic pedagogy in translator training. The interpreter and translator trainer, 8(2), 240–256.

Watanabe, Y. (1992). Washback Effects of College Entrance Examlnatlon on Language Learning Strategieg. Jacet Bulletin, 175–194.

Watanabe, Y. (1996). Investigating washback in Japanese EFL classrooms: From inception to washback. Australian Review of Applied Linguistics, 13, 208–239.

Watanabe, Y. (2004a). Methodology in washback studies. In.

Watanabe, Y. (2004b). Teacher factors mediating washback. In L. Cheng, Y. Watanabe, and A. Curtis (Eds.), Washback in language testing: Research contexts and methods (pp. 129–146). New Jersey: Lawrence Erlbaum Associates.

Waters, A. (2014). Managing innovation in English language education: A research agenda. Language teaching, 47(1), 92–110.

Wenchao, S., and Defeng, L. (2020). Exploring processing patterns of Chinese–English sight translation An eye–tracking study. Babel (Frankfurt), 66(6), 999–1024.

Wigglesworth, G. E., and Elder, C. (1996). The Language Testing Cycle: From Inception to Washback. Series S, Number 13. Australian review of applied linguistics. Series S.

WolframWilss. (2001). The Science of Translation:problems and Methods: The Science of Translation:problems and Methods.

Wong, M. L. Y. (2010). "there are many ways to translate it": Existential constructions in English-Chinese translation. Languages in contrast, 10(1), 29-53.

Xiao, T., Zhu, J., and Zhu, M. (2011). Language Modeling for Syntax-Based Machine Translation Using Tree Substitution Grammars: A Case Study on Chinese-English Translation. ACM transactions on Asian language information processing, 10(4), 1-29.

Xie, Q. (2010). Test design and use, preparation, and performance: a structural equation modeling study of consequentialvalidity. (Doctor of Philosophy). Hong Kong University, Hong Kong.

Xie, Q., and Andrews, S. (2013). Do test design and uses influence test preparation? Testing a model of washback with Structural Equation Modeling. Language testing, 30(1), 49-70.

Xu, M., and Wang, C. (2011). Translation students' use and evaluation of online resources for Chinese-English translation at the word level. Translation and interpreting studies, 6(1), 62-86.

Yang, X., Guo, X., and Yu, S. (2016). Effects of cooperative translation on Chinese EFL student levels of interest and self-efficacy in specialized English translation. Computer assisted language learning, 29(3), 477-493.

Yu, S. (2007). Translation as participation : AAA reflection on the recent surge of English translation of Chinese classics in China. Neohelicon (Budapest), 34(2), 91-99.

Zhan, Y. (2009). Washback and possible selves: Chinese non-English-major undergraduates' English learning experiences. (doctoral). Hong Kong University, Hong Kong.

Zhan, Y., and Andrews, S. (2014). Washback effects from a high-stakes examination on out-of-class English learning: insights from possible self theories. Assessment in education :principles, policy and practice, 21(1), 71–89.

Zhang, D. (2016). Definiteness and the meaning reconstruction in English – Chinese translation. Babel (Frankfurt), 62(3), 456–469.

Zhang, D. M., Zhu, Y., and Jin, Y. H. (2014). Recognition and transformation of normal sub–sentence in Chinese–English patent machine translation.

Zhang, L., and Guo, Y. (2019). A Study on the English Translation of Public Signs in Chinese Destinations. Journal of China tourism research. doi:10.1080/19388160.2019.1629367

Zheng, B. (2014). The role of consultation sources revisited: An empirical study of English–Chinese translation. Perspectives, studies in translatology, 22(1), 113–135.

Zheng, B., and Xiang, X. (2014). The impact of cultural background knowledge in the processing of metaphorical expressions: An empirical study of English–Chinese sight translation. Translation and interpreting studies, 9(1), 5–24.

Zheng, J. (2016). On the English Translation of Chinese Modern Essays From the Perspective of Cognitive Context: A Case Study of Zhang Peiji's English Translation of Chinese Essay "巷". International journal of applied linguistics and English literature, 5(5), 96–101.

Zheng, Y., and Yu, S. (2018). Student engagement with teacher written corrective feedback in EFL writing: A case study of Chinese lower–proficiency students. Assessing Writing, 37, 13–24.

Zhou, G., Chen, Y., Feng, Y., and Zhou, R. (2019). Processing of Translation–Ambiguous Words by Chinese–English Bilinguals in Sentence Context. Journal of psycholinguistic research, 48(5), 1133–1161.

Zhou, Y. (2020). On Feng Youlan's Construction of an Image of Chinese Philosophy in his Chinese–English Translation. Comparative literature–East and West, 4(1), 58–64.

Zhu, Z. L. (2009). On the equivalence in Nida's translation theory from the aspect of readers' response. (Dissertation/Thesis)

Zimmerman, B. J. E., and Schunk, D. H. E. (2011). Handbook of Self–Regulation of Learning and Performance: Routledge, Taylor and Francis Group.

Zinszer, B. D., Anderson, A. J., Kang, O., Wheatley, T., and Raizada, R. D. S. (2016). Semantic Structural Alignment of Neural Representational Spaces Enables Translation between English and Chinese Words. Journal of cognitive neuroscience, 28(11), 1749–1759.

Zou, S., and Xu, Q. (2017). A Washback Study of the Test for English Majors for Grade Eight (TEM8) in China: From the Perspective of University Program Administrators. Language Assessment Quarterly, 14(2), 140–159.

陈小慰.(2002).从8级翻译测试看学生亟待加强的几个方面.中国翻译,023(001),63–66.

陈艳君,蔡金亭,胡利平.(2018).外语高考改革新模式的反拨效应研究.外语学刊(1),79–85.

程晓,王宏芳.(2008).外语测试与评估.In 邹为诚,程晓(Eds.),外语教师职业技能发展(pp. 195–229):高等教育出版社.

董连忠.(2014).全国高考北京市英语考试对高中英语教学的反拨效应研究.(D).上海外国语大学.

董曼霞.(2016).高考英语考试的反拨效应及其形成机制:以重庆市高中学生为例.上海外国语大学.

董曼霞.(2018a).高考英语对高中生英语课外学习反拨效应的跟踪研究.中小学外语教学(中学),41(7),15–20.

董曼霞.(2018b).高考英语对高中英语课堂教学的反拨效应研究.基础外语教育,20(2),25–32+107.

范文曜,王烽.(2008).体制机制创新推进教育跨越发展:改革开放30年的教育体制改革.复旦教育论坛(6),5–13.

冯庆华.(2002).实用翻译教程:英汉互译—增订版.

傅雷.(2005).傅雷谈翻译:傅雷谈翻译.

高一虹,李莉春,吕王君.(1999).中西应用语言学研究方法发展趋势.外语教学与研究(2).

辜向东.(2007).Positive or negative? An empirical study of CET washback.重庆:

重庆大学出版社.

辜向东，肖巍.(2013).CET对我国非英语专业大学生考试策略使用的反拨效应研究.外语测试与教学(1)，30–38.

辜向东，张正川，刘晓华.(2014).改革后的CET对学生课外英语学习过程的反拨效应实证研究:基于学生的学习日志.解放军外国语学院学报，37(5)，32–39.

国务院.(2014).国务院关于深化考试招生制度改革的实施意见.人民教育(18)，16–19.

黄彦.(2006).孙文选集(下).广东人民出版社.

季羡林.(1987).我和外国语言.外国语.

姜秋霞，权晓辉.(2002).翻译能力与翻译行为关系的理论假设.中国翻译，23(6)，11–15.

蒋显菊.(2007).国内英语测试研究:十年回顾与展望.外语界(2)，89–96.

李传松.(2006).中国外语教育史初探.北京第二外国语学院学报:外语版.

李观仪.(1995).具有中国特色的英语教育法:上海外语教育出版社.

李良佑，张日升，刘犁.(1988).中国英语教学史:上海外语教育出版社.

李欣.(2004).翻译测试的“结构效度”及其实现.东北大学学报:社会科学版(3)，63–65.

李学兵.(2005).英语口译教学的目标与内容选择.北京第二外国语学院学报(2)，76–80.

刘龘.(2014).高考英语科目的地位演变与政策导向.考试研究(1)，24–28.

刘海峰.(2007).高考改革的回顾与展望.教育研究(11)，19–24.

刘海峰.(2010).中国高考向何处去？ 北京大学教育评论，8(2)，2–13+187.

刘海峰.(2014).高考科目改革:为什么首先是英语？ 湖北大学学报(哲学社会科学版)，41(01)，96–99+149.

刘海峰，蔡培瑜.(2013，2013–12–30).高考:社会化考试如何推行？16.

刘海峰，谷振宇.(2012).小事件引发大改革——高考分省命题的由来与走向.河北师范大学学报(教育科学版)，14(5)，16–20.

刘和平.(2005).口译理论与教学:口译理论与教学.

刘宓庆.(2003).翻译教学:实务与理论.

刘庆思.(2008).改革开放三十年来我国高考英语科的发展情况.课程·教材·教法,28(4),22-27.

刘庆思.(2017).高考英语学科40年.中国考试(2),13-19. doi:10.19360/j.cnki.11-3303/g4.2017.02.003

刘重德.(2003).西方译论研究:西方译论研究.

卢信朝.(2006).中国口译教学:现状,问题及对策.山东外语教学(3),50-54.

鲁子问,王笃勤.(2006).新编英语教学论:新编英语教学论.

陆震.(2003).中国考试史文献集成.第8卷,中华人民共和国.In 杨学为(Ed.),中国考试史文献集成(Vol. 8):高等教育出版社.

罗选民.(2002).中国的翻译教学:问题与前景.中国翻译,23(4),56-58.

苗菊.(2007).翻译能力研究:构建翻译教学模式的基础.外语与外语教学(4),47-50.

穆雷.(1999).中国翻译教学研究:国家社会科学基金1996—1998年度青年项目.

穆雷.(2006).翻译批评与翻译标准:英汉/汉英翻译测试研究系列(三).外语与外语教学(4),45-45.

穆雷,李希希.(2019).中国翻译教育研究:现状与未来.外语界(2),24-32.

亓鲁霞.(2004).NMET的反拨作用.外语教学与研究,36(5),357-363.

亓鲁霞.(2007).高考英语的期望后效与实际后效:基于短文改错题的调查.课程·教材·教法(10),43-46+50.

亓鲁霞.(2012).语言测试反拨效应的近期研究与未来展望.现代外语,35(2),202-208+220.

钱锺书.(1985).林纾的翻译.中国翻译(11),2-10.

上海市教育考试院(Ed.)(2020).2021年普通高等学校招生全国统一考试(上海卷)考试手册.语文,数学,外语.上海:上海教育出版社.

上海市人民政府.(2014).上海市深化高等学校考试招生综合改革实施方案.上海教育,(28),14-17.

佘宇,单大圣.(2018).中国教育体制改革及其未来发展趋势.管理世界,34(10),118-127.

苏娜，魏晓宇.（2018）.改革开放40年高考招生制度改革述评.全球教育展望，47（7），76–90.

孙绵涛.（2004）.中国教育体制论：辽宁人民出版社.

谭载喜.（1999）.新编奈达论翻译：新编奈达论翻译.

唐雄英.（2005）.语言测试的后效研究.外语与外语教学（7），55–59.

王大伟，李佩瑶.（2018）.深化微观翻译技巧研究，丰富宏观译论内涵：《十九大报告》英译文中灵活翻译方法探究.上海翻译（3），38–45.

王晓农，张福勇.（2009）.英语句型与汉英翻译：基于认知语言学相关理论的探讨.

文军.（2004）.论翻译能力及其培养.上海科技翻译.

文秋芳.（2003）.英语学习的成功之路：上海外语教育出版社.

吴根洲，郑灵臆.（2012）.高考外语科目地位变革六十年.上海教育科研（11），33–37.

武光军.（2006）.翻译课程设计的理论体系与范式.中国翻译（5），14–19.

武尊民.（2002）.英语测试的理论与实践.外语教学与研究出版社.

肖巍，辜向东，倪传斌.（2014）.CET的反拨效应机制：基于多群组结构方程建模的历时研究.外语教学理论与实践（3），37–43+36+95.

徐倩.（2014）.英语专业四八级考试反拨作用研究.上海外国语大学，Available from Cnki.

徐欣幸.（2005）.语言测试的实践与进步：上海高考英语自行命题20年.中小学外语教学（10），7–10.

许钧.（2000）.外语教育：新世纪展望 应该加强翻译教学改革.外语研究（2），3–4.

许渊冲.（2019）.我译《诗经》《论语》和《老子》.中国翻译，40（6），5–6.

杨学为.（1999）.高考改

革与国情.求是（5），32–35.

杨学为.（2001）.中国考试改革研究.北京大学出版社.

杨志红，王克非.（2010）.翻译能力及其研究.外语教学（6），91–95.

袁振国.(2018).在改革中探索和完善具有中国特色的高考制度.华东师范大学学报(教育科学版),36(3),1–12.

詹颖.(2013).大学英语四级考试对课外英语学习的后效作用.外语测试与教学(1),39–46.

张美芳.(2001).论两种不同层次的翻译教学.外语与外语教学(5),37–39.

张蓉.(2006).口译教学:模式与原则.山东外语教学(3),61–64.

张志勇.(2014).考试招生制度改革的"国家意义".人民教育(19),23–25.

中共中央.(2013).中共中央关于全面深化改革若干重大问题的决定.求是(22),3–18.

邹申,董曼霞.(2014).国内反拨效应研究20年:现状与思考.中国外语,11(4),4–14.

邹为诚.(2009).中国基础英语教师教育研究.上海:华东师大出版社.

邹为诚.(2017).英语课程标准研究与教材分析.北京:高等教育出版社.

附　录

上海英语高考翻译试题及参考答案(1998—2020年)

1998年上海高考

1.我们非常感谢老师为我们提供许多好书。(grateful)

We are very grateful to our teacher for providing us with many good books.

2.众所周知,吸烟会导致多种疾病。(cause)

It is known to all that smoking can cause many diseases.

As is known to all, smoking can cause many diseases.

3.由于粗心大意,汤姆错过了这个机会。(miss)

Tom has missed the chance because of his carelessness.

4.人们发现越来越难跟上现代科学的发展。(keep up with)

People find it harder to keep up with the development of modern science.

5.彼得每月留出一点钱以便在不久的将来购买一辆新汽车。(set aside)

Peter sets aside some money every month so that he can buy a new car in the near future.

1999年上海高考

1. 这首迷人的民歌深受学生的喜爱,尤其是女学生。(popular)

This charming folk song is very popular with students, especially girl students.

2. 据报道,1998年中国很多地区发生了严重的水灾。(occur)

According to the report, serious floods occurred in many parts of China in 1998.

3. 充分利用时间并不意味着从早到晚不停地看书。(keep)

Making full use of time doesn't mean keeping (on) reading books from morning till night.

4. 他在实验中多次失败,但他相信失败是成功之母。(fail)

He has failed in his experiment many times, but he believes that failure is the mother of success.

5. 你及时通知我那件事,真是考虑得太周到了。(inform...of)

You are so thoughtful in informing me of it in time.

6. 在过去的几年里,这家工厂用塑料代替木头来降低成本。(substitute...for)

In the past few years, this factory has substituted plastic(s) for wood in order to reduce the cost(s).

2000年上海春考

1. 进入大学以后,他对计算机很感兴趣。(become interested in)

He became very interested in computer after he entered college.

2. 集邮几乎占据了他所有业余时间。(occupy)

Collecting stamps occupies almost all his spare time.

3. 只要专心学习,你一定能顺利通过考试。(concentrate)

As long as you concentrate on your study, you are sure to pass the exam.

4. 越来越多的人意识到遵守交通规则的重要性。(be aware)

More and more people are aware of the importance of observing traffic regulations.

5. 尽管有很多困难,我们仍将努力执行我们的计划。(in spite of)

In spite of many difficulties/hardships, we will still carry out our plan.

6. 诺贝尔奖金授予那些在某一个领域做出巨大贡献的科学家。(be awarded)

The Nobel Prizes are awarded to those scientists who have made great contributions in a certain field.

2000年上海秋考

1. 让我们利用这次长假去香港旅游。(take advantage of)

Let's take advantage of the long vacation and make a trip to Hong Kong.

2. 这张照片使我想起了我们在夏令营度过的日子。(remind)

This picture reminds me of the days that we spent in the summer camp.

3. 假如你想从事这项工作,你必须先接受三个月的训练。(take up)

If you want to take up this job, you must first receive three months' training.

4. 你一旦养成了坏习惯,改掉它是很难的。(once)

Once you develop a bad habit, it is difficult to get rid of it.

5. 同其他同学相比,那个女孩有更强的英语听、说能力。(compare)

Compared with other students, the girl has better listening and speaking skills.

6. 众所周知,成功来自勤奋,不努力则一事无成。(without)

As is known to all, success comes from hard work/diligence, and nothing can be achieved without efforts/hard work.

2001年上海春考

1. 早睡早起有益于健康。(do good to)

Early to bed and early to rise will do good to one's health.

2. 乘车时你有主动给老人让座的习惯吗?(offer)

Do you have the habit of offering your seat to old people on bus?

3. 就我所知,在那座小城市里购物很方便。(as far as)

As far as I know, it is convenient to do shopping in that small city.

4. 他很后悔失去了获得奖学金的机会。(regret)

He regretted losing/having lost the chance to win a scholarship.

5. 到目前为止,我们学过的英语单词总计大约有三千五百个。(add up to)

Up to now, the English words we've learnt add up to about 3 500.

6. 学生们逐渐认识到友谊胜过金钱,患难朋友才是真朋友。(realize)

Students came to realize that friendship is more important than money, and a friend in need is a friend indeed.

2001年上海秋考

1. 我们的祖国从来没有像今天这样强大。(Never)

Never before has our country been as powerful as it is today.

2. 我们将进一步讨论,然后再得出最终的结论。(before)

We will have a further discussion before we draw the final conclusion.

3. 据说在那个湖底发现了一个古城遗址。(discover)

It is said that the site of an ancient city was discovered at the bottom of the river.

4. 这个地区的经济发展得很快,可是某些市民的素质不尽如人意。(quality)

The economy of this area develops very fast but some citizens' qualities are far from satisfactory.

5. 他们应该从这件事中得出教训,玩火者必自焚。(burn)

They should learn a lesson from this accident that those who play with fire will surely get burnt.

2002年上海春考

1. 我第一次写英语作文时,犯了很多拼写错误。(make)

The first time I wrote an English composition, I made a lot of spelling mistakes.

2. 保护环境是每个公民的职责。(It...)

It is every citizen's duty to protect the environment.

3. 这个事故使我们意识到安全问题不容忽视。(realize)

This accident made us realize that safety problems should not be ignored.

4. 不管天有多晚,他从不把今天的事拖到明天。(put off)

No matter how late it is, he never puts off what should be done today till tomorrow.

5. 许多外国游客都想去长城一游,他们知道"不到长城非好汉"。(visit)

Many overseas visitors want to visit the Great Wall. They know that those who don't visit the Great Wall are not true men.

2002年上海秋考

1. 但是那位出租车司机别无选择,只能求助于游客。(choice)

At that time, the taxi driver had no choice but to turn to the tourist/ traveler (for help).

2. 我没想到汤姆会被选作学生会主席。(occur)

It never occurred/ didn't occur to me that Tom would/ should be elected/ made chairman of the Students' Union.

3. 如果方便的话,请帮我从邮局取回包裹。(convenient)

If (it is) convenient, please fetch me the parcel from the post office / please go to the post office and fetch me the parcel.

4. 应该鼓励学生将课堂所学的知识运用到实践中去。(apply)

Students should be encouraged/ We should encourage students to apply what they have learnt in class to practice.

5. 如果队员之间不加强配合,我校的篮球队就不可能在决赛中战胜对手。(unless)

Our school basketball team will not beat the opponents in the final match/ final (s) unless the team members strengthen their cooperation/ cooperate well with each other.

2003年上海春考

1. 我觉得很难解出这道数学题。(work out)

I find it difficult to work out this math problem.

2. 你可以在互联网上找到这种信息。(available)

All these kinds of information are available on the internet.

3. 阅读时,你不必碰到生词就查字典。(There be ...)

There is no need to refer to the dictionary each time you come across a new word while reading.

4. 听到2008年在北京举办奥运会的消息时，人们欣喜若狂。(news that)

People became wild with joy at the news that the 2008 Olympic Games would be held in Beijing.

5. 不要担心你上大学的费用，我们会鼎力相助。(expense)

Don't worry about your expense to go to college, we will try our best to help you.

2003年上海秋考

1. 请尽早做出决定，不然你会错失良机。(or)

Please make a decision as soon as possible, or you will miss the golden chance.

2. 那些未曾去过那个小村庄的人很难描绘出它的美丽。(It...)

It is difficult for those who have never been the small village to describe its beauty.

3. 勤洗手是避免疾病传染的有效办法之一。(infect)

Washing hands often is one of the effective ways to avoid being infected by diseases.

4. 这条铁路横贯平原，把那个偏远的山村与海港连接了起来。(remote)

The railway runs across the plain, connecting the remote mountainous village with the sea port.

5. 这部有关第一次世界大战的历史小说引人入胜，我简直爱不释手。(so...that)

This historical novel on World War One is so amazing/interesting that I cannot bear to stop reading it.

2004年上海春考

1. 我们盼望能参加下星期举行的艺术节开幕式。(look forward to)

We are looking forward to take part in the art festival to be held next week.

2. 多参加些体育锻炼，你就不那么容易感冒了。(If...)

If you take more physical exercise, you will not catch a cold easily.

3. 因为缺少锻炼，他没有通过驾驶考试。(The reason why)

The reason why he didn't pass the driving test was that he lacked practice.

4. 直到被送入手术间时，他才明白遵守交通规则的重要性。(not...until...)

He didn't realize the importance of observing traffic regulations until he was sent into the operation room.

5. 虽然她孤身一人，无亲无故，但邻居们都向她伸出了援助之手。(offer)

Although she lives alone and has no relatives, the neighbors all offer help to her.

2004年上海秋考

1. 小组讨论有助于更好地理解课文。(help)

Group discussions help to understand the texts better.

2. 上周因为生病我缺了一些课，但是我会努力赶上大家的。(miss)

I missed some classes because of my illness last week, but I will try to catch up.

3. 这个游戏的规则太复杂，三言两语解释不清。(too...to)

The rules of the game are too complicated to explain clearly in a few words.

4. 你该就刚才的所作所为向在场的人道歉。(apologize)

You should apologize to all the people present for what you have done.

5. 我发现很难与那些一贯固执己见的人合作。(...it...)

I find it difficult to cooperate with those who always persist in their own ideas.

2005年上海春考

1.昨天我打了好几次电话，你都不在家。(call)

I called you several times yesterday, but you were not in.

2. 虽然并不富裕，但是他对自己的生活相当满意。(Although)

Although he is not rich, he's quite satisfied with his own life.

3. 在叔叔的帮助下，汤姆写成了一首动人的诗。(succeed)

Tom succeeded in writing a moving poem with his uncle's help.

4. 由于准备充分,他在面试中一点也不紧张。(not...at all)

He didn't feel a bit nervous at all in the interview, thanks to his full preparation.

5. 只要我们齐心协力,就能很快解决这个技术难题。(technical)

As long as we work with joint efforts, we will soon work out/solve this technical problem.

2005年上海秋考

1. 我希望尽快收到你的照片。(hope)

I hope to receive your photo as soon as possible.

2. 多吃蔬菜和水果有益健康。(good)

Eating more vegetables and fruit does good to our health.

3. 今天下午我没空,我和牙医有约。(appointment)

I am not free/available this afternoon, because I have an appointment with the doctor.

4. 你最好乘出租车去电影节的开幕式,不然就要迟到了。(or)

You'd better go to the opening ceremony of the film festival by taxi, or you will be late.

5. 这款手机式样新颖,携带方便,深受年轻人的欢迎。(popular)

This kind of mobile phone is new in fashion, easy to carry and popular with young people.

6. 他进公司后不久就独立完成了一项艰巨的任务,同事们对他刮目相看。(so)

He accomplished a demanding task independently soon after he entered the company, so the colleagues started to treat him differently.

2006年上海春考

1. 昨天我的电脑坏了。(wrong)

My computer went wrong yesterday.

2. 为了保持健康,我们经常参加体育锻炼。(To...)

To stay health, we often take part in physical exercise.

3. 躺在草地上听音乐真是惬意。(It...)

It feels good to lie on the grass and listen to some music.

4. 物理课上,他没听懂王教授所讲的内容。(fail)

In the physics class, he failed to understand what professor Wang said.

5. 是否在黄浦江上再建一座大桥,委员们意见不一。(agree)

The members of the committee cannot agree on whether to build another bridge across the Huangpu River.

6. 我向她请教,她总是有求必应,而且解释得令我十分满意。(satisfaction)

Whenever I ask her for help, she's always ready to help and explains to my great satisfaction.

2006年上海秋考

1. 我们相信农民的生活会越来越好。(believe)

We believe that peasants'/farmers' life will be/be getting better and better.

2. 一本书是否畅销取决于诸多因素。(Whether...)

Whether a book sells well depends on many/various factors.

3. 我不需要买新车, 我的那辆旧车还很好。(condition)

I don't need to/needn't buy a new car as my old one is still in good condition.

4.这里的菜烧得很好,还有免费蛋糕供应。(provide)

The dishes are well cooked here and free cakes are provided.

5. 外出旅游时务必注意保护环境,为他人着想。(sure)

Be sure to pay attention to protecting the environment and be considerate/think of others if/when/while traveling/doing traveling.

6. 这小孩太调皮,使得他那忙于工作的父母常常心烦意乱。(So ...)

So naughty is the child that he often upsets his parents who are busy with their work.

2007年上海春考

1. 前天我们订购了20台洗衣机。(order)

We ordered / placed an order for 20 washing machines the day before yesterday.

2. 因为大雨,校运动会不得不推迟。(put off)

Because of / Due to the heavy rain, the sports meet / meeting will have to be put off.

3. 为了您的家庭幸福,务必遵守交通规则。(Do)

Do obey / observe / keep / follow traffic rules for the happiness of your family.

4. 据报道这种野生植物含有丰富的维生素。(It)

It is reported that the wild plant is rich in / contains / has a lot of vitamins.

5. 和园丁们一起工作让我们学到许多关于花卉的知识。(enable)

Working with the gardeners enabled us to learn / gain / obtain a lot of knowledge about flowers.

6. 遇到困难的时候,我们需要的不是彼此埋怨,而是相互帮助。(not...but)

When (we are) in difficulty / When we meet with difficulties, what we need is not to blame each other but to help each other.

2007年上海秋考

1. 他们的新房子离学校很远。(far)

Their new house is far from the school.

2. 不在房间的时候别让灯开着。(when)

Don't leave the light on when you are not in the room.

3. 我忘了提醒他面试的时间。(remind)

I forgot to remind him of the time for the interview.

4. 各式太阳伞给夏日街头平添了活跃的气氛。(add to)

Colorful umbrellas add to a lively atmosphere in the summer streets.

5. 无论风多大、雨多急，警察一直坚守在岗位上。(no matter ...)

No matter how hard the rain falls and the wind blows, the police keep to their posts.

6. 医生挨家挨户上门巡访，省去了许多老年人去医院的麻烦。(save)

Doctors' door-to-door visits save many old people's trouble of going to hospital.

2008年上海春考

1. 你擦一下窗好吗?(mind)

Do you mind /Would you mind cleaning the window?

2. 有困难请向警察求助。(turn to)

Turn to the police for help when (you are) in trouble.

3. 他一到上海就和我们取得了联系。(contact)

He contacted us as soon as he arrived in Shanghai.

4. 演出还没有结束，孩子们就睡着了。(before)

The children had fallen asleep/gone to sleep before the performance ended/was over.

5. 导演得知自己的影片获奖，感到无比自豪。(award)

Learning that he was awarded/won an award for his film, the director felt very proud of himself/ was full of pride.

6. 这些十八世纪的油画保存得这样好，使参观者大为惊叹。(so ...that)

These eighteenth-century oil paintings have been/are preserved so well that the visitors are greatly amazed/ impressed.

2008年上海秋考

1. 我们打篮球的时间到了。(time)

It's time for us to play basketball.

2. 他设法把游客及时送到了机场。(manage)

He managed to send the tourists to the airport in time.

3. 你今晚能来参加我的生日聚会?(possible)

Is it possible for you to attend my birthday party this evening?

4. 应该鼓励年轻人按照自己的特长选择职业。(encourage)

Young people should be encouraged to choose their careers according to their own strong point.

5. 我对学生所谈的电子产品一无所知,我发现自己落伍了。(ignorant)

Being ignorant of the electronic products the students are talking about, I find myself left behind.

6. 尽管遭受如此严重的自然灾害,但只要不灰心,我们终会克服暂时的困难。(Although...)

Although we are suffering such a severe natural disaster, we will eventually overcome the temporary difficult as long as we don't lose heart.

2009年上海春考

1.我已经去过动物园三次了。(be)

I have been to the zoo three times.

2. 每天朗读半小时英语很有必要。(necessary)

It is necessary to read English aloud half an hour every day.

3. 他的儿子喜欢上学,因为学校生活丰富多彩。(because)

His son is happy at / loves/likes to go to school because the school life is colorful.

4. 他打算买一套学校或医院附近的公寓。(locate)

He is going to buy a flat (which is) located near a school or hospital.

5. 你最好多带一些保暖的衣服,以防感冒。(had better)

You'd better bring more warm clothes with you to prevent you from getting cold.

6. 毫无疑问,旅行使人开阔眼界,增长知识。(doubt)

There is no doubt that travelling broadens one's mind and enlarge/improve/increase one's knowledge.

2009年上海秋考

1. 网球运动在上海越来越流行了。(popular)

Tennis is getting more and more popular in Shanghai.

2. 我认为你们的建议和他们的一样有价值。(as...as)

I think your suggestion is as valuable as theirs.

3. 只喝一杯咖啡就会使我整晚睡不着。(keep)

Drinking only a cup of coffee will keep me awake all night.

4. 为了纪念那些勇敢的消防战士,一部电影即将开拍。(memory)

A film will be made/shot in memory of these brave fire fighters.

5. 过了三天她才想起把雨衣忘在语言实验室了。(remember)

It was three days later that she remembered leaving /having left her raincoat in the language lad.

6. 尽管山高林密,医护人员还是迅速地赶到出事地点,实施援救。(despite)

Despite the high mountains and thick forests, the doctors and nurses rushed to the scene of the accident for the rescue/to carry out the rescue.

2010年上海春考

1. 她找到了一份做护士的工作。(as)

She has found a job as a nurse.

2. 我们应该竭尽所能使城市变得更美丽。(try)

We should try our best to make the city more beautiful.

3.宝宝的出生使这个大家庭充满了欢乐。(fill)

The birth of the baby filled the big family with joy.

4.我们对他的不辞而别感到很惊讶。(without)

We were greatly surprised that he has left without saying goodbye.

5.当你难以和父母交流时会感到痛苦吗?(when)

Will you feel upset when you find it hard to communicate with your parents?

6.为追求时尚而付出高昂代价的人应该尽早改变这种生活方式。(those)

Those who follow the fashion at great cost should change their lifestyle as soon as possible.

2010年上海秋考

1. 这本杂志花了我20多元。(cost)

This magazine cost/costs me more than 20 yuan.

2.雨天我总是比平时起得晚。(than)

I always get up later than usual on rainy day.

3.看到奶奶有些睡意,他拉上窗帘并把电视的音量调低了。(turn)

Seeing Grandma a little sleepy, he drew the curtains and turned the TV down.

4.乍一看,这块手表没有什么特别之处,但实际上它是一部手机。(there be)

At first sight, there is nothing special about the watch, but in fact it is a mobile phone.

5.我们一致同意一旦得出调查结论,就尽早让公众知晓。(once)

We all agree that once the conclusion of the investigation is drawn, it will be made known to the public as soon possible.

2011年上海春考

1. 昨天晚上我们欣赏了一场精彩的演出。(enjoy)

We enjoyed a wonderful performance last night.

2. 因为大雾,通往南京的高速公路关闭了。(due to)

The (super) highway to Nanjing is/was/has been closed due to the heavy fog.

3. 虽然他并不富裕,但还是尽力帮助贫困地区的学生。(do one's best)

Though he is/was not rich, he does/did his best to help the students in poor areas.

4. 据说,中国人比西方人更早使用纸币。(It)

It is said that Chinese started to use notes/paper money earlier than westerners.

5. 经历了多次严重自然灾害后，人们才逐渐意识到植树造林的重要性。(until)

People didn't come to realize the importance of planting trees until they (had) experienced a number of serious natural disasters.

2011年上海秋考

1. 你为什么不在网上订票？(Why)

Why not / Why don't you book tickets online / reserve the ticket(s) on the Internet?

2. 我常把王海误认为他的双胞胎弟弟，因为他们长得太像了。(mistake)

I often mistake Wang Hai for his twin brother because they look so similar / very much alike.

3. 对父母而言，没有什么能与孩子的身心健康相比。(compare)

As for parents, nothing can be compared with their children's physical and mental health.

4. 自从出国留学后，她就不再和我们保持联系了。(No longer)

No longer has she kept in touch with us since she went abroad for further study / education.

5. 如果能找到任何适合你的学习方法，你的学习效率就可能明显提高。(whatever)

If you can find whatever learning method (that) suits you, your study / learning efficiency is likely to improve remarkably.

2012年上海春考

1. 完成这项任务要花好几个月的时间。(take)

It will take several months to finish the task.

2. 上周末公园里举行了一场音乐会。(hold)

A concert was held in the park last weekend.

3. 他和他的同学都不喜欢放学后补课。(Neither...nor...)

Neither he nor his classmates like taking extra classes after school.

4. 不少独居老人都希望自己的子女常回家看看。(who)

Many old people who live alone hope that their kids will visit them often.

5. 从踏上陌生国土的那一刻起,李华就意识到入乡随俗至关重要。(the moment)

The moment he stepped on the foreign land, Li Hua realized that it was important to follow the local customs.

2012年上海秋考

1. 她五年前开始拉小提琴。(play)

She began to play the violin five years ago.

2. 由于天气恶劣,航班延误了好几个小时。(owing)

Owing to bad weather, the flight was delayed for a couple of hours.

3. 每位设计师都希望自己的作品能经受时间的考验。(stand)

Every designer hopes that his work can stand the test of time.

4. 能否抵御网络游戏的诱惑是摆在中学生面前的一道难题。(It)

It is a difficult problem for high school students whether they can resist the temptation of online games.

5. 在展览会上,公司销售经理展示了孩子们翘首以盼的新型电子玩具。(demonstrate)

At the exhibition, the company's sales manager demonstrated the new type of electronic toys (which/ that) children were looking forward to.

2013年上海春考(学业水平)

1. Would you please ________________ (照顾我的宠物) when I am on my trip?

look after / take care of my pet(s)

2. ________________ (难怪) that they've lost the match. They never do the

right thing at the right time.

It's no wonder / No wonder

3. ________________________ （我是否能买到这款墨镜）is hard to say.

Whether I get this type of sun glasses.

4. 我们班长太骄傲了，根本听不进同学的劝告。（too ... to ...）

Our monitor is too proud to take the classmates' advice.

5. 那些父母不在身边的孩子们在成长的过程中需要更多的关爱。（whose）

Those whose parents don't live with them need more love while (they are) growing up.

2013年上海秋考

1. 今年元旦我们玩得很开心。（enjoy）

We enjoyed ourselves this New Year's Day this year.

2. 舅舅昨天寄给我一张卡片，祝贺我18岁生日。（congratulate）

My uncle sent me a card to congratulate me on my eighteenth birthday yesterday.

3. 经过多年的建设，这个小镇现在和地震前一样充满了活力。（as...as）

After years of construction, this town is as lively now as it used to be before the earthquake.

4. 演出以一段五十多岁的人耳熟能详的经典音乐开始。（familiar）

The show started with a piece of music familiar to people in their fifties.

5. 她一看完那个关于已灭绝物种的电视节目，就立志加入野生动物保护组织。（No sooner）

No sooner had she finished watching that programme about those extinct species than she decided to join the Wildlife Conservation Organization

2014年上海春考（学业水平）

1. 人们用贺卡表达情感并保持联系。

People use greeting cards to express feelings and ________________________.

keep in touch/ contact (with each other/ others)

2. 与来自韩国的金教授面对面交流，这是个多么激动人心的时刻啊!

______________________________ to have a face-to-face talk with Professor Kim from Korea!

What an exciting moment (it is/ was) / How exciting a moment it is / was / How exciting the moment (is / was)

3. 广告常常诱导我们在无用的东西上浪费很多钱。

______________________________ on useless things by advertisements.

We are often persuaded/ tempted to waste/ into wasting lots of money

4. 电子产品有助于英语学习这一想法已被广泛接受。(The idea ...)

The idea has been/ is widely accepted that electronic/ digital products help/ are helpful for English learning.

5. 对一些学生而言，可以自由支配自己的业余时间远比拥有足够的零花钱更有意义，难道不是吗?(than)

For some students, freedom/being free to spend/arrange their spare/leisure/free time is far more meaningful than (having) enough pocket money, isn't it?

2014年上海秋考

1. 我习惯睡前听点轻音乐。(accustomed)

I'm accustomed to listening to some light music before sleep.

2. 将来过怎样的生活取决于你自己。(be up to)

It's up to you what kind of life you will lead in the future.

3. 没有什么比获准参加太空旅行项目更令人兴奋的了。(than)

There is nothing more exciting than being allowed to take part in the space travel program.

4. 家长嘱咐孩子别在河边嬉戏，以免遭遇不测。(for fear)

Parents ask their kids not to play by the river for fear that something terrible might happen.

5. 虽然现代社会物资丰富，给予消费者更多的选择，但也使不少人变成购物狂。(turn)

While modern society, rich in material resources, has given consumers more choices, it also turns many of them into crazy shoppers.

2015年上海春考(学业水平)

1. 有些年轻人即便还不起欠款，仍会用信用卡购物。

Some people still shop ____________ even though they cannot afford to pay the bill.

with credit card

2. 毫无疑问，你不必为这样的事情而失去信心。

____________ that you don't need to lose heart for such a matter.

There is no doubt / No doubt

3. 我同桌第一次演讲时，感到非常紧张。

My deskmate felt very nervous ____________.

the first time he made a speech / when he made a speech for the first time

4. 为朋友准备生日礼物的时候，我们最好考虑一下他们的兴趣爱好。(prepare)

We'd better consider our friends' interests and hobbies when preparing / we prepare birthday gifts for them.

5. 教室是我们每天学习的地方，因此给教室增添一点色彩是很重要的。(where)

Classrooms are where we study every day, so it's important to add some colors to them.

2015年上海秋考

1. 美食是人们造访上海的乐趣之一。(visit)

Delicious food is one of the pleasures for people to visit Shanghai.

2. 街头艺术家运用创意将鲜艳明亮的色彩带进了老社区。(bring)

Street artists have brought brilliant colours to old neighbourhoods with their creativity.

3. 在你生命中,如果有一个人你需要对他说对不起,那么就去向他道歉吧。(apology)

If there is someone in your life to whom you need to say sorry, go ahead and make an apology.

4. 这个游戏的独特之处在于它让孩子学会如何应对现实生活中的问题。(what)

What makes the game unique is that helps children learn how to cope with problems in real life.

5. 申请材料需要精心准备,这样你心仪的学校才会对你的能力有全面、准确的了解。(in order that)

The applications should be carefully prepared in order that the school you like can have an overall and accurate knowledge of your abilities.

2016年上海春考(学业水平)

1. 下周末,我们将去上海图书馆听一场关于古典音乐的讲座。

Next weekend, we will go to the Shanghai Library to ______________________ on classical music.

listen to / attend a lecture / a speech

2. 就我所知,她是个有绘画天赋的孩子。

______________________, she is a child with a gift for drawing.

As far as I know

3. 尽管只有十岁,玛丽已多次在国际钢琴比赛中获奖。

______________________, she has won several international piano concerts.

Although / Though / Even though Mary is only ten (years old)

4. 学生们一致认为应该将更多的时间投入自己的兴趣爱好中。(devote)

Students all agree that more of their time should be devoted to their own interests and hobbies.

5. 我的爸爸热爱生活，无论身处何种困境，他从不灰心丧气。(no matter)

My father loves life, and no matter what difficulty he is in, he never loses heart.

2016年上海秋考

1. 我真希望自己的文章有朝一日能见报。(hope)

I really hope that my article will be published in a newspaper someday.

2. 二十世纪末中国经济迅速发展。(witness)

The late twentieth century witnessed the rapid development of China's economy.

3. 为买一双运动鞋而通宵排队有意义吗?(point)

What is the point of/in lining up for the whole night just to buy a pair of sports shoes?

Is there any point (in) lining up for the whole night just to buy a pair of sports shoes?

4. 虽然当时我年幼，不理解这部电影的含义，但我记得我的家人都感动得落泪了。(too...to...)

Although I was then too young to understand the meaning of the film, I remember my family were moved to tears.

5. 我阿姨苦读四年之后获得了文凭，那一刻她欣喜万分。(The moment...)

The moment my aunt gained her diploma after four years of hard work, she was filled with joy.

2017年上海春考

1. 你不必在乎他人对你的评论。(care)

You don't need to care about others' comments on you.

2. 大量阅读有助于我们的成长。(expose)

Being greatly exposed to books does good to our growth.

3. 你的网站内容越实用，使用起来越方便，就越有可能成功。(the more..., the

more...)

The more practical contents your web offers and the more convenient it is to use them, the more likely it is to succeed.

4. 正因为她按部就班地实现了每一个短期目标,才会在科学领域不断有所突破。(It)

It is because she realized each short-term target as planned that he could continuously make breakthroughs in science.

2017年上海秋考

1. 李雷宁愿受罚也不愿说谎。(would rather)

Li Lei would rather be punished / be disciplined than lie / tell a lie.

2. 在投资项目的过程中出现了一些问题。(arise)

Some problems arose / have arisen in the process / course of investment project / investing project.

3. 在过去3年中,他一直致力于研究信息的传播速度和人们生活节奏的关系。(commit)

In / During / Over the past three years, he has committed himself / has been committed all the time to researching / studying the relationship / connection between the transmission speed of information and the rhythm / pace of human life.

4. 有人声称这个减肥丸效果显著,立竿见影,且对身体无害。但事实远非如此。(It)

It is claimed that weight-loss pills have an effective and immediate effect and are harmless / do no harm to our body, but it is far from the truth / case.

2018年上海春考

1. 不要喝太多含糖饮料,否则会发胖。(or)

Don't drink too much sugary drinks/ sugared beverages, or you will be easy to gain weight.

2. 在法庭上，他们坚称自己没有犯抢劫罪。(guilty)

They insisted that they weren't guilty of robbing/ robbery in court.

3. 你是否同意，心情愉悦的时候，经常会有创意出现？(occur)

Do you agree (that) creativity always occurs when you are in a good mood?

4. 当处理办公室矛盾的时候，专家建议人们多反思自己，多换位思考，以及和同事及时交流。(when it comes to)

When it comes to office conflict/ workplace conflicts/ conflicts in office, experts/ specialists suggest one should reflect more on herself or himself, always put oneself in others' shoes, and communicate with workmates in time.

2018年上海秋考

1. 她们中谁可能担任过排球教练？(may)

Which one of them may have been a volleyball coach?

Who may have been a volleyball coach among them?

May any of them have worked as a volleyball coach?

2. 我看见他换上徒步鞋向草坪走去了。(make for)

I saw him put on the hiking shoes and made for the lawn.

I saw him put on his hiking shoes, making for the lawn.

3. 妈妈设置闹钟六个小时响一次，提醒自己给宝宝量体温。(reminder)

Mother set the alarm at six-hour intervals as a reminder to take the baby's temperature.

Mom sets the alarm clock ringing every six hours as a reminder to take her baby's temperature.

Mom sets the alarm clock for (once) every six hours as a reminder to take her baby's temperature.

Mom sets up an alarm clock which goes off every six hours as a reminder to take her baby's temperature.

4. 在这个村庄里，人们通常每餐吃八分饱，但这种健康的饮食习惯最早是为了应对缺少食物的困境。(until)

In this village, people often eat until they are 80 percent full and this healthy eating habit was originally developed to deal with the dilemma of food shortages.

People in the village often eat until they are 80% full/ 80 percent full, but this healthy eating habit was developed to deal with / address the poor/ hard conditions/ situation of food shortage in the first place.

In the village, people often eat until they are 80% full /80 percent full. However, this healthy eating habit was formed to deal with the dilemma of food shortage at first.

In the village, people often eat until they are 80% full, in which case, however, this healthy eating habit had been intended to cope with food shortage at first.

2019年上海春考

1. 究竟是什么激发了小王学习电子工程的积极性？(motivate)

What was it that motivated Xiao Wang to learn electronic engineering?

2. 网上支付方便了客户，但是牺牲了他们的隐私。(at the cost of)

Online payment is convenient for users, but at the cost of their privacy.

Online payment brings convenience to consumers at the cost of their privacy.

3. 让我的父母非常满意的是，从这个公寓的餐厅可以俯视街对面的世纪公园，从起居室也可以。(so)

To my parents' satisfaction, the dining room of this apartment overlooks the Century Park opposite the street and so does the living room.

What makes my parents really satisfy is that they can see the Century Park from the dining room of this apartment, so can they from the living room.

4. 博物馆疏于管理，展品积灰，门厅冷落，急需改善。(whose)

The museum is neglected in management where the exhibits are dusty, whose hall is deserted and there is an urgent need for improvement.

This museum is not well managed, whose exhibits are covered with dust, and there are few visitors, so everything is badly in need of improvement.

The museum whose management is reckless, whose exhibits are piled with dust and whose lobby is deserted, requires immediate improvement.

2019年上海秋考

1. 爷爷有点耳背,对他耐心一点。(patient)

Grandpa is sort of deaf, and be more patient with him.

2. 和学生时代的他相比,那名士兵简直判若两人。(How)

How different a person the soldier now is from what he was at school!

3. 随着体力逐渐恢复正常,那名业余自行车手的夺冠之梦不再遥不可及。(normal)

As his physical strength returns to normal, the amateur cyclist's dream of winning championship will no longer be beyond reach.

4. 值得一提的是,在王老师的影响下,她的同事们更关注孩子们的努力,而不是他们的成绩。(as... as...)

It's worth mentioning that under the influence of Mrs. (Mr.) Wang, her colleagues don't concern achievements so much as their efforts.

What is worth mentioning is that under Mrs. (Mr.) Wang's influence her colleagues lay not as much emphasis on their kids' performance as on their effort.

2020年上海春考

1. 我很感激他们为保护上海方言所做的努力。(appreciate)

I appreciate their effort in protecting Shanghai dialect.

2. 与手册上说的一样,这里的司机都有礼让行人的习惯。(As)

As is said in the brochure, the drivers here have the habit of giving way to pedestrians.

3. 每周三,这些大学生雷打不动地前往孤儿院做志愿者服务,教孩子们剪纸和

编织。(a rule)

Every Wednesday, these university students make it a rule to do volunteer service in the orphanage, teaching children paper-cutting and knitting.

4. 当这首歌在今年艺术节上首发时,因为它节奏明快、风格诙谐而引发轰动,然而这只是昙花一现。(when)

When this song was first released in this year's art festival, it made a stir with its lively rhythm and witty style, but this was just in a flash.

2020年上海秋考

1. 你是否介意代替我去参加这场会议?(substitute)

Would you mind substituting for me to attend a meeting?

2. 为了让妈妈睡个好觉,小王把水槽和碗橱擦得干干净净。(in order)

In order to ensure his mother's good rest, Xiao Wang washed the sink and the kitchen ware clean.

3. 春暖花开的四月是领略这个南方小镇美景的最佳时机。(when)

April, when flowers are in blossom in warm weather, is the best time to enjoy the beautiful scenery of this small southern town.

4. 面对网店的挑战,这家百年老店多措并举,化危机为转机,再创辉煌。(turn)

Faced with the challenge from online shops, this store with a long history of about one hundred years took various measures and finally turned the crisis into an opportunity to create glory again.